抱　朴

抱朴

漢字闡釋十二講

李守奎 著

清華大學本科教改項目：
書院特色課程《漢字與中國文化》（DX07-02）

古文字與中華文明傳承發展工程（2021-2025）規劃項目：
漢字文化傳承與傳播基地建設（G1814）

前　　言

從"漢字與中國文化"到"漢字闡釋"

"漢字與中國文化"這門課程在清華大學以"強基計劃"落實爲節點，分爲兩個階段，課程的性質也發生了變化。

2017年秋季開始到2020年春季是大類招生課程中的基礎課，目的是展示漢字豐富的文化内涵，讓學生對人文學科産生興趣。古今漢字是開放的内容，中國文化更是開放的内容，很難進行全面系統的研究，只能根據自己的知識結構對其中的某部分内容做一些介紹。講授的方法主要有兩種：第一種是選擇在構形上有共同特徵的漢字探索其中的文化信息，例如選擇與人體或人體器官相關的字形，溯其源流，觀其通變，揭示其文化内涵。第二種是依據某種文化現象類聚相關文字，通過文字編碼理據獲得更多的歷史文化信息，例如通過與刑罰相關的漢字觀察早期政治的一些特徵；通過對書寫、典册相關文字的解讀，了解書册的變遷與文化的傳承。這兩種方法都在課堂教學中嘗試過，第一種方法因爲是以文字構形爲標準進行選擇，靈活度大，趣味性更濃，教學比較容易把握。第二種先限定某一方面的文化内容，選擇文字受限，需要更多的歷史文化積累，還要兼顧知識性、趣味性，就相對困難一些。

很多學校開設漢字文化之類的課程，内容深淺不一，以上述兩種内容安排與講授方式爲常，如果對漢字没有深入的研究，對中國文化没有比較全面的了解，容易流爲"説者姑妄言之，聽者姑妄聽之"的簡單説解。我們在授課中以漢字爲中心，儘量避免鑿空之論，力爭做到言必有據，收到了比較好的教學效果，其中以構形闡釋爲主的一部分講授内容已經匯集成《説解漢字一百五十講》一書公開出版，配套的教材《漢字闡釋與漢字理論簡説》即將出版，二者配合，基本上可以滿足漢字與中國文化類基礎課的需求。

從 2020 年秋季開始，清華大學成立日新書院，落實"强基計劃"中哲學、歷史、中文（古文字）三個專業的人才培養，"漢字與中國文化"也納入基礎課程系列。"强基計劃"很明確，是要加强基礎學科的研究與教學，培養學生的創新性學術研究能力，目標是培養基礎學科的頂級優秀人才。因此，每一門課都需要講學理，講方法，進行學術訓練。"漢字與中國文化"適合通識課的宏觀了解，如果不學科化很難進行學術訓練，所以就把課程的重點調整到"漢字闡釋"上來。

漢字構形複雜，歷史悠久，尤其是早期漢字藴含着很多文獻没有記載的文化信息，可以從文字學、文化學等不同的角度充分闡釋，這是"漢字與中國文化"成立的前提。漢字如何闡釋？自從《説文解字》以來，漢字闡釋一直在延續。現代學科體系建立之後，漢字闡釋很難説形成了學科或學科方向，理論與方法都存在重大缺陷，很難納入現代意義上的學術系統。我在課上課下，與同學們一起對相關問題進行了深入的探討，期望逐步建立起漢字闡釋的理論，探索可操作的闡釋方法。本教材的目標直接指向學術探討與學術訓練，其中大部分内容經歷了先在課堂講授，再作爲學術報告與各校師生交流，充分吸收大家意見之後形成文章公開發表的過程。教材内容一般性的知識介紹很少，而主要是方法引導，大部分以具體文獻研讀或文字闡釋爲例證，可操作性比較强。學生掌握了基本方法之後，可以參考這些講稿，選擇一兩個或幾個漢字進行漢字闡釋的學術訓練。

這部教材爲什麽不直接以"漢字與中國文化"爲名？在這裏我先對漢字文化、漢字闡釋中的一些基本問題談一談我的理解。

課程名稱"漢字與中國文化"是在特殊背景下形成的，這裏的概念有漢字、文化、中國文化，每一個都大到難以把控。漢字文化、漢字與中國文化都是個開放的話題，很難成爲學科研究的對象。

文化的主體是人，人受意識的支配有所作爲，改造或創造的一切都具有了"文化"的屬性。原始人的砍砸器與石頭外形差別並不大，當一塊石頭經過改造之後，就成了石器文化的一部分。

廣義的文化就是人類生活的全部，即人類在社會歷史發展過程中所創造的物質財富和精神財富的總和，物質的、社會的、精神的都是文化。狹義的文化特指精神財富。

精神通過物化的方式表達，任何精神都不能憑空存在。探討沒有文字之前的人類精神世界，只能根據各種遺存。文字產生之後，人類可以把思想觀念直接留在物質載體上。

中國文化是中國人所創造的語言、社會、習俗、觀念等方方面面構成的文化整體面貌。

中國文化像一頭大象，對文化的探討大都像"盲人摸象"，摸到的每一部分可能都是真實的，但據此判斷什麼是大象就是片面的、不真實的。我們這裏從漢字的角度探討中國文化也只能摸到一角。

對於每一個研究者來說，中國文化有其無限的豐富性，漢字幾乎是"無窮無盡"的，《漢語大字典》收錄五萬六千多字，而出土文獻中還在不斷出現字書未見字。"漢字與中國文化"只能是管中窺豹，略見一斑。當研究對象沒有明確的範圍邊界，很難學科化。

"漢字與中國文化"目的是從漢字的角度理解中國文化，從中國文化的角度解讀漢字，如何解讀？作爲文化的說解，可以洋洋灑灑，但進行學科化的學術訓練就無從下手。從傳統的漢字說解到漢字闡釋學的提出，漢字與漢字文化的闡釋逐漸發生着質的變化。重在學理與方法的"漢字闡釋"可以成爲一個突破口。

作爲教材，漢字闡釋既可以是知識的敘說，也可以是學術研究的引導，還可以是漢字文化的普及，可以各有所側重，但彼此並不對立，大都相互貫通。

本課程在講授中得到侯瑞華、王先虎、趙市委等多位助教的幫助，尤其是侯瑞華博士前後三次擔任"漢字與中國文化"課程的助教，完成了教學中的大部分PPT，在書稿的撰寫過程中，協助提供資料，處理文檔圖片，提出很多參考意見，補充例證，做了大量的工作在定稿與校稿過程中，又核對出處，糾正了不少錯誤疏漏。

　　這是清華大學日新書院出版的第一部教材，從立項、寫作到出版，都受到日新書院的大力支持。

　　本書還受到"古文字與中華文明傳承發展工程"的支持。

目　　錄

前言　從"漢字與中國文化"到"漢字闡釋" ……………………… 1

第一講　緒論：漢字闡釋的傳承與創新 ………………………… 1
第二講　漢字的繁與簡
　　　　——掌握繁體字 …………………………………… 21
第三講　古文字視野下的《説文解字》：深入研讀與充分利用 …… 42
第四講　重新認識許慎的文字發展觀與《説文》的價值 ………… 68
第五講　在出土文獻研讀過程中學習與理解漢字
　　　　——何尊導讀 …………………………………… 96
第六講　從觀念出發與從材料出發的漢字闡釋
　　　　——以"也"字爲例 ……………………………… 118
第七講　漢字的文化屬性與漢字的闡釋
　　　　——以"福"字爲例 ……………………………… 153
第八講　漢字的字際關係
　　　　——以"卿"字爲例 ……………………………… 182
第九講　漢字闡釋與考釋
　　　　——以"俞"字爲例 ……………………………… 209

第十講　古文字考釋與完全釋字
　　　——以"覉"字爲例 …………………………… 229
第十一講　漢字文化的分類闡釋
　　　——以書寫、典册相關的文字爲例 …………… 259
第十二講　漢字：中華文化的基因密碼 ……………… 285

引書簡稱表 ……………………………………………… 307

第一講　緒論：漢字闡釋的傳承與創新

漢字闡釋歷史悠久，成果豐富，但在古文字學、漢字學理論、漢字應用等漢字研究現代學科化之後，傳統漢字闡釋由於理論與方法都存在重大缺陷，新的闡釋理論尚未成型，標志性成果較少，很難納入現代意義上的學術系統。如果我們想探討漢字與中國文化，承認漢字闡釋是學術研究，就得回答什麽是漢字闡釋、爲什麽闡釋、用什麽研究方法可以得到學術界認同的成果。

一、傳統漢字闡釋學的興盛與衰落

漢字研究萌芽於漢字闡釋。《左傳》記載，春秋時期楚莊王解析"武"字，表達其對武德的理解。古文字中，"武"字由"止"與"戈"兩部分構成，在古漢語中，"止"的常用義是停止、阻止等，"戈"是兵器，"止戈"就成了阻止動武。楚莊王"止戈爲武"表達的是阻止戰争才是"武"的寶貴軍事思想，這也是目前所知最早的漢字闡釋。戰國時期，韓非子等學者沿襲此類解字以表達思想的風氣不輟。

漢代第一部漢字研究的經典之作《説文解字》，主要内容是構形闡釋和文化解讀，用"六書"理論對九千多個篆文字頭的構形進行了全面闡釋，並通過字形選擇、構形闡釋、部序排列、引經及通人之説、撰寫敘文等多種方式闡述其經學思想。"《説文》學"的主體就是漢字構形説解與文化解讀，千百年來，《説文》長期被奉爲漢字研究的圭臬，是傳統漢字研究的經典，我們稱之爲傳統的漢字闡釋學。

近代以來，隨着人們視野的開闊，新材料、新理論的出現，漢字研究發生了重大的變革。漢字闡釋的基本原理是表意字編碼的理據性，也就是文字記録語言的非約定性，或者説可闡釋性。當文字符號觀確立以後，人們對漢字的觀察和研究有三個方向。第一，立足現實需求，關注漢字應用，從這個角度來説闡釋的意義不大。第二，展望未來，文字向記號化的方向發展，漢字要走拼音化的道路，傳統的漢字説解與此背道而馳。第三，回溯源頭，以漢字編碼理據闡釋爲核心的傳統文字學就成了舊學。在反傳統、興新學的時代，漢字闡釋被冷落；在重視傳統的時代，傳統的漢字闡釋理論滯後，没有經過學科化，缺少經典性成果，依舊游離在學術的邊緣。由於學術研究的淡化，缺少學術規範，漢字闡釋這塊領地幾乎被"民科"占領，各種奇談怪論層出不窮。

我們首先需要反思漢字闡釋爲什麽會衰落，除了社會原因之外，學術研究出了什麽問題？

（一）學科定位不明

什麽是漢字闡釋？學理是什麽？闡釋有什麽用？不闡釋會有什麽後果？

漢字研究有其方方面面，每個方面都有相應的學科或實際應用領域。漢字文化是什麽？漢字闡釋是什麽？我們不妨對漢字研究的各個領域做一比較：

漢字應用與教學——從"漢字改革"到"漢字規範"，這是學科分類的國家標準中唯一提到"漢字"的"學科"。語文政策關係到漢字的廢興、學生的升學，與每個文字使用者息息相關。不論是改革還是規範，都相當地"重視"。

漢字字體及其書寫——書法學。這是藝術與對藝術的探討，受到書法界的重視。

漢字構形及其演變——構形學、漢字學。這是漢語言文字學文字研究的本體。

古文字考釋——古文字學。把不認識的文字變成認識的文字。學科應用對應的是歷史文獻學。

漢字文化或漢字闡釋——？

前四個研究領域都有相對應的學科，都有相應的應用領域，甚至有相應的專業培養專門的人才。而漢字文化，似乎各路學者、自由撰稿人都能"闡釋"。爲什麽大家都愛説？都能説？人人都能説就遠離了學術，成爲街談巷議。

（二）學理簡單化，傳統學科未能"現代化"

第一，表意字的兩個基本特點很早就被人們發現了：一是漢字字形與其所記録的語義有聯繫；二是大部分漢字由構字部件組合而成。知道這兩點，就可以用自己的知識結構去表述自己對大部分漢字的理解，暢想的門檻很低。知道了不正是"歪"，就能説出心上一把刀是"忍"。學術含量低，臆測多。

第二，漢字闡釋的前提是對已識字的進一步解釋，即使闡釋錯了，也不影響該字的使用，學術定位不明確。錯誤的闡釋没有引起重視。

第三，研究對象與研究範圍具有不確定性。漢字闡釋的重要內容之一是對文字編碼理據的追溯，而編碼理據本質上可以説是古人的思維過程，很難實證。把漢字闡釋與文化綁在一起，研究範圍更加無法確定。

第四，受西方學科體系的制約被淡化。西方表音文字中的"文字"，除了記録語言，别無其他功能，不可能有所謂的"文字闡釋"。我國的現代學科體系是參照西方學科建立起來的，西方没有的，我們就忽略。很長時間内不要説漢字闡釋，連漢字都不是研究的對象，反而一味研究如何改革漢字、廢除漢字。

第五，受古文字、應用文字等學科的衝擊。甲骨文等古文字的發現與研究洞見了以《説文解字》爲代表的傳統漢字闡釋的理論與實踐的弊端。與實證性學科相比較，漢字闡釋演繹性比較強，嚴謹的學者逐漸從這個領域退出。

第六，現代技術把語言和文字作爲純符號處理，排除符號上面多餘的信息。

(三) 闡釋目的混亂

爲什麼要闡釋漢字？除了空洞的說教，缺少學理的論證，從漢字闡釋實踐中加以歸納，大致有如下幾種。

第一，思想表達需求。

前面已經說過，《左傳》已經記載楚莊王以解析漢字作爲手段，表達其軍事思想。戰國時期的韓非子在《五蠹》篇中說："自環者謂之私，背私謂之公。"漢代假托孔子的"一貫三爲王"等等，無不是爲了自我思想表達的任意發揮，當今的"'民主'少一點就是'民王'"之類與之一脉相承。這一路的漢字闡釋歷史最悠久，應用最廣泛，但距離學術最遠。

第二，追溯學術的源頭。

漢字古老，内涵豐富，蘊含着造字時代的文化信息，很多學術研究都希望通過最早的字形尋找一個核心術語最早的意義，習慣通過漢字追根溯源。這種追溯詞源的方法帶有一定的普遍性，各種場合都在廣泛應用。但如果缺少足夠的文字學修養，很容易出問題，適得其反，不僅增加了學科自身的不可信性，也增加了漢字闡釋的不可信性。

第三，教學需求。

通過漢字闡釋輔助漢字教學，收效雖然有限，但能在一定範圍内應用。聯想記憶或有助於漢字學習，但容易破壞漢字闡釋的學術性。例如西方人教漢字，說"早"是日在教堂頂上十字架上的位置，是早晨。這是行之有效的教學方法，但與漢字編碼理據無關，與中國文化無關。"早"字出現的時候，中國還没有西方的十字架。

第四，滿足大衆的文化需求。

大衆對其熟知的事物中所蘊含的知識會產生一定的興趣。漢字中所蘊含的種種知識對大衆具有一定的吸引力，通俗易懂的漢字闡釋可以滿足部分對漢字感興趣之人的文化需求。對於這樣有求知欲望的人應當給予正確的知識。但大多數的漢字文化普及一旦脱離了學術研究的基礎，會進一步降低漢字闡釋的聲譽。

第五，商業需求。

不論是作者還是出版單位，當經濟利益成爲第一需求時，就會喪失學術的底綫。只要有趣，能夠吸引讀者的眼球，能夠賺錢，就信口開河。漢字闡釋讓一些"腦洞大開"的人肆意馳騁，成爲大衆獵奇的場地。有些場合説得越離譜、越離奇，就越有市場。

總之，漢字闡釋很大部分是拿漢字説自己想説的事情，並不顧及漢字闡釋本身的學術性。大家目的不同，標準不同，方法不同，結果彼此也不能認同。

目前漢字闡釋很熱鬧，到書店去瀏覽一下，很多文字書籍關涉漢字闡釋。在學界，古文字學者認爲闡釋是"馬後炮"，對已經認識了的字再加解釋不過是狗尾續貂而已。從漢字應用來説，並無大用。從新的材料與新的理論角度看，《説文》中很多闡釋已經過時。

學者們對漢字闡釋做了不同程度的努力，但新的闡釋理論還没有成熟，更缺少經典性的闡釋成果；脱離學術的闡釋被視爲胡説八道，以學術爲本的闡釋又没有形成規範。在漢字學科分化過程中，漢字闡釋没有完成"現代化"而被冷落；社會對漢字闡釋有一定的需求，學者撤退必然導致被"民科"占領。如何從這種混亂中理出一個頭緒？研究漢字的學者應當承擔起一定的責任。

二、漢字闡釋的復興

任何學術的興盛都離不開社會的需求。目前的學術環境與條件發生了根本性的變化，社會對漢字闡釋也産生了新的需求。

上世紀八九十年代開始文化熱，漢字文化一度興盛，人們對漢字進行了多方面的解讀。黃德寬等學者倡導"漢字闡釋",[1] 試圖回歸傳統文字學,對漢字闡釋進行理論探討,並以《説文》爲中心,對漢字與傳統文化進行了解讀,開啓了"漢字闡釋與圖騰遺風"之類的把漢字闡釋與古代文化相結合的研究模式,取得了一些成果。"漢字闡釋學"[2] 的呼聲已經提出很多年,隨着文化熱的退潮,漢字文化等在學術界漸歸沉寂。漢字闡釋對教學與文化普及產生較大的影響,但由於學科化的建設很有限,後續乏力,在學術界沒有產生廣泛的影響。

今天,漢字已被重新定位,不僅不再是"改革"的對象,而且是中華優秀文化的基因。漢字闡釋究竟對中華優秀文化傳承、對當今社會有什麽價值,這是另外一個課題;作爲一種社會需求,可以肯定地説,漢字闡釋已經從民間自發開始升級爲更廣泛的社會需求。

社會的需求忽冷忽熱,忽高忽低,但學術的探討可以相對獨立,持續進行。我這裏重點談一談社會原因之外漢字闡釋復興的可能性。

用"漢字闡釋"指稱對漢字構形與漢字文化的解讀,是受闡釋學影響的"學術創新",這條創新之路或許不應該是回歸傳統,而是在繼承優秀傳統的基礎上,立足現實,重在重建。

漢字闡釋的基本條件是正確解讀各個歷史時期的文字材料,具有準確闡釋的話語系統,具有豐富的歷史文化知識儲備。這個時代已經具備了這些條件。

在新的社會需求和學術條件下,首先產生對漢字構形與漢字文化重新解讀的學術需求。例如《説文解字》闡釋過"日""月":

日,實也。太陽之精不虧。从囗一,象形。⊙,古文。象形。[3]

---

[1] 黃德寬、常森:《漢字闡釋與文化傳統》,合肥:中國科學技術大學出版社,1995年。又黃德寬、常森:《漢字闡釋與文化傳統》,北京:北京師範大學出版社,2014年。
[2] 黃德寬:《回歸傳統與學術創新——"漢字闡釋學"論略》,《古漢語研究》2011年第2期,第2—8頁。
[3]《説文》篆形引自北京師範大學開發的"數字化《説文解字》"(http://szsw.bnu.edu.cn/),以下如無特殊說明,皆據此引用。

月，闕也。太陰之精。象形。

這裏有篆文，有聲訓，有義訓，有構形分析，有古文字形，可以說很豐富了，但用今天的眼光來看並不盡然。哪些是確切的知識，哪些是縹緲的想象，需要甄別。

太陽充實圓滿，畫個圓圈表示太陽，是太陽的典型特徵；月有圓缺，畫個半圓表示月亮是與太陽相區別的特徵。"日"中間的"一"是什麼？許慎的理解很神秘，很複雜，虛無縹緲，不可驗證。

現代學者結合古文字字形演變的規律，認爲"日"中的"一"是爲了字形飽滿美觀而加的飾筆，起初加點，後來變成了短橫。[1] 從文字構形上解釋符合規律，有文字學的證據。

古文字考釋的"完全釋字"[2] 離不開漢字闡釋。考釋的核心是考證出文字所記錄的語言符號的讀音和意義，讀通文獻。從文字學上，還要解釋清楚這個字形爲什麼能夠記錄這個音義。只有把這些問題都解決了，才算得上"完全釋字"。例如"外"字的音義自古及今我們都很清楚，但是"夕"與"卜"合起來爲什麼是外？自來不解。各種猜測，無一可信。直到我們看到甲骨文中以"卜"表"外"，以"夕"表"月"，才弄清"外"是個從卜，月聲的形聲字。

社會需求不斷擴大。漢字不僅僅記錄語言，蘊含文化，還涉及中華文明的起源，中華民族的形成與穩定等重大問題，引起多方面的重視，不僅要從文字學的角度闡釋，還要從文化學、社會學等多個角度去闡釋。

目前漢字闡釋可以概括爲兩種幾乎對立的狀況：

第一，借漢字闡釋表達自己的思想或達到自己的某些目的，或者是戲説式文化娛樂，其特點是對漢字表意性和字符組合有粗淺認識，脱離文字學的材料與理論，根據自己的知識背景和表達需求加以説

---

[1] 劉釗：《古文字構形學》，福州：福建人民出版社，2006年，第26頁。
[2] 李守奎：《漢字學論稿》，北京：人民美術出版社，2016年，第124頁。

解，帶有任意性，是一種非學術性説解。這其中不排除某些領域的大學者有時解説漢字也脱離實際，推波助瀾。有的打着文化普及的旗號，但脱離學術的"通俗化"，自然也就流於庸俗化。

第二，充分把握漢字材料，建構漢字闡釋的理論，用理論去分析漢字以及通過正確的漢字闡釋達到學術目的，對漢字構形與演變有更加深入、全面、系統的認識，對古文字考釋有補充作用，對古代歷史文化有更多的了解，對漢字在社會發展中的作用有明晰的認識。

漢字闡釋歷史積累太厚，對於上述兩種情況要分清，但不必強行劃一，理由如下。

第一，自由表達是每個人的權利，我們不能不允許別人這樣説，但希望説的人別把自己所説太當真。把自己的想象當真理的人很多，經常收到一些喜愛傳統文化、痴迷漢字探索的業餘愛好者的"重大發現"或"重大突破"。有人不惜放棄工作和家庭，把全部精力放在這一件事情上，執着得令人敬佩。但由於脱離了學術研究之路，與學術研究南轅北轍，越走越遠，讓人倍感遺憾。學者不能這樣做，讀者也不要把這些任意猜測當作知識，就像聽相聲一樣，樂一樂就好！

第二，非學術的東西我們不能用學術的標準去衡量。不能拿着規測量方，拿着矩測量圓，這是自尋煩惱。可以對非文字學的"闡釋"進行文字學的分析，目的不是批判，而是區別。

第三，學術研究不僅要排除非學術的闡釋，還要努力加強學科性建設。學術就得有學理，講證據，合邏輯。沒有理論系統，不審核材料證據，論證沒有邏輯，就是非學術的"故事"。

第四，學者努力拿出具體的實實在在的成果。建設比毀壞難。毀壞了舊房子却建設不起新房子，並不比亂搭建更好。

社會環境、學術條件、學術需求、社會需求都需要新的漢字闡釋，一方面從傳統汲取營養，另一方面與傳統劃清界限，逐漸完成漢字闡釋的學科化，從目的、材料、方法上重新構建。

三、漢字"六相"與漢字闡釋的內容

周有光指出文字有"三相"："符形相""語段相""表達相"。[1]這是所有文字共有的三個側面。對於漢字來說，三相之外，還需要再加上"關係相""文化相"和"社會相"，可以合稱爲"漢字六相"。任何一個漢字都可以從不同的側面去分析和解釋，漢字系統也可以從這六個方面去觀察。

第一，符形相：文字符號的形體構成。文字是書寫的視覺符號，任何文字都有其物質形式，那就是書寫形成的字形。這是文字研究的基礎。

第二，語段相：文字記錄語言，不記錄語言就不是文字。語言是由音素和義素、詞素、詞、句子、篇章由小到大的各層單位構成的層級裝置，文字可以記錄大小不同的單位。例如西方的音素文字，有人稱漢字是"詞—音節"文字。

第三，表達相：文字記錄語言，從造字的角度說就是對語言符號的再編碼，也就是說所造字形用什麽樣的方式去記錄語言。最常見的表達是表意和表音。漢字有多種記錄語言的方式，"表達相"也是多種表達方式。

第四，關係相：任何符號都處在彼此聯繫、彼此區別的關係中。彼此聯繫、彼此區別的各種關係構成文字系統。漢字由於歷史悠久，形體多樣，用法複雜，所形成的字際關係尤其複雜。

第五，文化相：漢字編碼留下了當時的社會生活信息和編碼者的思維痕迹。

第六，社會相：對漢字的理解不能僅僅從文字記錄語言的角度，從社會功能的角度看，漢字有其獨特的功能。漢字的社會相是就漢字

---

[1] 周有光：《漢字和文化問題》，沈陽：遼寧人民出版社，2000年，第33—35頁。

的整體社會功能而言的。
　　"六相"分析不能只以字書中的單字爲對象，要在文本裏的文字應用過程中觀察，在歷史背景下觀察，在文字系統中觀察，在社會文化功能中考察，只有這樣，才能形成全面、完整的認識，闡釋的結果才更加可信。如果僅僅從語言文字學一個角度看，就會得出漢字繁難落後的結論；如果從社會需求的角度看，漢字有表音文字不可替代的優勢。
　　漢字闡釋是綜合運用古文字學、理論文字學、語言學、文獻學、歷史學、考古學等多學科知識對漢字構形、演變、關係，對所蘊含的文化及各種功能等進行詳細描寫和充分解釋的學術研究，屬於多學科交叉的基礎理論研究。
　　漢字闡釋是由表意字的特點決定的，是漢字學建設的一部分；對歷史文化探討有一定的輔助作用，漢字闡釋既是學術研究的一部分，也是一部分人的文化需求。
　　漢字既然有"六相"，闡釋就有多個層面，多個角度，多種方法，主要有下列四個方面，其中漢字構形闡釋是基礎。

（一）漢字的構形闡釋

　　目前語言學家或文字學家普遍認同"文字是記錄語言的符號"，或者說文字是對語言進行再編碼的書寫符號系統。從符號的角度定義文字，這是現代語言學、現代文字學的基本觀點。符號最主要的特徵是形式與意義之間的約定性，西方表音文字是典型的符號，26字母和任何一種語言的語音都可以約定。與西方表音文字相比，漢字形體與音義之間不是純粹的約定，有其編碼理據。這就開啓了從不同方向觀察漢字、解釋漢字、評價漢字的道路。
　　我們用具體的例子說一下漢字的構形與闡釋。
　　英文的太陽與月亮分別是 Sun、Moon，每一個字母記錄的是語音，這些字母的音組合起來是詞的語音，語音記錄了語義。再往前追溯，字母依舊是字母，只記錄語音。
　　漢字最初用"日"表示太陽，用"月"表示月亮，是用兩個形體符號分別記錄｛日｝、｛月｝兩個詞的音和義。往前追溯，日像圓圓的太陽，月像半圓的月亮，形體本身就能表達一定的意義。漢字中的表意字形體與所記錄的語言的意義之間有聯繫，這些表意字又成爲構形組字的基礎，日月同輝是"明"，日在木上是"杲"，明月當空是"望"等等。漢字是表意文字體系的典型代表，有其獨特性。把這種獨特性揭示出來，就是漢字闡釋的重要內容。漢字闡釋研究的對象不是疑難字或不識字，主要是對音義明確的常用字的文字形體與深層結構以及深層文化的解讀。

從漢字的非典型符號的特徵來看，漢字有構形理據，有豐富的文化內涵，有悠久的傳承，有豐厚的研究累積，是可以闡釋的文字。任何一個漢字都包含"六相"中的前三相：

第一，書寫的視覺形體。

第二，形體所記錄的語言符號的音與義。

第三，形體符號對語言符號再編碼的方法，或者說字形表達語言的方式。

文字符號直感上是形、音、義的統一體，實際上可以分析爲兩部分，視覺可見的形體和聽覺可知的音義。字形、字體是書法家關注的主要對象；語音、語義是語言學研究的對象，沒有文字記載，會立即消失。這個形體爲什麼能夠記錄這個音義，這種看不見、聽不見的深層"表達相"，或者說文字符號如何對語言符號再編碼是漢字闡釋的主要內容。

構形闡釋的前提是落實字形與所記錄的語言。現代漢字是部分已知的條件，古文字是考釋的內容。漢字闡釋需要首先能夠對紛紜的考釋判斷取捨。例如闡釋"也"字之前首先要確定其字形，明確其所記錄的語言，區分與"它"字的不同。[1]

在確知一個字形表層結構及其所記錄語言符號音義的前提下，才

---

[1] 參見本書第六講。

能對爲什麼這個字能夠表達這個音義作出符合文字學的闡釋。

理想的漢字闡釋有一套完整的理論，對所有的漢字現象都能夠合理解釋，從整體的系統性到個體的構形、演變、所藴含的文化都能準確地描寫和解釋。目前這方面的研究取得了一些成就，有很大的進展，正在逐漸向理想靠近。

在當今這個時代，如何繼承《説文》的優良傳統，站在時代的高度和廣度，做出全面超越《説文》的經典之作？江山代有才人出，各領風騷數百年。學問大者成其大，小者成其小，在某一個方面努力達到所處時代應達到的高度，是每一位學者可預期的目標。

(二) 漢字中藴含的文化

文化、中國文化這些概念太宏大，有太多的不確定性，我們不能過度糾纏。簡單地理解，文化是人類某一群體在一定時間、一定地域所創造的物質與觀念的總和。"文化"的含義逐漸向滿足人類的精神需求的精神產物傾斜。文字既是物質的，又是精神的，是文化高度發達的產物。就漢字闡釋而言，我們要分清"漢字文化""漢字所記録的文化"與"漢字中所藴含的文化"三者的不同。

了解"漢字文化"，不妨參看何九盈等主編的《中國漢字文化大觀》。[1] 漢字本身就是文化，漢字的方方面面都是文化。漢字所記録的文化是傳世典籍與出土文獻所反映的思想、歷史、習俗等等。"漢字中藴含着的文化"是每個字從造字本義，演變規律到闡釋累增的全部，例如拙著《漢字爲什麼這麼美》第一篇就是説"漢"字，説到最後，也只是解釋了漢字中的"漢"爲什麼左側是"氵"的文化意義，以及"漢"字構形所表現的古代文化。[2]

文字是對語言符號進行再編碼的書寫符號。早期表意字在編碼過程中，所造的字形與所記録的意義之間有聯繫，也就是構形理據。這

---

[1] 何九盈、胡雙寶、張猛:《中國漢字文化大觀》，北京:北京大學出版社，1995年。
[2] 李守奎:《漢字爲什麼這麼美》，西安:陝西師範大學出版社，2019年，第1—4頁。

種構形理據表現了造字時的思維方式和那個時代的一些社會生活信息。每一個表意字都有視覺可見的表層結構所構成的形或義、所記錄的語言符號的音義、字形和所記錄語言之間的深層音義聯繫。文字在歷史演變過程中，結構會發生變化。漢字作爲文化高度發達的產物，有其自身的特徵與價值。每一個漢字，可以層層剝離，仔細觀察；可以前後比照系聯，觀察其豐富複雜的變化過程，理解或探討其中所蘊含的古代文化。以單字爲對象，分析字形、列出字譜、解讀文化是最容易操作的學習與講授方式，也是學習的基礎。拙著《説解漢字一百五十講》中與人體部位相關的漢字説解，或簡略或詳細，是簡單梳理與通俗闡釋，不論是學習還是講授，都可以在此基礎上進一步深入展開，也可以進一步擴充。[1]

從中國文化中的某一方面追溯漢字所表達的信息，從這個角度把相關的漢字系聯到一起，結合考古、文獻記載等解讀這些漢字構形所蘊含的文化信息，這是最容易做，也最容易懂的"漢字文化"，目前已有不少相關論著，我也曾經用這種方式講授過"漢字與中國文化"。下面舉幾個例子：

中國古代是典型的農耕文明，對植物、莊稼的觀察十分細緻，從"艸"與從"木"的字格外多，留下很多造字時代的文化信息。把早期農作物的文字聚集在一起，能夠直觀看到造字時代對農作物的分辨、應用與觀念，結合考古發現，可以了解中華文明兼容並蓄的過程。如果以《表現農作物的字形與早期農耕文化》爲題，對禾、稷、粟、黍、稻、粱、來、麥以及年、春、秦、馨、香等字的構形進行文化解讀，可以獲得漢字構形與歷史文化兩個方面的知識，對於一般性的了解很有幫助。

通過"卩"及其構成的文字，可以了解造字時代跪坐表現出來的肢體語言文化。

---

[1] 李守奎、王永昌：《説解漢字一百五十講》，西安：陝西師範大學出版社，2022年。

从玉的字也很多，結合考古發現，可以看到玉文化是中華文明的一大特色。

古書有刑罰記載，《尚書·舜典》載有："象以典刑，流宥五刑。鞭作官刑，扑作教刑，金作贖刑。眚災肆赦，怙終賊刑。"古文字中表現的刑罰更具體，更全面，黥墨、刺眼、割鼻、割耳、去陰、鋸腿、焚燒等酷刑都有專字描繪，表現出早期政治的殘酷性。"王"與"士"都是以斧鉞類刑具代表執掌施刑權力的人，這是早期政治的特色。物極必反，隨着社會的進步，滋生出輕刑愛民的思想之後，"王"與"士"等字的闡釋被賦予了全新的意義。

漢字的文化闡釋對歷史文化研究有一定的參考作用。由於內容比較淺顯，方法比較簡單，通過某些文化的用字探討造字時代的文化信息完全是開放的內容，各種漢字文化教材相類似的內容很多，不論是教師的"教"還是學生的"學"，都可以舉一反三。

（三）漢字系統所表現出傳統文化

文字是彼此之間相區別的符號系統，其內部根據彼此之間的聯繫構成各種類型、各種層級的子系統。文字自身的構形是系統，演變是系統；文字彼此之間的關係也是系統。文字在應用過程中功能發生變化，字形也在不斷變化，文字系統不斷調整，形成盤根錯節的各種關係，各個時代的漢字研究者不斷闡釋，積累了豐厚的研究成果，這就形成了"一個漢字就是一部文化史"的局面。把文字符號放在構形系統、區別系統、演變系統、闡釋系統中綜合考察，理清彼此的區別與聯繫、傳承與變異，可以大大提高闡釋的可信度，加深對漢字文化的了解。例如"卩"表現的"跪"與"坐"，"卿"表現的"饗"與"享"，"豐"字表現的"沐"與"浴"等等，不僅僅是文字記錄語言的問題，也反映出上古肢體語言、人鬼之別、洗浴文化等等。

（四）漢字與中國

較之於文字學的漢字闡釋，歷史文化學的漢字闡釋，從文明的形成，社會的發展，國家的統一等社會學的角度理解漢字、闡釋漢字更具有現實意義。

文字在中華文明的形成與傳承中的作用是什麽？

中國文化的傳承爲什麽能够如此久遠？

何以中國？漢字在漢族、中華民族形成過程中的作用是什麽？

漢字的超語言功能與中國文化"大一統"的向心力是什麽關係？

對於漢字與中國文化，需要從宏觀上加以理解。

對於每一個研究者來説，中國文化有其無限的豐富性，漢字幾乎是"無窮無盡"的，《漢語大字典》收録五萬六千多字，而出土文獻中還在不斷出現字書未見字。"漢字與中國文化"只能是管中窺豹，略見一斑。當研究對象没有明確的範圍邊界，很難學科化。"漢字文化""漢字闡釋"如何明確其研究對象，是學科化的首要問題。

四、漢字闡釋的原則與方法

我在多個場合講過漢字闡釋的基本原則，互有出入，但核心內容一貫。所謂原則，就是學術的底綫。所謂方法，就是對原則的貫徹，通過可操控的過程，取得可信度高的結論。我所理解的漢字闡釋需要在下列原則下展開。

第一，文字記録語言原則。視覺符號如果不記録語言，就不是文字。這是文字闡釋的出發點。脱離語言的文字研究要麽只剩下筆畫結構，路越走越窄；要麽任意聯想，漫無邊際。漢字闡釋必須首先落實字形結構與所記録的語言，在漢字應用與變化的過程中觀察、描寫與解釋。

第二，從材料出發的原則。材料虛假或應用錯誤，建立其上的一切推論都不能成立。例如《説文》"也"的字形就有問題，建立其上的所有闡釋都不可能成立。審核證據是準確理解的開端，正確使用材料是學術研究的基礎。

第三，文化闡釋以文字學爲第一性原則。只有在確定字形結構及其所記録的語言的基礎上，進一步的闡釋才可能是合理的。例如甲骨文中的"▨（福）"（《合》30931），在没有確定字形中"▨（畐）"與"畐"之間的關係，也没有確定其與"福"音義之間的一致性的情況下，就斷定是"福"字，並據此談福文化，是不可取的。

第四，符號性原則。漢字雖然有理據，本質上也具有符號性。一個象形的字形可以與很多意義發生聯繫，例如"▨"（十三年瘨壺，《集成》9723）是典型的表意字，像編繩圍捆竹簡之形，是書册之"册"。爲什麽不是編繩的"編"或"繩"？爲什麽不是編捆、編聯的"編"或"捆"？爲什麽不是栅欄的"栅"？約定如此！這個字形記錄這些詞，同樣滿足理據性。一個詞的意義有多個特徵，選擇哪一個特徵作爲造字的編碼理據也是任意的。任何事物都可能發生混亂，都需要治理，造字時選擇什麽特徵表達"亂"與"嗣"没有必然性。把没有必然性的説成必然，是對學術的背離。

第五，歷史性原則。漢字處在歷史演變過程中，字形、字體在變化，文字與所記錄的語言也在不斷地調整。每一個字形都有其時代性，在不同的時代記錄的語言、承載的文化都不一定相同。不能簡單地以古非今，也不能簡單地以今律古。對於文字，要從歷史發展的角度觀察，對於學術研究成果的取捨，更要有學術史的眼光。

第六，系統性原則。任何一個文字符號都是在系統中彼此區分、彼此分工、彼此聯繫，形成遠近不同的關係網來發揮作用的。《説文》的部首統領文字實際上就是揭示文字系統性的一個方面，部首間的順序也關注到了形體間的相似性與區别性。只有把文字放在系統中才能區别其異同，確定其性質。拿出一個"元"字問"兀"上的一横是什麽，只能做和許慎類似的暢想。只有把它放置在不同時代的文字系統中，才能確定其性質。

第七，推陳出新，多學科融合原則。漢字闡釋一方面要傳承優秀的傳統，但也必須摒棄其動機缺陷、理論缺陷、材料缺陷、方法缺陷造成的系統性不足，不能深陷其中而不能自拔，變成爲了學問而學問的糾纏論辯。漢字闡釋如果成爲學科，也是交叉性學科。單從語言文字學的角度看，漢字闡釋意義並不大，但多學科交叉融合，就會看到漢字闡釋的整體價值。

第八，微觀探索與宏觀把握相結合的原則。所謂大處着眼，小處着手。既不能高談闊論步步走空，也不能釘頭碎屑，只見樹木不見森林。不僅要一個字一個字、一組字一組字地闡釋，還要從宏觀上認清漢字在促進民族融合與國家穩定中發揮的巨大功能。

第九，學術研究與文化普及相結合的原則。對於研究漢字的學者來說，漢字闡釋是學術研究的一個方面，對於"強基計劃"古文字專業方向的學生來說，需要接受漢字闡釋的學術訓練。另外在學校和社會上還有很多只是希望比較系統了解漢字與漢字文化的人，需要漢字闡釋與漢字文化普及。漢字的文化普及必須在漢字闡釋學術研究基礎上展開。

原則是條條框框，需要在每一個字、每一組字的闡釋中綜合應用，我以"也""福""卿""俞""饔"等字的闡釋，例示了漢字闡釋的內容與方法，讀者如有興趣可以參看。

五、漢字闡釋的期望與教材建設

漢字闡釋必須建立在漢字學的基礎之上，漢字闡釋能否"復興"？我的回答是肯定的。

第一，漢字闡釋是傳統文化的傳承與再認識，不僅僅是學術需求，也是社會需求。

第二，古文字材料的大量發現，讓我們看到了許慎沒有見到的更早、更豐富的材料。

第三，文字理論日趨系統深入，漢字闡釋的理論也在構建過程中。

第四，立足新的時代，全面、系統完成漢字闡釋的條件日漸成熟。

第五，隨着人民大衆文化水準的提高，文化需求也日趨多樣化，尋求漢字真知的人也越來越多。

第六，漢字闡釋正在逐漸受到學術界重視。

千里之行始於足下，漢字闡釋任重道遠。

漢字闡釋能否建設成一個學科分支——"漢字闡釋學"？我認爲是有希望的。

第一，加强漢字闡釋理論建設，逐漸建立起學術規範。

漢字闡釋需在漢字闡釋理論的指導下進行。目前漢字闡釋的指導理論主要有三個方面：一、沿襲"六書"理論的漢字闡釋。二、在"文字是記録語言的符號"的理論框架下的漢字構形理論，唐蘭、陳夢家、裘錫圭、王鳳陽、王寧、劉釗、李運富等學者各有成就；三、在漢字是文化符號理論下的文化闡釋。歷史很悠久，成果很豐厚，黄德寬很早就提出"漢字闡釋學"的構想。建立起獨立的闡釋理論體系，嚴密話語系統，總結可操作的研究方法，向學科化方向邁進，漢字闡釋會達到一個新的高度。構建起成熟的漢字闡釋理論，全面系統準確地闡釋漢字，是文字學努力的目標。

漢字闡釋的學科建設需要分兩步走：第一步是形成學術研究的氛圍，學者多參與，有更多的學術含量高的研究成果呈現，形成新的學術增長點。第二步是從闡釋實踐中摸索出漢字的闡釋理論，發展成漢字闡釋學。

第二，探索漢字闡釋的新方法，拓展其廣度與深度。

《説文》限於字書體例，基本上是以單字爲單位來闡釋漢字的構形，我們可以從多個角度突破。每一個漢字都有多個層級，從字形到記録的音義，再到構形理據、文化内涵，可以層層解讀。每一個字都處在系統中，構形系統、區别系統、歷史演變系統、闡釋系統等等，與其他字構成種種關係。確定關係組，系統闡釋可以更清晰解釋漢字構形，更豐富了解古代的文化。從研究或表述方法上説，既可以溯源，層層剝笋；也可以找到源頭，順流而下，確定其在歷史演變的每個節點所呈現的狀態，探索其分化、融合等演變過程。

第三，做好漢字闡釋文化普及，講好漢字故事。

當代對漢字闡釋需求的原發點就是大衆對漢字記録語言之外的興

趣。學術的發展有其自身的規律，發展到什麼程度從根本上說受制於社會需求。以漢語爲母語的學習者從小就學習漢字，每天都在使用，對漢字產生應用之外的興趣經過激發會成爲一種可能。以漢語爲第二語言學習者對漢字充滿好奇，漢字文化有助於學習興趣的提高是可以肯定的。漢字闡釋的文化普及應當把學術研究成果簡化爲準確易懂的知識，通過通俗易懂的方式面向廣大的漢字文化愛好者，這也是學者的責任，需要有更多的人投身其中，讓學習者獲得正確的知識。

我通過課堂、講壇、報刊、音頻、電視、書籍等多種形式講授與漢字闡釋相關的話題，已經出版了《漢字爲什麼這麼美》《説解漢字一百五十講》兩部不同類型的漢字闡釋普及讀物，這部《漢字闡釋十二講》和即將出版的《漢字闡釋與漢字理論簡説》兩部教材，雖然都是漢字闡釋，但目的、内容、寫法都有很大不同。

《漢字闡釋與漢字理論簡説》是爲了通識教育和漢字闡釋與漢字文化普及而作。前面説過通識教育漢字闡釋的兩種常用方式，我都在課堂上嘗試過。《説解漢字一百五十講》就是以漢字構形闡釋爲主的課堂講義和漢字闡釋普及讀物，在講授和撰寫過程中我雖然儘量避免太多理論術語，但不可能完全避開，尤其是書的後面還有"理論延伸與思考"欄目，就更需要對我所使用的話語系統的整體面貌有個大致描述；從讀者的角度說，讀過具體的闡釋之後，也會產生理論知識的需求。《漢字闡釋與漢字理論簡説》簡單明瞭，通俗易懂，可以視作漢字説解的配套讀物。《漢字闡釋與漢字理論簡説》與《説解漢字一百五十講》相配合，做漢字文化、漢字與中國文化、漢字文化闡釋等基礎課、通識課、選修課的教材或參考資料比較合適。

《漢字闡釋十二講》主要面向清華大學日新書院強基計劃古文字方向的學生，立足學術前沿，有一定的難度，在具體的教學過程中根據學生的具體情況可以對教材内容有所取捨。這部教材探索漢字闡釋的理論與方法，重點是通過具體闡釋實踐，例示漢字闡釋的操作過程，建立深入、系統、全面認識漢字的觀念，引導學術研究，強化學術訓練。作爲研究生的一般讀物也未嘗不可。

　　作爲強基計劃的基礎課，不能不強調學術訓練，但也不能全部是這種難度的學術訓練，在教學過程中，太緊了就鬆一鬆，太鬆了就緊一緊，《漢字闡釋十二講》與《漢字闡釋與漢字理論簡説》中的内容可以交替着進行，重要的是方法，難易隨時調整，内容根據具體情況適當替換。

　　本教材期望完成下列目標，在對漢字文化與漢字闡釋有概括了解的基礎上進入實際操作：

　　第一，了解繁體字與簡化字，掌握繁體字。

　　第二，對《説文解字》有進一步的了解，初步了解經典閱讀的方法。

　　第三，學會精讀出土文獻，掌握在文本中認識古文字的方法。

　　第四，了解漢字闡釋的理論和方法，能夠進行漢字闡釋的基本操作。

　　第五，了解最簡單的漢字文化探討方法。

　　第六，從歷史發展、文化傳承、社會需求上闡釋漢字，對漢字整體形成宏觀認識。

【延伸閲讀】

周有光：《漢字和文化問題》，瀋陽：遼寧人民出版社，2000年。

第二講　漢字的繁與簡
——掌握繁體字

導讀：不論是閱讀古書，還是深入了解漢字、闡釋漢字、考釋漢字，都需要認識足够數量的漢字。在已經掌握了通用規範字的基礎上還需要全面掌握相應的繁體字。漢字闡釋需要不斷上溯才能接近造字時的編碼理據及其蘊含的文化，才能看清其流變，看清各個階段構形的特點。上溯的第一個臺階就是了解繁體字與簡化字。了解繁體字的簡化方式與簡化過程，會對文字演變的方式有具體的理解，爲漢字闡釋與古文字研究奠定基礎。

了解繁簡字、掌握繁體字是個比較容易實現的目標，用一到兩周的時間就可以實現。

一、繁體與簡體歷來並存

文化一方面具有穩定性、傳承性，另一方面則有適應性、變動性。漢字是文化高度發達的產物，一直傳承至今。正體、繁體相對穩定，手寫的俗體、簡體隨時、隨地、隨人發生各種變化。漢字在這種變與不變的均衡中適應社會的需求，顯現着時代和個性的種種特徵。

記錄同一個語言單位的字形，筆畫多、結構複雜的就是繁體；相應地，字形筆畫少，結構簡單的就是簡體。簡體字大都由繁體字簡化而來，所以又稱作簡化字。

文字的繁與簡，本來是在應用中自然產生的，歷史上並沒有形成簡體與繁體的對立。文字的書寫在有效區別的前提下有一定的任意性，單字變化的方向總體上是趨簡，字形的繁與簡構成互補的異體，適應不同場合的應用。在日常應用中，簡單的字形被認同，逐漸流行，就會取代繁體成爲通行字；而以傳承歷史文化，發揮聖人旨意爲目的的"正統"文化，必然排斥簡化字。手寫體中經常使用簡化字，多爲非經典的話本、小説所吸收，所以就成了俗體字的特徵之一。簡化字很長時間內都處於自生自滅的狀態，字書即使收入，也會注明"俗"，限定其使用場合。把簡化字進行全面搜集整理，升格爲規範通用字，就形成兩個相對應的系統——繁體字與簡體字，也就有了"體"的特徵。字體是文字群體呈現的書寫特徵與表層結構特徵。繁體字的特徵就是繁，簡體字的特徵就是簡。

　　繁體與簡體是一字異體，與文字應用相伴始終，形成的原因很多。

（一）造字階段的任意性

　　甲骨文是目前所知最早的公認的漢字，還保留着不少早期文字的特徵，文字形體的任意度比較大，下面是甲骨文中的"聽"與"泉"：

"聽"	《合》110 正	《合》3682	《合》5313	《合》19576	《懷》0489	《合》14295	《合》20017	《英》1802
"泉"	《合》8370	《合》8371	《合》8375	《花東》484	《合補》10642 甲	《屯南》1178		

　　點畫的多少、部件的有無，都構成字形的繁與簡的不同。這些字形的繁與簡不區別音義，是一字異體。

（二）書寫追求簡便——簡化

　　簡化是字形演變的基本規律之一。例如：

第二講　漢字的繁與簡　　23

爾——尔

(癲鐘,《集成》246)　——　(《郭店簡·緇衣》簡30)

西周金文多用"爾"。在戰國竹書中，由於追求書寫簡便，便簡省了"爾"下面的形體，僅以上面的"尔"表示{爾}這個詞。

其——丌

(秦公鎛,《集成》267.2)　——　(包山簡15反)

春秋時期"其"字大都是上下兩部分，戰國文書簡中普遍簡化爲"丌"或"亓"。

"爲"字本象以手牽大象之形，會勞作之意。"为"字是通過草書楷化而來，在漢代已經出現。居延漢簡、敦煌漢簡中都可以見到。

圖版壹6A

甲圖版貳柒199　　甲圖版叁拾227A　　(《敦煌漢簡》，北京：
(《居延漢簡甲乙編》，北京：中華書局，1980年)　中華書局，1991年)

"爲"字譜：[1]

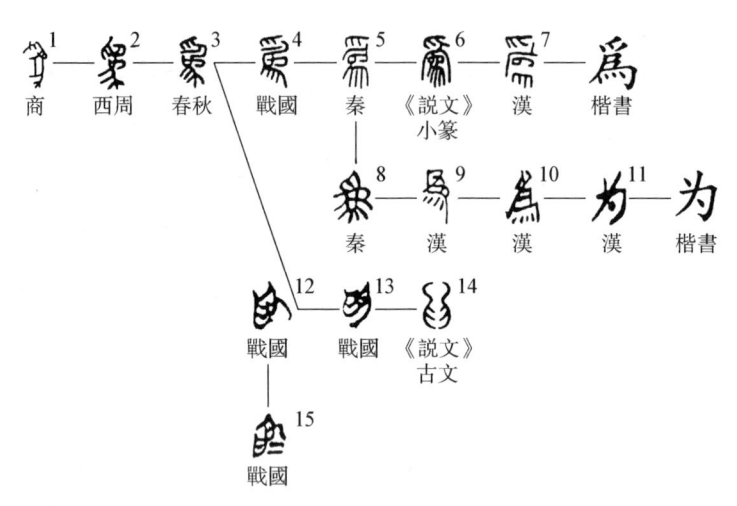

商 1 — 西周 2 — 春秋 3 — 戰國 4 — 秦 5 — 《説文》小篆 6 — 漢 7 — 楷書

秦 8 — 漢 9 — 漢 10 — 漢 11 — 楷書

戰國 12 — 戰國 13 — 《説文》古文 14

戰國 15

從這個字譜，我們可以清晰看到"爲"字的簡化過程。篆書隸變、楷變，就是現行繁體的"爲"。漢代隸書草寫，就是現行簡化字的源頭"为"。另一個異體"為"是上述兩種繁、簡字形的糅合形式——"为"頭與"爲"身。

"爲"在戰國時期還有兩種常見的簡化形式：一是截除省略掉下半部分，與"爾""其"的省略方式相同，如" "（《集成》10158）。另外一種是省略掉下半部分再加上省略符號，如" "（《上博簡一·緇衣》簡2），現代漢字中也有類似的省略方式，例如"棗"—"枣"。

（三）記録語言追求準確——繁化

莫——暮

《説文》："莫，日且冥也。从日在茻中。"

 （《合》28822）："其莫（暮）亡（無）災。"

《禮記·間傳》："故父母之喪，既殯食粥，朝一溢米，莫一溢米。"

---

[1] 李學勤主編：《字源》，天津：天津古籍出版社，2012年，第217頁。

"莫"很早就被假借爲否定副詞,高頻使用:

[字形]晋公盆(《銘圖》06274):"莫不日頓戁。"

[字形]諸樊劍(《集成》11718):"莫敢鈘(禦)余。"

古文字用"莫"表示{暮}這個詞。字形爲日落草叢中,會夕陽西下之意。"莫"後來被借用去表示否定副詞,爲了追求記錄準確,遂又增加一個"日",以"暮"表示"日暮"之意。繁與簡是針對記錄同一個語言單位的文字來說的,當"莫"與"暮"都記錄{暮}這個詞,二者是古今異體。古爲簡,今爲繁。這裏所說的"繁化"是就"莫"的本義而言。當"莫"與"暮"分別記錄不同的詞時,就是不同的兩個字,彼此是假借關係,和繁簡也就不再相關。在現代規範字中,"莫"與"暮"兩個字的形、音、義都有了區別,不存在繁簡問題,也看不到假借關係,只存在構形上的聯繫。

(四)文字構形追求理據更加充分

爿——牀

《說文》:"牀,安身之坐者。从木,爿聲。"

牀:[字形](《合》14576)　[字形](包山簡260)

"爿"本象豎立的牀形。後來爲了追求記錄準確,增加了表示材質的"木"旁。"牀"通行後,"爿"僅作爲部件存在,例如"疒""戕""將"等,或表意,或表音。《說文》字頭中沒有"爿",但"牀""戕"等字都从"爿"聲。俗體字"床"很早就出現了。

皇:[字形](《英》543)　[字形](《合》6961)

[字形](作册大方鼎,《集成》2760)

"皇"字初文象孔雀翎,加"王"表音,構成繁體。

复——復

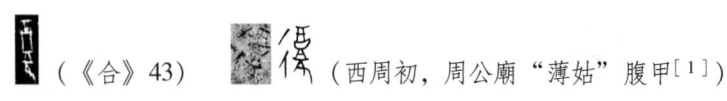

　　（《合》43）　　　（西周初，周公廟"薄姑"腹甲[1]）

　　這兩個繁簡字在商周時期就共存，一直延續。"复"下的倒止表示返回，也經常表達重複的意義，加上道路"彳"（"行"之省略）表達位移的意義，加上"衣"表達重複的意義。簡化後，一個"复"對應"復""複"兩個繁體字。

（五）文字追求結構勻稱飽滿之美，美術化——繁化

　　"示"本象神主之形，由不同的材質構成，供奉在宗廟裏。後來在上方增加飾筆，爲了字形勻稱又在兩邊增加對稱的飾筆。

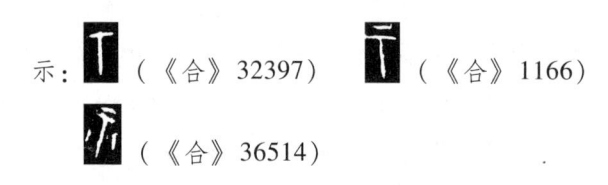

　　示：　（《合》32397）　　（《合》1166）

　　　　（《合》36514）

　　"示""宗""主""宝""宋"在不同的歷史時期都曾經有過繁簡異體關係。

　　漢字在應用過程中，爲了追求實用與美觀，一直在變化之中。字形勻稱的繁體占優勢。上面所列"皇"字初文，頭重脚輕；甲骨文中"王"形側置，難寫且不均衡，西周金文中普遍被"皇"形取代。"主"與"示"的演變也遵循着因美化字形而變繁的規律。

二、簡化字與繁體字的學習

　　自1964年以來，中華人民共和國規範漢字就是簡化字，目前除了港澳臺地區之外，已經不存在學習簡化字的問題，因爲特別的需求，需要學習繁體字。繁體字的應用有法律依據，繁體字的學習也有規範。

---

[1] 蔡慶良、張志光主編：《嬴秦溯源：秦文化特展》，臺北：故宫博物院，2016年，第30頁。

（一）學習繁體字的依據

《中華人民共和國國家通用語言文字法》第十七條規定：

> 有下列情形的，可以保留或使用繁體字、異體字：（一）文物古迹；（二）姓氏中的異體字；（三）書法、篆刻等藝術作品；（四）題詞和招牌的手書字；（五）出版、教學、研究中需要使用的；（六）經國務院有關部門批准的特殊情況等。

我們這個教材使用繁體字就是因爲教學與研究中需要使用。繁體字寫進法律，作爲術語，也就有了特定含義：

繁體字，漢字的一種字體形式，一般是指漢字簡化運動被簡化字所代替的漢字，有時也指漢字簡化運動之前的整個漢字楷書、隸書書寫系統。繁體中文已有兩千年以上的歷史，直到1956年前一直是各地華人通用的中文的標準字。

學習繁體字主要依據《簡化字總表》和《通用規範漢字表》中的《規範字與繁體字、異體字對照表》等文件：

1964年2月4日，國務院發布了《國務院關於同意中國文字改革委員會簡化字問題的請示的通知》，同年，中國文字改革委員會、中華人民共和國文化部、中華人民共和國教育部聯合發出《關於簡化字的聯合通知》，公布了《簡化字總表》。

1986年10月10日重新發表《簡化字總表》（共收2 235個簡化字），此表在中國大陸使用至2013年。

2013年公布的《通用規範漢字表》收錄《簡化字總表》中的全部簡化字，另外補充了226個簡化字。附件一《規範字與繁體字、異體字對照表》，使得簡化字與繁體字的對應關係更加明確。

學習繁體字，首先要掌握《簡化字總表》中的繁體字。了解簡化的規則有助於掌握繁體字，同時可以對漢字演變的一些方式產生直觀的感受。

（二）爲什麼簡化字成爲規範字

字形趨簡，是文字發展的趨勢。文字是記錄語言的書寫的符號系統。書寫追求簡便，符號系統也追求簡便。從字形發展的方向看，簡化是大趨勢，符合文字符號的本質特徵和發展規律。

漢字簡化一度是文化思潮。近代以來，傳統文化受到批判，漢字被否定。尋求改革，走拼音化道路成爲當時的主流認識。爲了書寫和識字方便，簡體字不再作爲俗體被排斥，而是逐漸受到重視。漢字簡化是漢字改革過程中的一項任務，在不具備拼音化改革條件之前，簡化漢字便於應用，被認爲是漢字改革的過渡形式。

簡化字便於勞動大衆學習應用，可以提高學習與工作效率，這是推動其成爲規範字的主要動因。此外還有很多理由推動漢字簡化，無論這些理由是否合理，形成的事實是目前的通用規範漢字不僅能夠準確記錄語言，而且使用簡便。

（三）簡化字的優勢與簡化後帶來的問題

優勢很明顯：結構簡單，便於學習；書寫便利，提高工作效率。

文字簡化導致文字系統的變化，也出現一些被人質疑的問題。

構形理據喪失：例如"舊"从萑、臼聲，簡化成"旧"完全喪失理據。

有些字形區別度降低，例如"發"與"髮"簡化爲"发"，與"拔""铍"等字中的"发"區別度很小，很容易寫錯。

造成繁簡轉換應用的混亂："後"簡化爲"后"，"雲"簡化爲"云"，在繁簡轉換中就可能出現"王後""子曰詩雲"等錯誤。

破壞了字形結構的均衡：廠——厂、廣——广、頭——头。

形成閱讀古書的障礙，影響歷史文化的傳承。

另外還可以指摘出一些問題來。這些問題在一定程度上存在，但都構不成不能簡化的理由。歷史上隸書是對篆書的簡化，秦漢時期沒有一篇文書是用篆書書寫的，漢字一直行走在簡化的路上。

（四）繁體字的優勢與弊端

楷書繁體字大都是當時的規範用字，是經過幾千年選擇、淘汰、定型的結果，結構上匀稱美觀，也比簡化字更多地保存了構形理據。

繁體字更便於古書閱讀與文化傳承，這是不爭的事實。弊端就是形體複雜，書寫耗時費力。例如堅守繁體字的臺灣地區，日常書寫中像"臺灣"這樣的字也多求簡化，寫簡體字。

從文字記錄語言的角度出發，準確記錄、使用便利是第一性需求。規範用字要滿足大衆、滿足社會的普遍需求。

（五）"强基計劃"人文專業爲什麽要學習繁體字

讀古書是很多人文學科的基本需求，掌握繁體字是基本要求，"强基計劃"古文字專業更是如此。

讀古書是研究古文字的基礎，古文字的功底不僅僅是對字形的熟悉程度，更重要的是對文獻典籍掌握的廣度與深度。簡體字譯注本是爲了文化普及，研究就得讀儘量靠近原初的文本。

對於研究古文字來説，按照時代上溯：簡化字——繁體字——小篆——先秦古文字，繁體字是必由之路。所以必須掌握繁體字。

中文、歷史和哲學專業中的中國哲學史專業的學生都應當掌握繁體字。書法學習，與港澳臺地區以及日本、韓國的文化交流也會涉及繁體字。

（六）繁體字的學習對象——《簡化字總表》

《簡化字總表》形成過程比較漫長。1935 年 8 月 21 日，中華民國教育部發布第 11400 號部令，正式公布第一批簡體字表，但很快就廢除了。

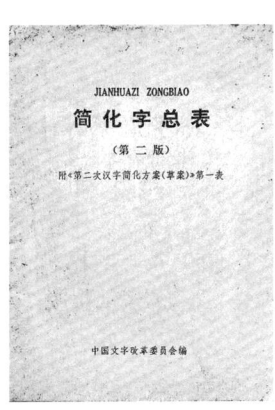

中華人民共和國成立後，簡化字經過整理、研究、規範，成爲規範漢字，《簡化字總表》雖然最初是爲了學習簡化字，但我們今天可以用來學習繁體字。

（七）學習簡化字的方法

第一，全部掌握《簡化字總表》内三個表中的繁體字。

第一表的350字不得作簡化偏旁使用，形式上是一一對應的關係。由於有些簡化方式是假借合併，一個簡化字對應多個繁體字，例如"板""闆"合併爲"板"，"丑""醜"合併爲"丑"，"出""齣"合併爲"出"，在學習繁體字時必須還原回去，各有分別，謹防用錯。《通用規範漢字表》的《規範字與繁體字、異體字對照表》對一簡對應多繁的情況處理比較好，可以參看。

第二表有132個可以作簡化偏旁用的簡化字和14個簡化偏旁，數量不多，但非常重要，需要牢固掌握。

第三表的1753個簡化字是在第二表基礎上的類推。需要注意的是，不是所有的字都可以類推簡化，《簡化字總表》中没有的不能類推。例如，"倉"簡化爲"仓"，"傖""創""滄"等15個字類推簡化爲相應的"伧""创""沧"等，但是"獊""蹌""瑲"等都不在簡化之列，不能類推。

前二表合計496字，不到五百字，其他可以類推，兩千多繁體字很快就學會了。對於有需要的人文學科的大學生來説，每天拿出一個小時，最多一周時間可以全部掌握。所以，拿簡化字阻礙古書閱讀爲理由反對簡化字是不成立的。每個人每天都用漢字，但不是所有人都要讀古書，需要讀古書的人只要拿出一點時間就可以掌握繁體字，相較之下，利弊自見。

了解漢字的簡化方式與簡化過程不僅可以更深入地了解繁體字與簡化字的關係，而且對文字演變會有真切的理解，爲古文字學習奠定一定的基礎。

三、漢字簡化的方式

　　繁體字經過簡化就是簡化字，彼此之間存在字形差異和音義之間的傳承，有些繁簡字之間不是一對一的簡單聯繫。簡化的方式有很多，大都是文字演變的通例，各個時代普遍存在，了解了《簡化字總表》中繁簡字的對應關係和簡化的方式，對未來漢字的深入學習大有裨益。

　　（一）截除：截除字形的一部分以達到簡化的目的

點	点	从黑，占聲。截除黑的上部，移位組合。
獨	独	从犬，蜀聲。截除蜀的外圍。
飛	飞	表意字記號化。截除大部分，留下頂部。
習	习	表意字記號化。截除大部分，留下一角。
虧	亏	虍、亏（于）雙聲符。截除一個音符。
蜑	蛋	从虫，延聲。延省略變形。
擊	击	二次截除。先截除留下左上角，再將軎的中間部分截除。

幫（帮）、標（标）、糴（籴）、奪（夺）、糞（粪）、聲（声）、雖（虽）、鄉（乡）、業（业）等等，都是同一種簡化方式，這種簡化方式在商代文字中就存在。

　　（二）音符替換：使用較爲簡單的同音音符取代較爲繁複的音符

| 擔—詹 | 担—旦 |
| 構—冓 | 构—勾 |

續 表

竅—敫	窍—巧
竊—离	窃—切
賓—丏	宾—兵
鄰—粦	邻—令
進—佳（隹）[1]	进—井

一些音符簡化字受方言的影響。在韻母前鼻音與後鼻音不加分別的方言中，"賓"與"兵"、"鄰"與"令"、"進"與"井"讀音相同，音符可以表音，但在普通話中讀音不同，簡化成"宾""邻""进"會對學習普通話形成嚴重誤導。

（三）記號替換：使用較爲簡單的記號取代較爲繁複的部件，以達到簡化的目的

觀	观
漢	汉
僅	仅
鄧	邓
對	對

"觀""漢""僅""鄧""對"等字都是左右結構，來源不同，字形也完全不同，用"又"取代字形中複雜的部分，"又"的唯一功能是與其他部件配合把字形區別開來。簡化字中這樣的區別符號很多，例如"币"字上部的"丿"，"丛"字下部的"一"等等，非

---

[1] "進"上古音在精母真部，"隹"在心母文部，古音很近。

常普遍。

（四）草書楷化

上文所列舉的"为"字就是典型的草書楷化。龍—龙、馬—马、鳥—鸟、車—车、盡—尽、書—书等等，都是來自草書楷化。

（五）類化簡化

簡化過程中把陌生部分轉化爲熟悉的構字單位就是類化簡化。

屬—屬—屬—属—属[1]

"屬"从尾，蜀聲，簡化過程中其中間部分成爲四不像，逐漸向"禹"靠近，最終上部類化爲"尸"，下部類化爲"禹"。

"墮"簡化爲"堕"也含有類化的因素，其右上角不是成字部件，簡化爲"有"大家比較熟悉。類化簡化表現在過程中，一般不易察覺。這類簡化對文字構形分析會產生很大的影響，如果不溯源就會流於謬說。例如"堕"字與"有"字之間，在音和義上就沒有任何聯繫。

（六）選擇簡單的古體：以較爲簡單的古代字形代替通行的繁複的字形以達到簡化的目的

用作介詞，"于"比"於"古老得多。簡化字選擇"于"取代了"於"。"與"和"与"在古文字中都是常用的連詞，簡化字選擇了簡單的形體"与"。這些文字在歷史上大都不是音義完全相同的異體字，但在文字規範過程中被當作異體合併了，讀古書時要注意分辨。例如"於戲"中的"於"，一定不能寫作"于"。

"龜"的簡化很有趣。《說文》中就有繁簡不同的兩個"龜"：一個是爬行狀，一個是俯視可見的頭、背甲和尾的形象："龜，舊也。外骨內肉者也。从它，龜頭與它頭同。天地之性，廣肩無雄；龜鼈之類以它爲雄。象足甲尾之形。凡龜之屬皆从龜。龜，古文龜。"

---

[1] 字形取自［清］顧藹吉編撰：《隸辨》，北京：中華書局，1986年，第164—165頁。

𱍊——龜　　𠁣——龟

這個簡化過程從戰國就開始了，直到新文化運動的時候才完成，簡化的過程十分漫長。

（七）改變構形方式創造異體：以較爲簡單的偏旁重新構字以達到簡化字形的目的

塵—尘

《說文》："䕕，鹿行揚土也。从麤，从土。𡑣，籀文。"

"塵"由《說文》小篆簡化而來，群鹿奔跑時揚起塵土，會塵土之意。理據迂曲而字形複雜，很早就改變成"小土"會"尘"義，是典型的平面結構會形字轉變爲字符意義表意的會義字。《集韻》中有字形繁複的"塵"字異體，注明："俗作尘，非是。"[1]

體—体，與"塵"的情形類似，這種簡化方式很少。

（八）合併不同的字：將較複雜的字承擔的義項合併到較簡單的字形中以達到簡化的目的

鬥—斗

　　𣪘（《合》14370 乙）　　𩰋（《說文》小篆）

　　𣂈（《集成》2576）　　𣂑（《說文》小篆）

"鬥"本象二人鬥毆之形，會鬥毆之意。"斗"本義爲量器，二字來源與意義完全不同。由於它們讀音相同或非常相近，人們借用字形較簡單的"斗"作爲"鬥"的簡化字，與古代的假借實質相同。這種不同字的合併，在閱讀古書時要非常小心，前面在"學習簡化字的方法"一節中已經提示過，在繁簡文檔轉換時，也極易出現"占蔔"

---

[1][宋]丁度等：《集韻》（述古堂本），上海：上海古籍出版社，1985 年，第 120 頁。

"王後""詩雲""人纔"之類的錯誤。

來源不同、意義不同，記錄不同的詞，把複雜的字形的意義由簡單的字形承擔。從表層上看是同一個字，從深層角度分析是"同形字"。這種不同的文字合併現象古文字中也很常見。

（九）利用重文符號

棗—枣、讒—谗

古文字中經常用兩點或兩短橫作爲重文符號，代替被省略的重複或相近的部分，句子、詞組、單字都可以省略代替。兩點在字形中也可以作爲簡化方式，例如棗—枣、讒—谗。對於繁簡字來說是個例，但對於了解漢字的構形來說很有特點。

（十）多種方式綜合

有些字不是用一種簡化方式完成，而是運用多種方式綜合完成的。下面是"蘭"字的簡化過程：

[蘭]（居延漢簡（壹）49·20）—[兰]（趙孟頫《急就章》）—[兰]（譚嗣同《急就章》）

簡化字"兰"出現得很晚，很可能是在草書基礎上再進行截除。[1]

"關"簡化爲"关"經過多個環節，草書作"[关]"，截除門字框就成了"关"。詳見下文。

簡化的方式很多，有些過程也很複雜。如果對繁體字與簡化字的對應關係及簡化方式能夠進行比較全面的分析歸納，就已經觸摸到了漢字演變的一些規律。

文字簡化不僅僅是字形的繁簡，也會導致文字系統的調整。例如《說文》中有"洗""洒""灑"三個字：

---

[1]"兰"曾是"藍"的簡化字，從這個角度上說，以"兰"爲"蘭"的簡化字也屬於不同文字的合併。參見中國文字改革委員會編印：《漢字簡化方案草案》，北京：中國文字改革委員會，1955年。

洗，洒足也。从水，先聲。
洒，滌也。从水，西聲。古文爲灑埽字。
灑，汛也。从水，麗聲。

　　三個字與簡化字的對應關係是："洗"是洗脚的專字，簡化字中沒有對應的字。"洒"對應簡化字中的"洗"，"灑"對應簡化字中的"洒"。這裏有淘汰，有合併，有簡化；字形沒有變化，但文字所記錄的語言却發生了系統性的更替。這是學習繁體字和讀古書時需要特别注意的地方。如果把《孟子·梁惠王上》的"寡人恥之，願比死者一洒之"之"洒"讀成現代漢語中的"洒"就成了笑話。

四、漢字簡化的過程

　　繁體字的簡化過程大部分是在俗體應用中自然簡化，經過刻本采用，進一步推廣，經由語文政策規範，進而升格爲正體通用字。
　　漢字簡化過程有的漫長而曲折，有的則是近代才突然出現，大部分都可以解釋。

劉—刘

刈（明刊本《西洋記》第 81 回）

刘（明刊本《詳情公案》卷二）[1]

"又"是俗字中常見的替代符號，但是"劉"的左側替換爲"又"，恐怕同時還有讀音相近的原因。"對"字簡寫也有"对""对"兩種，與此相類。此外，俗字中有的"對"字也寫作"刘"。[2] "又"變成"文"，是進一步的訛變。"劉"字的簡化經歷了變爲記號，理據再

---

[1] 兩例取自曾良、陳敏編著：《明清小説俗字典》，揚州：廣陵書社，2017 年，第 381 頁。
[2] 參見曾良、陳敏編著：《明清小説俗字典》，揚州：廣陵書社，2017 年，第 150 頁。

造，再變爲記號的過程。在衆多的簡化字中如何選擇淘汰，這也是一個很重要的問題。

義—义

《說文》："義，己之威儀也。从我、羊。羛，《墨翟書》義从弗。魏郡有羛陽鄉，讀若錡。今屬鄴，本内黄北二十里。"

"義"从羊，我聲，《說文》已經説不清了。"羛"是"義"的簡化訛變，古文字完全可以證明，如包山簡65作"羛"。這些字很早就成爲理據不明的記號字。

《說文》："乂，芟艸也。从丿从乀相交。刈，乂或从刀。"

後來同音替代，用"乂"表示"義"。明代焦竑《俗書刊誤》："義，俗作'乂'，非。'乂'自爲一字，治也。"[1]"乂"確實曾被用爲"義"的俗寫，最遲至明中晚期，"乂"被用爲"義"的俗寫已成較爲普遍的現象了。

之後又在"乂"上加點，變成"义"。《宋元以來俗字譜》一書中在"義"字下列出了"乂""义"等幾種俗字字形，並詳細注明了出處（圖見下頁）。

藝—艺

1 □ —2 □ —3 □ —4 □ —5 □ —6 埶 —7 藝—藝—艺

a 樹 —b 樹 —c 埶

（1. 商代金文（《近二》678） 2. 西周金文（《集成》9899.2） 3. 秦石鼓·吳人 4.《説文》小篆 5. 馬王堆帛書《十問》13 6. 校官碑 7. 夏承碑
a. 西周金文（《集成》2841） b. 春秋金文（《集成》285.8）
c.《清華簡一·皇門》簡10）

---

[1] 焦竑：《俗書刊誤》，《四庫全書珍本初集·經部小學類》，瀋陽：瀋陽出版社，1998年，卷三第2頁。

（劉復、李佳瑞編：《宋元以來俗字譜》，國立中央歷史語言研究所單刊之三·中華民國十九年二月刊於北平，第128頁）

漢字表層結構簡化是演變的主要趨勢，但"藝"字却不斷增繁，直到繁到讓人厭煩，創造出"艺"，从艹，乙聲，簡潔明瞭，是"現代群衆創造出的新形聲字"。[1]

"關"字的簡化經過了簡化、截除、草書楷化等過程。

---

[1] 張書岩等：《簡化字溯源》，北京：語文出版社，1997年，第109頁。

第二講　漢字的繁與簡　　39

¹關 —²開 —³関 —⁴開 —
⁵関 —⁶𡨄 —⁷关 —关

（第1、2、3例取自黃徵：《敦煌俗字典》，上海：上海教育出版社，2005年，137頁；
第4、5、7例取自曾良、陳敏：《明清小説俗字典》，揚州：廣陵書社，2017年，207—
208頁；第6例取自掃葉山房編：《草書大字典》，北京：中國書店，1983年，1519頁）

　　什麽是簡化？把複雜的變簡單，文字表層結構部件或筆畫減少就是簡化。爲什麽要簡化？書寫方便。爲什麽能够簡化？文字是記録語言的符號，視覺書寫符號與語言符號之間的約定關係可以改變。簡化了的規範字系統是一個自足的、形體彼此區别的符號系統，完全可以勝任記録語言的功能。從記録語言的層面説，文字不需要結構之美、理據之充分及其他功能，因此對於簡化字無需質疑。繁體字與簡化字大都有一定的聯繫，如果有需要，學習繁體字並不難。不能因爲需要繁體字就否定簡化字，也不能因爲需要簡化字就徹底取消繁體字。根據現實需要，在一定的範圍内實行簡化字爲主，繁體字爲輔的語文政策，既有原則性，又有靈活性。
　　我們需要學習繁體字，掌握繁體字！

閱讀一：《通用規範漢字表》對繁體字是如何處理的？（教育部發布會就《通用規範漢字表》答記者問）

　　（1）維護漢字的基本穩定是《通用規範漢字表》制定的重要原則。一些字有簡有繁，自古如此，從漢字發展的歷史看，簡化一直是主要趨勢。新中國成立後審慎進行文字改革，選擇已經通行的簡化字分批整理公布。簡化字推行半個多世紀以來，方便了幾代人的認字寫字，加快了成人掃盲步伐和教育普及，人們已經習慣了使用簡化字。《國家通用語言文字法》也規定了簡化字的規範漢字地位。此外，新加坡、馬來西亞等海外華人社會也以簡化字爲正字標準，國際組織多以簡化字爲規範。隨着中國國際地位的不斷提升，簡化字的國際聲譽也在逐漸提升。根據文字使用的社會性原則，堅持簡化字是完全正確的。

（2）關於繁體字使用問題，《國家通用語言文字法》中有明確規定，繁體字在下列情形中可以保留或使用：文物古迹；書法、篆刻等藝術作品；題詞和招牌的手書字；出版、教學、研究中需要使用的；經國務院有關部門批准的特殊情況等。

（3）近年來，漢字簡繁問題社會上有所議論，但此問題十分複雜，影響到國計民生，牽涉到諸多領域，海外華人和國際社會也十分關注。經反復徵詢多方面專家意見，並與港澳臺地區學者和海外從事漢語教學的學者、教師交換看法，權衡利弊，這次在字表中沒有恢復一個繁體字。

閱讀二：清代人寫簡化字以及出現的問題

下面是晚清吳趼人《二十年目睹之怪現狀》第十二回、十三回中兩段有關簡化字的描寫，反映了晚清簡化字的應用狀況。

我拿起筷子，在桌上寫了一個"汉"字。苟才看了，先道："我不識，認罰了。"拿起杯子，咕嘟一聲，乾了一杯。士圖也不識，吃了一杯。我伯父道："不識的都吃了，回來你說不出這個字來，或是說的沒有道理，應該怎樣？"我道："說不出來，侄兒受罰。"我伯父也吃了一杯。固修也吃了一口。繼之對我道："你先吃了一杯，我識了這個字。"我道："吃也使得，只請先說了。"繼之道："這是個'漢'字。"我聽說，就吃了一杯。我伯父道："這怎麼是個'漢'字？"繼之道："他是照着俗寫的難字化出來的，俗寫'難'字是個'又'字旁，所以他也把這'又'字，替代了'堇'字，豈不是個'漢'字。"

……繼之道："照俗寫的'觀'字算，這個就是'灌'字。"我吃了一杯。苟才道："怎麼這個字有那許多變化？奇極了！……呀，有了！我也另讀一個字，你也吃一杯，好麼？"我道："好，好！"苟才道："俗寫的'對'字，也是又字旁，把'又'字替代了'豐'字……"

認得的我吃一杯若是認不得各位都請吃一杯好麼繼之道那麼說你就寫出來看我拿起筷子在桌子寫了一個「汉」字苟才看了先道我不識認罰了一杯我士圓也不識吃了一杯我伯父道不識的都吃了回來你說不出這個字來或是說的沒有道理應該怎樣我道說不出來姪兒受罰我道這怎是個「漢」字繼我道吃也使得只請先說了繼之道固修我道你先吃了一杯我識了這個字我道他是照着俗寫的難字化出來的俗寫「難」字是個「又」字旁所以他也把這「又」字替代了之道不是個漢字我道這個字還有一個讀法說出來對的大家再請一杯好麼大家聽了都覺

「斃」字豈不是個漢字我道這個字還有一個讀法苟才便問讀作甚麼我道俗寫的「雞」字是又字旁加一個烏字此刻借他這「又」字替代了「奚」字這個字就可以讀作「溪」字苟才道好有這個變化我道這個字我再讀一個字出來你可要吃一杯我道這個字自然繼之道照俗寫的「觀」字算這個字就是「灌」字我吃了一杯我道這個字怎麼寫的那許多變化奇極了……呀有了我也另讀一個字你也吃一杯好麼我道好好苟才道如寫的「對」字也是又字旁把「又」字替代了「䇂」字是一個……呀

（吳趼人著：《二十年目睹之怪現狀》，世界書局，中華民國二十八年，第 93—94 頁）

【延伸閱讀】

[1] 國家語言文字工作委員會：《簡化字總表（1986年新版）》，北京：語文出版社，1986年。

[2] 教育部、國家語言文字工作委員會：《通用規範字表》，北京：語文出版社，2013年。

[3] 蘇培成：《現代漢字學綱要（第三版）》，北京：商務印書館，2014年。

（說明：此講中近代俗字材料由侯瑞華提供。）

第三講　古文字視野下的《說文解字》：深入研讀與充分利用

導讀：《說文解字》是一部不朽的經典，是漢代所見先秦"古文字"與秦漢篆文的材料大全，是最早的古文字編；《說文》開啓了漢字闡釋的文字學道路，是最早的全面系統的漢字闡釋專著；《說文》是最早的篆文部首檢索字典，創立了部首編排的字典範式。自其誕生以來，傳統文字研究基本上在此理論方法框架下展開，這種絕對主流的學術影響一直延續到清末。

隨着甲骨文等古文字的大量發現和西學東漸，傳統小學之中的文字之學發生了分化：重視考證的古文字學、重視理論的文字學、重視實用的應用文字學，還有沿襲傳統重視闡釋的《說文》學。站在不同的角度回首看《說文》，既能看到其價值，又能發現其不足。對《說文》的評價容易走向兩極：貶之者痛斥許慎之荒謬，揚之者盛贊《說文》之精微。在古文字學與現代文字學創立的初期，指摘《說文》，對推翻偶像具有一定的意義；在古文字學已經學科化已久的今天，深入了解《說文》和充分利用《說文》就顯得更加重要。

一、《說文》中的"古文字"

漢代實際應用的文字是隸書和草書，篆書只在銘刻、印章、幡信等特殊場合使用。《說文》的研究對象是篆文和當時能夠見到的古文字。

第三講 古文字視野下的《說文解字》：深入研讀與充分利用　　43

"古文字"這個概念是漢代人提出來的，《漢書·郊祀志下》："（宣帝時）張敞好古文字，桉鼎銘勒而上議……臣愚不足以迹古文。"[1] 這裏"古文字"與"古文"並見，是指當時能夠見到的秦文字之外的各種先秦文字。秦文字大家都認識，不在當時的"古文字"之列。

今天我們所説的廣義的古文字，不僅包括秦漢篆文，也包括秦漢隸書和漢代草書。

許慎的《説文解字》把當時通行的隸書、草書都排除在外，研究的對象主要是三類：類似於今天所説的出土文獻中的"古文"、[2] 傳抄古文字"籀文"和當時還在一定場合應用的篆文。其體例是"今叙篆文，合以古籀"，大多數情況下是以"篆文"作爲字頭，把古文和籀文作爲重文附在其後。這就造成一種誤解，讓很多人認爲《説文》的字頭是小篆，重文是古文和籀文等，低估了《説文》中"古文字"的數量。

學者很早就知道《説文》字頭中也有古文字，如果所附重文是"篆文"，其字頭不是古文就是籀文，段玉裁稱之爲"變例"。段氏依靠《説文》內證和文獻旁證深入研究一些變例中的"古文"，經典範例就是對"上"字古文字頭的訂改。

《説文》（大徐本）："⊥，高也。此古文上，指事也。凡⊥之屬皆从⊥。丄，篆文⊥。"小徐本同。段玉裁《説文解字注》：

> 二，高也。此古文⊥。
>
> 古文上作二，故"帝"下、"旁"下、"示"下皆云"从古文上"，可以證古文本作二，篆作⊥。各本誤以⊥爲古文，則不得不改篆文之上爲丄。而用上爲部首，使下文从二之字皆無所統。"示"次於二之恉亦晦矣。今正⊥爲二，丄爲⊥，觀者勿疑怪，可也。凡《説文》一書，以小篆爲質。必先舉小篆，後言

---

[1]［漢］班固撰，［唐］顏師古注：《漢書》，北京：中華書局，1962年，第1251頁。
[2] 漢代的古文文獻部分出自壁中書，部分是搜集的民間藏書，與今天出自墓葬、廢墟、古井的文獻不同。

古文作某。此獨先舉古文，後言小篆作某，變例也。以其屬皆从古文上，不从小篆上，故出變例而別白言之。

指事也。

凡指事之文絕少，故顯白言之。不於"一"下言之者，"一"之爲指事，不待言也。象形者，實有其物，日月是也。指事者，不泥其物而言其事，丄丅是也。天地爲形，天在上，地在下；地在上，天在下，則皆爲事。

凡二之屬皆从二。

時掌、時亮二切。古音第十部。

丄，篆文上。

謂李斯小篆也。今各本篆作上，後人所改。

就這一個字的注釋而言，段玉裁有傑出的貢獻：

第一，將字頭古文"丄"改爲"二"完全正確。段氏的依據主要是《說文》的內證：一是許慎自己明確說"二"爲古文上，是"帝""示"等字所从。二是字頭如果是"丄"，部內"帝""旁"等字無所屬，與《說文》"分別部居"的體例相悖。三是字頭如果是"丄"，部首"一""丄""示""三"的順序與《說文》部首之間"據形系聯"的體例相悖。這些理由非常充分，改爲"二"之後，一切矛盾都渙然冰釋。

第二，認識到"今敘篆文，合以古籀"有正例和變例。

第三，補充了注音，包括中古音和上古音。段玉裁的古音研究成就卓越，《說文》注中不僅利用古音知識解決古書很多釋讀的問題，而且給每個被注釋字加注了古音。

從文獻到文獻，充分利用《說文》的體例以及版本、引文、字書等不同來源異文校勘字形，從文獻語言的角度解釋詞義，運用古音學知識因聲求義。清人在這方面成就卓越，無出其右。

利用文獻證據進行推理解決字形問題，常常是非參半。段氏改篆並非都如此成功，對"上"字的更改，同樣是非參半。字頭古文改爲"二"不僅邏輯合理，還得到出土古文字材料的實證。但是把大小徐本所附篆文"上"改爲"上"，是典型的以不誤爲誤，被古文字材料證實完全錯誤。依靠《說文》內證，能夠解決字形中的一些問題，但風險很大。段玉裁的成就可以說是傳統文字學的巔峰，但改"上"字字頭得到完全認同，還是因爲被古文字證實。今天在古文字研究的視野下，我們即使沒有段玉裁那麼大的學問，對《說文》中這類問題也比段玉裁看得清晰，看得全面。

《說文》中自稱十四篇 9 353 字，重文 1 163 個。書中標明籀文 225 字，古文 510 字。段玉裁等學者認爲古文、籀文大都與小篆相合，不相合的作爲重文附錄。但九千多字頭中究竟有多少是古文和籀文，依舊無法判斷。要想證明《說文》中有多少"古文字"，只有通過我們所看到的材料才能驗證。

從古文字的角度看《說文》，這是許慎當時能見到的古文字總匯。古文字有如下形式存在：

第一，與篆文形體相合，古文字無需重出。

第二，重文中的古文、籀文、奇字等。

第三，因重文附有篆文而可識別的"變例"中的古文字。

第四，只見於古文或籀文，沒有相應的篆文，這類古文或籀文只能以字頭的形式出現。

前三類情況久爲大家所熟知，有學者對《說文》正、變例中的古文字做過詳細的統計，研究比較充分。在古文字視野下，第四種情況需要引起我們的足夠重視。《說文解字》中有相當一部分在文獻語言中從來沒有被使用過，這些形、音、義來源不明的字，大都是漢代人所見到的"古文字"。這些古文字後代被誤解爲小篆，在字體上也相應地"小篆化"，愈發真假難辨。這類"古文字"的甄別與研究，不僅可以解決《說文》中的老大難問題，而且可以讓我們重新審視《說文》的體例與價值。

二、從古文字的角度研究《說文》

《說文解字》是漢字學的鼻祖，其成就是多方面的。材料是當時能見到的古文、籀文和還在一定範圍内應用的篆文；理論是"六書"；目的除了釋讀文字、闡釋構形，還常常超出文字學範圍。宋代之後的金石學雖然取得一些古文字研究的成績，但僅僅是《說文》之補充。自從古文字學從傳統文字學分化出來之後，在理論、方法上取得突破，取得大量科學可信的研究成果。我們可以將《說文》放在古文字材料的背景下去觀察，審視其材料來源，理清文字之間的關係，理解許慎的意圖，祛除其中的錯誤。下面通過"卯""省""士"三個具體的例子，分別從論據審核、關係系聯、構形溯源三個角度看一看古文字視野下對《說文》的認識。

（一）以"卯"字爲例，看如何從材料來源上加以審視、理解與判斷

古代韻書、字書中"卯"字異體作"夘"，這個字形源自《說文》篆文：

卯，冒也。二月，萬物冒地而出。象開門之形。故二月爲天門。凡卯之屬皆从卯。非，古文卯。

《說文》對干支字的釋義，主要是陰陽五行思想的表達，與語言文字的本體沒有太大關係，這裏可以暫時不去深究。對於字形，《說文》說是"象開門之形"。其思路是：十二地支與十二月相配，"卯"對應的是二月，二月是春，春天萬物冒地而出，"卯"的讀音源自"冒"，即冒出。冒出得有個出口，出口是"門"，所以"卯"的字形就像"門"。這是一套自成邏輯的闡釋。如果把它放在古文字視野下觀察，不僅會發現其錯誤，還能發現很多值得思索的文字現象。下面是"卯"字的字譜：

第三講　古文字視野下的《説文解字》：深入研讀與充分利用　　47

（《合》302）	（《集成》5992）	（包山簡135反）	（馬王堆·陰陽五行甲·徙1）	（熹平石經）
	（《集成》11034）	（《説文》古文）	（三體石經37上）	
	（馬王堆·天文雜占9）	（袁安碑）	（《説文》）	

　　表中字形分爲上、中、下三行。上行自甲骨文以來一直到今天，字形一脉相承，而且是各個時代的通用文字。在許慎的時代，不論是篆書還是隸書，這種形體也是最常用的寫法。中行顯示《説文》古文確有依據，戰國齊文字可以證實，充分顯示了《説文》的資料價值。下行字形最早見於西漢時期，受隸書字體的系統制約，把弧形筆畫分解爲隸書的橫與折，這是隸變。這種寫法影響到漢代篆文，與許慎同一時期的袁安，其墓碑文是篆文，但"卯"字的寫法顯然是漢隸的"篆化"，與"門"形近似，學者就把它想象成兩扇門。《説文》篆文就是這種字形的進一步改變。所謂的"象開門之形"，是就這種特殊的字形而言。

　　把《説文》"卯"字的闡釋放在古文字視野下觀察，我們會發現：

　　第一，許慎取材的特點。作者放棄自古及今普遍應用的字形，選擇罕見字形並加以改造，目的是表達漢代的經學思想。

　　第二，漢代篆文受隸書的影響，可以從"篆文隸變"和"隸書篆化"兩個角度觀察。小篆隸變是普遍的現象，漢代學者把隸書改造成小篆也不是個例。

　　第三，"《説文》篆文"不同於《説文》所説的秦人"小篆"，其來源複雜，其中有一部分是漢代才出現的獨特字形。

第四，《說文》篆文"卯"這種糅合了篆書的弧形與隸書橫折寫法的字形，目前僅見於《說文》，很可能在當時的實際應用中並不存在。楷書系統中的"卯""畱（留）""柳（柳）"等應該產生於漢代之後。

（二）以"省"字爲例，談一談從文字的歷史發展的角度重新審視《說文》中的字際關係

在《說文》中，"省"與"眚"是字形、字義各不相同的兩個字：

"眚，目病生翳也。从目，生聲"。（所景切）

"省，視也。从眉省，从屮，古文从少从囧"。（所景切）

我們觀察一下出土文獻中"省"與"眚"的淵源與用法：

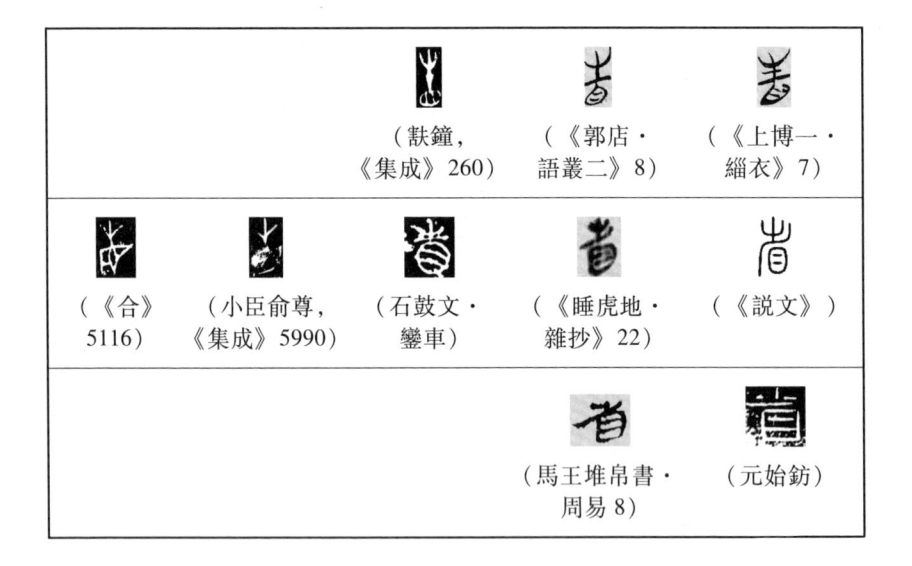

（默鐘，《集成》260）	（《郭店·語叢二》8）	（《上博一·緇衣》7）
（《合》5116） （小臣俞尊，《集成》5990）	（石鼓文·鑾車）	（《睡虎地·雜抄》22） （《說文》）
	（馬王堆帛書·周易8）	（元始鈁）

上圖所示字形在出土文獻中的用法如下：

眚：《合》5116："丁酉卜，古貞：王坒（往）眚（省）从西，大……"

眚：小臣俞尊："丁巳，王眚（省）　　。"

第三講　古文字視野下的《說文解字》：深入研讀與充分利用　　49

眚：㝬鐘："王肇遹眚（省）文武勤疆土。"

眚：石鼓文·鑾車："眚（省）車齤（載）衍（行），[戎]徒如章。"

眚：《郭店簡·語叢二》簡8："忎（愛）生於眚（省-性），晜（親）生於忎（愛）。"

眚：《上博簡一·緇衣》簡7："吕（以）邵（昭）百眚（省-姓）。"

眚：《睡虎地秦簡·秦律雜抄》簡22+23："賦歲紅（功），未取眚（省）而亡【22】之，及弗備，貲其曹長一盾。"

省：《馬王堆帛書·周易》8："无孟（妄），元亨，利貞。非（匪）正有省（眚），不利有攸往。"

省：元始鈁："銅鈁容六升，重廿九斤，元始四年考工工禮造，守佐衆、守令史由、兼掾荆主、左丞平、守令禁省。"

第一，從字形的演變過程和所記錄的詞義兩個方面，完全可以確定，"省"與"眚"是"肖"的分化。

商與西周時期的"肖"，下"目"上"屮"，用法是省視之"省"。此形沿着兩條路綫發展：一條是中間加點，下面加橫，"屮"逐漸音化爲"生"；一條是"屮"下面一橫逐漸傾斜，《說文》小篆進一步篆化屈曲，並被誤解爲眉形。在隸書中，"屮"的弧形筆畫被進一步分解，寫成與"少"一樣的同形部件。從用法上看，不論寫作什麽，大都用作省視，應當是一字異體。古文字中並沒有形成"省"與"眚"用法上的對立。用作目病之"眚"與借作性情之"性"的"眚"都是這個字的假借用法。

第二，理清了"省""眚"二字的淵源與彼此關係，還需要對"省"字的構形理據加以解釋。

《說文》闡釋"省"字，除了眉形是誤解外，"目"與"屮"兩個字符的識别都是正確的。從"目"從"屮"爲什麽就是省視的"省"？這就需要從文字構形的系統性和古代文化等多個角度加以闡釋。

在《說文》540 部中，收字超過 400 的只有"艸""木""水"三部。與"艸"相關的部首有 5 個，都在卷一，各部收字情況是：屮部 7 字，艸部 445 字，蓐部 2 字，茻部 4 字，合計 458 字。與"木"相關的有：木部 421 字，林部 9 字，合計 430 字。艸、木相關的文字數量這麼多，並不是偶然的。中華文明是農耕文化的典型，我們先祖對植物觀察如此細緻是基於現實的需求。"省"與"相"是我們先祖仔細觀察植物的真實寫照：

省，[圖]（《合》5116）　　相，[圖]（《合》18793）

"省"是仔細觀察"屮"，"屮"就是"艸"，泛指草本植物。"相"是仔細觀察木，泛指木本植物。哪一種植物可以食用，哪一種植物有毒，哪一種植物具有什麼其他用途，這直接關係到生死與社會生活。"省""相"二字構意相同，是上古文化的真實反映。至於結構有上下與左右的不同，那是受表層結構區別度與均衡律的制約。

第三，"省"與"眚"在《唐韻》中都是"所景切"，《廣韻》"省"又音"息井切"，現代漢語中反省、省略中的"省"，讀音也不同。這種語音分化起於何時？會不會與字形的變形音化和字形分化有一定的關係？也是值得深入探討的問題。

（三）以"士"字爲例，看不同來源的構形部件如何混訛同形

古文字視野下，我們對一些常用字的構形分析可以達到新的高度。漢字中一些來源古老、結構簡單的字，往往構形不明。以"士"及以"士"爲字符構形的文字爲例，可以看到，古文字中"士""圭""牡""土"來源不同，形音義有別，但因爲在不同的歷史時期形體相近，彼此混訛，導致漢字中的"士"或部件"士"出現多個來源。

首先我們來看一下《說文》對上述諸字的闡釋：

士，事也。數始於一，終於十。从一从十。孔子曰："推十合一爲士。"

第三講　古文字視野下的《説文解字》：深入研讀與充分利用　　51

> 土，地之吐生物者也。二象地之下、地之中，物出形也。
> 圭，瑞玉也。上圜下方。公執桓圭，九寸；侯執信圭，伯執躬圭，皆七寸；子執穀璧，男執蒲璧，皆五寸。以封諸侯。从重土。楚爵有執圭。珪。古文圭从玉。
> 牡，畜父也。从牛，土聲。

驗之古文字，字形皆有依據，構形皆不可盡信。就以"牡"字爲例，學者很早就發現了"土聲"存在問題。段玉裁就敏鋭指出"土"與"牡"聲韻不合：

> 牡，畜父也。从牛，土聲。按：土聲，求之疊韻雙聲皆非是。蓋當是从土。取土爲水牡之意。**或曰土當作士。士者，夫也。之韻尤韻合音最近**。从士則爲會意兼形聲。莫厚切。古音在三部。[1]

嚴可均就上了《説文》的當，把"牡"字兼收入幽部和魚部。而高本漢、王力等學者就沒有受這個假形聲字的影響，果斷歸入幽部。但是"牡"何以从"土"，段玉裁給出兩種推測，但並没有形成共識。在古文字視野下，這個問題一方面是更加複雜化，另一方面是更加明晰了。

"士"有四個來源，分别是士、圭、牡、土。

士₁——斧鉞形

（士上卣，《集成》5421.2）

（噉士卿父戊尊，《集成》5985）

（秦公簋，《集成》4315.2）

林澐有王、士同源説，[2] 二者都是以斧鉞象徵生殺予奪之權位。

---

[1]［清］段玉裁：《説文解字注》，上海：上海古籍出版社，1988年，第50頁。
[2] 林澐：《王、士同源及相關問題》，《林澐文集（文字卷）》，上海：上海古籍出版社，2019年，第103—112頁。

《尚書·舜典》："帝曰：'皋陶，蠻夷猾夏，寇賊姦宄，汝作士，五刑有服。'"僞孔傳曰："士，理官也。"理官也就是後代的法官。西周中期以後，"士"簡化爲兩橫一竪。西周晚期以後，"土"也開始簡化爲兩橫一竪，兩個字的區別度很小。

士₂——圭，從玉器形到二士，再到二土

《説文》："吉，善也。从士、口。"甲骨文的"吉"字有下列三種形體：

1. ▨ （《合》225）　　　▨ （《合》27382）

2. ▨ （《合》30061）　　▨ （敔簋，《集成》3827）

3. ▨ （《合》31047）　　▨ （即簋，《集成》4250）

這三種形體中第二種是象形的"士"，第三種是簡化的"士"。第三種是《説文》"吉"的直接源頭。這裏重點討論第一種字形。

目前學術界已經確認，第一種"吉"字上部所從是"圭"的象形初文。[1] 西周之後，變爲兩個"士"，戰國文字絕大多數保留了兩個"士"的寫法，尤其是楚文字，"士"的特徵更加明顯，即使加上意符"玉"，依舊保持兩橫等長的特徵。

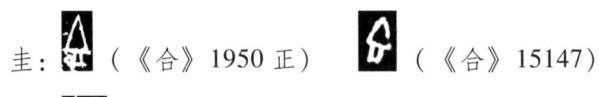

圭：▨ （《合》1950 正）　　▨ （《合》15147）

▨ （子圭女爵，《集成》8757）

---

[1] 李學勤：《從兩條〈花東〉卜辭看殷禮》，《吉林師範大學學報》2004 年第 3 期。蔡哲茂：《説殷卜辭中的"圭"字》，中國文字學會、河北大學漢字研究中心編：《漢字研究》（第一輯），北京：學苑出版社，2005 年，第 308—315 頁。裘錫圭：《談談編纂古漢語大型辭書時如何對待不同於傳統説法的新説》，《辭書研究》2019 年第 3 期，第 2 頁。

第三講　古文字視野下的《說文解字》：深入研讀與充分利用　　53

☒（師遽方彝，《集成》9897.1）

☒（《上博簡二·魯邦大旱》3）

珪：☒（《清華簡一·金縢》5）

☒（《清華簡二·繫年》128）

☒（《郭店簡·緇衣》35）

☒（《說文》古文）

象形的圭形變爲兩個"土"形，應當與第三種从"土"的字形有關。在西周晚期，有的"圭"所从的"土"已經與"土"混訛：

☒（多友鼎，《集成》2835）——☒（秦駰玉版）——

☒（《說文》）

"圭"由象形，變爲兩個"士"，又變爲兩個"土"。從來源上說，"吉"字中最起碼有一部分所从的"士"是"圭"的象形，商代以後就被"土"形吞併了。

士₃——牡：雄性生殖器

"牡"與"土"在甲骨文中有別。

牡	羘	豭	𤝞	駂	𪊛	𪋮
☒	☒	☒	☒	☒	☒	☒
《合》3140	《合》14271	《合》2303	《合》1371	《花東》98	《花東》198	《合》8233

周忠兵指出上列字形中的"⊥"形，就是"牡"的初文，《合》28195卜辭占卜所入馬，其中的"▇"就是"牡"的初文，後來訛變爲"土"。[1]

上表中間的"豭"字義爲雄猪，就是"家"字的音符，突出腹下雄性生殖器，其他字都是表示雄性動物"牡"。

"牡"的初文與"土"混訛的時間很早。學者多認爲"土"字像土塊立於地上，團塊綫條化就成了"⊥"，與"牡"的象形初文同形了。這種情況早在甲骨文中就已經發生。

甲骨文"土"字的幾類典型寫法：

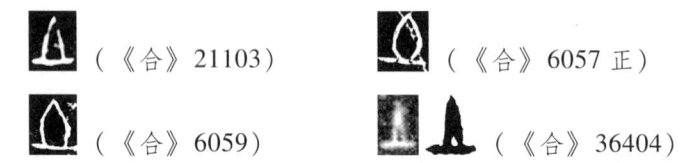

▇（《合》21103）　　▇（《合》6057正）

▇（《合》6059）　　▇（《合》36404）

但在下列文字構形中"土"已經與"牡"混訛：

▇（《合》3227）　　▇（《合》30272）

▇（《合》36481正）　　▇（《合》34071）

單獨使用的"土"有時也完全與"牡"的象形初文同形：

《合》36975：東土受年；南土受年，吉；西土受年，吉；北土受年，吉；其詞例非常明確，其中的"土"字分別作：▇、▇、▇、▇。

"牡"的初文繁化，"土"的初文簡化，殊途同歸，最後都變成了"土"形。許慎可能没見過這麼多材料，強解字形，就出現了"土聲"的謬解，也給古音學挖了一個坑。

"牡"的初文"⊥"訛變爲"土"，殘存在"牡"字中；"牡"的初文也變成"土"，古文字中也留下一些痕迹。《郭店簡·老子甲》

---

[1] 周忠兵：《甲骨文中幾個从"⊥（牡）"字的考辨》，《中國文字研究》（第七輯），桂林：廣西教育出版社，2006年，第139頁。

第三講　古文字視野下的《説文解字》：深入研讀與充分利用　55

簡34："未智（知）牝戊（牡）之會（合）[肙]怒，精之至也。"今本《老子》第五十五章作："未知牝牡之合而朘作，精之至也。"

"[肙]"字上部從"士"，下部不明，可能是"肉（月）"的訛書。[1] 今本與此字相對應的"朘"見於《説文》新附"朘，赤子陰也"，也就是嬰兒的生殖器。其所從"士"，應該是當時人們還能將"士"與生殖器聯繫起來。

從"士"的字與男性生殖器有關。《説文》："毐，人無行也。從士從毋。賈侍中説：秦始皇母與嫪毐淫，坐誅，故世罵淫曰嫪毐。讀若娭。"據史書記載，嫪毐又被稱爲"大陰人"，"毐"不是人名，而是生殖器特徵，所以字從"士"。

《説文》士部共四字："士""壻""壯""壿"，士的常用義是男人，壻是女人所嫁的男人，壯是男人之美，壿是男人之舞，都與男性有關，所從的士的源頭很可能就是"牡"。

士₄——土

不僅"牡"的表意字和"圭"的表意字都訛變成了"士"，又與"土"混訛，"土"與"士"因爲區别度太小，無論是單字還是構形中的部件都彼此混訛：

土：[圖] （師頯簋，《集成》4312）　　[圖] （包山簡213）

士：[圖] （克鐘，《集成》208）　　[圖] （詛楚文·巫咸）

[圖] （嘉祥畫像石題記）[2]

《説文》："在，存也。从土，才聲。"

----

[1] 郭永秉認爲"[肙]"字當釋"膚"，與"朘"音近相通。見郭永秉：《楚竹書字詞考釋三篇》，《古文字與古文獻論集》，上海：上海古籍出版社，2011年，第83—86頁。

[2] 漢語大字典字形組編：《秦漢魏晉篆隸字形表》，成都：四川辭書出版社，1985年，第27頁。

牡（大盂鼎，《集成》2837）——　（中山王器，《集成》9735）

《說文》"在"中的"土"爲"士"之訛，古文字中是個雙音符字。

下面是"士""圭""牡""土"交錯混訛表：

	商代	西周春秋	戰國	秦漢
圭	（合1950正） （《集成》8757）	（《集成》9897） （《集成》2841） （《集成》2835）	（詛楚文·湫淵） （《上博二·魯》3） （《清華一·金》5） （《清華二·繫》128） （《說文》古文）	（《秦印文字彙編》260頁） （武威醫簡70） （《說文》篆文）
土	（《合》6057正）	（《集成》2837）	（包山簡213）	（里耶秦簡8-1146）

第三講　古文字視野下的《說文解字》：深入研讀與充分利用　57

續　表

	商　代	西周春秋	戰　國	秦　漢
土	(《合》6059) (《合》36975)	(《集成》2832) (《集成》4312)	(《清華一·皇》6)	(《馬王堆·老子乙》27)
士		(《集成》208) (《集成》113) (《集成》4315)	(詛楚文·巫咸) (嘉祥畫像石題記) (包山簡80)	(《馬王堆·老子乙》4)
丄 (牡)	(《合》28195)	(子犯編鐘，《銘圖》15211) "駐（牡）"字偏旁	(《郭店·老子甲》34) "腜"字偏旁	(《馬王堆·老子乙》17) (《說文》)

最晚到春秋時期，"土""士""牡"和"圭"中的"土"都綫條化爲兩橫上面一豎，這種形體依靠筆畫的長短作爲區別特徵，可能

會形成四種區別形式：

　　第一，橫畫上短下長：土（《清華一·皇門》6）
　　第二，橫畫上長下短：士（秦公簋，《集成》4315）
　　第三，橫畫等長：士（子璋鐘，《集成》113）
　　第四，豎畫不穿透上部的橫畫：土（包山簡80）

"土""圭""牡""士"理論上說可以與上述四種區別方式相對應，彼此區分開來，但文字系統不是由文字學家設計出來的，而是在應用過程中自然生成、不斷調整形成的，文字在演變的過程中並沒有遵循已有的或可能的區別形式，只區別了"土"與"士"，其他形式不區別意義，形成彼此互補的異體字。來源完全不同的"圭"與"牡"或者合流於"土"，或者合流於"士"，這樣最終會導致：

　　"土"有四個來源：士、圭、土、牡
　　"圭"有三個來源：圭、士、土
　　"士"有四個來源：土、圭、士、牡
　　"⊥（牡）"初文被"士"與"土"吞併，後加意符區別。

這些文字如果不經過歷史溯源，依據已經記號化了的小篆進行構形理據的闡釋，除了借題發揮表達思想之外，不可能在文字學方面接近事實的真相。在古文字視野下，我們不僅質疑《説文》之不可信，更要以材料證明具體哪些地方不可信。

對《説文》中的每一個漢字在文字系統中分辨區別特徵、探尋演變規律、區分訛混同形、剔除闡釋謬誤，會使漢字研究達到一個新高度。

通過把《説文》中的"士"放置在古文字視野下仔細觀察、分析，不僅對"士"有了全面的認識，而且彼此糾纏的文字構形也得到比較合理的解釋：

　　"士"：表意字，像斧鉞形。象徵掌生殺之權力，意爲司法職官等。簡化爲"士"成爲記號。構形中或訛變爲"土"，例如

第三講　古文字視野下的《説文解字》：深入研讀與充分利用　　59

"在"字。

"⿰土土"：表意字，像圭形。與斧鉞形的"士"構形功能相近，被"士"吞併成爲同形字。爲了與"士"區别，變爲雙"土"，後來"土"又訛變爲雙"土"。

"⿱○土"：表意字，像地上置土塊形。簡化爲"土"成爲記號字，與"圭"的初文、"牡"的初文、"士"或有混訛。

"丨"：表意字，像雄性生殖器。在文字構形中或訛變爲"士"，例如"毒"；"朘"之戰國文字寫法；"壻""壯"等；或訛變爲"土"，例如"牡"。

所謂"合理的解釋"是相對的。我們比許慎見到的材料多，理論方法經過近兩千年的進步，理所當然要合理一些。即使相對合理，也有並不完全合理的地方，例如：甲骨文中"吉"字有從"圭"、從"士"兩種形體，西周文字從兩個"士"的"圭"顯然源自商代。也就是說，商代"圭"與"士"就已經混訛同形。但無論是所像器形還是字形，二者都相去甚遠，混訛同形過程中字形還有缺環，還需要作爲一個問題懸置。[1]

三、利用《説文》學習古文字

《説文解字》收録了漢代學者所能識别的大部分"古文字"。在古文字大發現的今天，掌握了《説文》中的常用字，就可以快速識别古文字中的大部分文字。

首先要掌握《説文》中的常用字。漢字古今相承，表意文字系統没有根本變化，常用字與常用詞結合穩固，文本識讀最重要的就是常

---

[1] 上文引到的"吉"字字形"⿱士口"（《合》30061），很可能是由"圭"演變爲"士"的過渡字形。參見裘錫圭：《談談編纂古漢語大型辭書時如何對待不同於傳統說法的新説》，《辭書研究》2019年第3期，第7頁。

用字。例如商代的小臣俞尊，共四行 27 字，3 個疑難字都是專名，其他文字在熟悉《說文》之後，大都可以釋讀，銘文即可通讀。

（《集成》5990）

丁巳王省🀄（夒?）🀄，
王賜小臣俞🀄貝。
隹王來正人方，隹
王十祀又五。肜日。

銘文四行五句，行款比較整齊，前兩句敘述王賞賜貝的時日、地點。後面是大事和紀年。銘文中的王、小臣、來、正、人、方、祀、又、五、日等字，沒有學習過古文字的人大都能夠識別出來，讀過《說文》之後，常用字釋讀幾乎沒有太大難度。至於其中幾個疑難字，沒有充分的材料，古文字學家也難以考定，可以留待將來研究。

《說文》以小篆爲橋梁溝通古今，作爲一種學習方法是合理的，尤其是對於漢代人來說，篆文還在一定場合應用，讀書人普遍認識小篆，以小篆溝通古今更加行之有效。傳統的古文字學習方法以《說文》爲基礎，把《説文》當作打開古文字之門的鑰匙，在一定的歷史條件下，合理且行之有效。

當前，古文字材料已經積累到能够通過古文字教材學習古文字了，學習古文字也可以直接從出土文獻文本入手，以《説文》爲輔助。不一定研讀完《説文》才能學習古文字。但是，二者同步進行，不僅能收到更好的效果，促進思考，彼此發明，還可以更快進入學術探索的階段。

《説文》在學習古文字中的作用可以適當淡化，但古文字研究不僅繞不開《説文》，還應當更充分發揮其作用。

四、利用《説文》研究古文字

許慎把他能認識的"古文字"大都收入《説文》，其中一些來源不明的生僻字，大都是古文的篆化，《説文》的解釋是漢代學者的研究成果，蘊含着解讀古文字的信息。我們舉《説文》卷三"谷"部的"丙"字爲例：

丙，舌皃。从谷省。象形。丙，古文丙。讀若三年導服之導。一曰竹上皮。讀若沾。一曰讀若誓。弼字从此。

這個字文獻中從來未見使用，來源不明，《説文》提供了如下信息：
第一，兩種字形：丙與古文丙。
第二，釋義"舌皃"，文獻無證。
第三，構形迂曲。"谷""丙"與"舌"之間難以看出任何關聯。
第四，給出四種讀音，分別是：導（定母幽部）、沾（端母談部）、誓（禪母月部）、弼（並母物部）。大徐本所附《唐韻》他念切，古音學家歸入透母侵部。[1]

---

[1] 陳復華、何九盈：《古韻通曉》，北京：中國社會科學出版社，1987年，第316頁。

從文字學的角度看，許慎説不清，我們也看不懂。《説文》中"丙"是多次出現的構字部件，見於"夙（佪、佪）""宿""席""弼"等字形中。

〔夙〕，早敬也。从丮，持事；雖夕不休，早敬者也。〔佪〕，古文夙从人、丙；〔佪〕亦古文夙，从人、丙。宿从此。

〔宿〕，止也。从宀，佪聲。佪，古文夙。

〔席〕，籍也。《禮》："天子、諸侯席，有黼繡純飾。"从巾，庶省。〔囙〕，古文席，从石省。

〔弼〕，輔也。重也。从弜，丙聲。〔弼〕，弼或如此。〔𢐆〕、〔𢐅〕並古文弼。

因爲"丙"的構形不明，上述文字的構形都不明。徐鍇已經懷疑"弼"字説："丙，舌也，非聲。舌柔而弜剛，以柔從剛，輔弼之意。"由於没有證據，也是臆測之説。總之，如果根據許慎所給出的"丙"字的音義，从"丙"構形的文字都無法合理解釋。但另一方面，許慎雖然弄不清楚"丙"是什麼，這些字爲什麼从"丙"，但他客觀保存了這些形體，並正確判斷爲同一個來源，這本身就有重要的價值。

把這些字放在古文字視野下觀察，學者很快就發現，"丙"是席子的象形。[1] 上列《説文》中所有文字的構形都得到合理解釋。古文字中的"宿""弼""席"都从"丙"：

宿：〔圖〕〔圖〕（《合》29711）　　〔圖〕（窭叔簋，《銘圖》5207）

〔圖〕（《説文》）

〔圖〕（《上博簡二·容成氏》28）——〔圖〕（《説文》夙之古文）

---

[1] 王國維：《釋弼》，《觀堂集林》，北京：中華書局，1961年，第288—289頁。

第三講　古文字視野下的《說文解字》：深入研讀與充分利用　63

宿舍是人休息的場所，房子裏面人躺在席子上，屬於平面構圖表意，非常貼切。省略掉"宀"，"仄"依舊可以與其他文字相區别。用作"夙"，是同音假借。

席：▆（九年衛鼎，《集成》2831）——▆（《說文》）

▆（曾侯乙墓簡76）——▆（《說文》古文）

西周"席"字從巾，石聲，《說文》古文從"仄"，"石"聲，是異體字。曾侯乙墓簡的"席"字爲《說文》古文上加上意符"竹"，表示材質。

茵：▆（番生簋蓋，《集成》4326）

▆（《清華簡八·邦家之政》8）　▆（《說文》）

"茵"是古代車上的遮蔽物。王國維認爲"茵"字從"仄""弱"聲，"茵與席皆以簟爲之，故茵字從仄"。[1]

《說文》提供了綫索，對照古文字，知道"仄"的本義是席，《說文》中所有從"仄"的文字構形得到合理解釋。但是，"席"的種類和同義詞很多，除了"席"，還有"筵""簟""簀""笫"等等，爲什麽一定是"席（邪母鐸部）"？《說文》給出的四個讀音，没有一個與之相近。另外，古文字中還有其他"仄"及從"仄"的字。

"仄"：▆（《合》33075）　▆（《合》9575）[2]

"坐"與"跪"：▆（《合》5357）

---

[1] 王國維：《釋茵》，《觀堂集林》，北京：中華書局，1961年，第289頁。
[2] 二字詞例不完整，所記録語言不明。

"尋"：▨（《合》804）　▨（《合》6406）[1]

"尋"像雙臂伸開測量"丙"。"尋"是邪母侵部字，學者指出與《説文》"讀若沾"的"丙"相近，很可能"丙"既表音也表意。賓組甲骨的地名用字有"▨"（《合》6057 反）、"▨"（《合》4552），如果能夠證明是同一地名會更有説服力，可惜用例太少。

從《説文》給出的語音綫索以及中古音和古文字"尋"的構形等綫索看，把"丙"釋爲"簟"是最合理的。

楚卜筮簡中有一個出現頻率很高的字，有多種寫法，釋讀經過曲折的過程。有下列三種字形：

▨、▨、▨

掌握一手材料的滕壬生將"▨"釋爲"悥"，將字形"▨"與"▨"釋爲"優"，皆讀爲憂患之"憂"：

少又（有）悥（憂）於宎＝（躬身）。（《楚系簡帛文字編》799 頁）

少又（有）優（憂）於宫室。（《楚系簡帛文字編》664 頁）
又（有）優（憂）於宎＝（躬身）與宫室。（望山簡 75）[2]

第 2、3 種字形後多見於包山楚簡，用法與天星觀簡、望山卜筮簡相同。

《説文》頁部："悥，愁也。"釋讀爲"憂"，字形有所依據，辭例順暢，當時得到大多數學者的認同。

---

[1] 唐蘭：《天壤閣甲骨文存並考釋》，上海：上海古籍出版社，2016 年，第 143—146 頁。王子楊：《甲骨文字形類組差異現象研究》，上海：中西書局，2013 年，第 56—59 頁。

[2] 滕壬生：《釋悥》，《古文字研究》（第十輯），北京：中華書局，1983 年，第 46—52 頁。又見滕壬生：《楚系簡帛文字編》，武漢：湖北教育出版社，1995 年，第 663—664 頁。

第三講　古文字視野下的《説文解字》：深入研讀與充分利用　　65

包山簡中有下列字形：

少又▆於宫室。（包山簡 229）

大胆尹公▆必。（包山簡 139）

我根據這一組字形與古文字"愿"字形體有别，不論是"首"還是"頁"，無一例作此形，曾經將"▆"字上部與"弜"字聯繫起來，將"▆"隸作"惥"，讀爲"怫"。《説文》："怫，鬱也。"[1]

在《字源》編纂討論會上，陳劍當面指出存在的問題：即使從"弜"，也是個别寫法，絶大多數從"佡"。將"您"讀爲"慼（慽）"，《説文》"慽，憂也。""夙"與"宿"是心母覺部字，"慼（慽）"是清母覺部，讀音也很近。形音義都能得到更加合理的解釋。把"佡"下加"夕"的"傄"理解爲"夙"的異體，也能合理解釋加"夕"的原因。

至此，楚文字卜筮簡中從"佡"的字得到了正確的識讀和充分的闡釋。反思自己犯過的錯誤，發現了問題，思路也没有出格，爲什麽結論出了問題？一個重要原因就是對《説文》不夠熟悉，研究不夠深入，没有理清《説文》"佡"的形音義，以致使用孤例，鋌而走險。這裏的教訓之一就是，古文字研究需要熟讀《説文》。

"丙"與"佡"涉及的問題比較多，做一個小結。

"丙"的初文像簟席形，根據《説文》及其他韻書等給出的語言綫索，可能是"簟"的初文。

《説文》中"宿""夙"之古文、"弜"與"席"之古文中都有"丙"形，與事實相符。在知道"丙"的本義後，從"丙"諸字的構形都能得到合理解釋。

---

[1] 李守奎：《釋楚簡中的"惥"字——兼釋楚璽中的"弜"》，《簡帛研究二〇〇一》（上册），桂林：廣西師範大學出版社，2001 年，第 215—217 頁。

"佰"是人躺在席子上的表意字,與"宿"是繁簡字。

"夙"是早期的表意字,"夙"與"佰"讀音相同,"佰"可以假借作"夙"。

楚簡中的"夛"是"夙"的後起本字。从夕,佰聲,夕表示時間。

楚簡中从"心","佰"聲或"夛"聲的"愿",讀爲"慽"。

古文字中的从"丙"的"坐""尋"等字可以得到比較合理的闡釋。

下列兩個問題還可以進一步討論。

第一,"黽"與"𢥞"這兩種字形該如何解釋,古文字考釋中這樣的材料該如何使用。

第二,"休戚相關"中的"戚",是一種兩側鋸齒狀的特殊兵器:

戚:▨(《合》34287) ▨(《屯南》2194)

可以假借表示同音的憂戚的"戚",例如休戚相關。很早就分化出"慼(慽)",見於上博簡:

慼:▨(《上博簡九‧成王爲城濮之行》甲5):"憙(喜)君之善而不慼,子玉之師之……"

卜筮簡中所有讀爲"慼"的字全部从"佰"聲,《成王爲城濮之行》記載晉事,文本傳入楚地的可能性大。這是地域差異還是用途或表意差異,還可以進一步思考。

總之,《説文》雖然對"丙""佰"的構形闡釋都不正確,但留下了重要的綫索,對釋讀古文字大有裨益。

以上通過幾個例證來説明《説文》是漢代所識古文字之大全,在當今古文字取得重大突破與全面進步的情況下,可以利用古文字糾正《説文》之不足,可以利用《説文》中有價值的信息研究古文字,這些都是老生常談,現當代學者從不同的角度一直在這兩條道路上前進。言之易而行之難，在具體的研究中，一方面做得很不夠，另一方面或有偏頗。

我們要立足當今學術前沿，正確認識《説文》的成就與不足，只有這樣才能取其精華，棄其糟粕。

我們要謹防脱離歷史條件的評判。《説文》之後文字學發展了近兩千年，無論是材料上、理論上、方法上都有重大發展，比許慎進步是理所當然的，但不能脚踩在巨人的肩膀上就自我感覺比巨人更高。從古文字學的角度，對《説文》的過度指責並無太大益處。我們要充分利用大部分正確的內容識讀和學習古文字，利用其中有價值的信息解決疑難問題。

另一方面，我們不能盲目崇古，把糟粕當作精華。必須正視《説文》中的不足。從宏觀上説主要有三個方面：一是材料缺陷。許慎沒有見過甲骨文，西周文字所知也很有限。二是理論缺陷。《説文》依托的理論是"六書"，有系統性缺陷，依靠這一理論闡釋文字構形也會出現系統性錯誤。三是目的與方法缺陷。許慎創作《説文》不僅僅是解字，也是爲了解經，通過文字闡釋表達其經學思想。這些不足都是時代條件所致，是時代的不足。正是由於這些宏觀的不足，在文字個體的闡釋過程中常常是非參半，我們必須能夠甄別。

離開《説文》的古文字研究沒有根基，離開古文字的《説文》研究難有出路。傳承與創新相結合，從具體的文字研究做起，一個釘子一個釘子拔起來，解構《説文》；一個釘子一個釘子砸下去，重構漢字學體系，漢字研究逐漸會形成博采衆長、古今融通的新局面。

【延伸閲讀】

[1] 唐蘭：《古文字學導論》，上海：上海古籍出版社，2016 年。

[2] 姚孝遂：《許慎與説文解字》，北京：中華書局，1983 年。

[3] 劉釗：《古文字構形學（修訂本）》，福州：福建人民出版社，2011 年。

第四講　重新認識許慎的文字發展觀與《說文》的價值

　　導讀：最早對漢字發展史進行全面闡述的是東漢時期的許慎，《說文·敘》是漢字學術史的源頭。[1] 許慎的《敘》是一篇經典的文字學論文，沿用或創建了一套術語，概括了文字產生與演變的歷史過程，細化了文字構形的理論，闡明了創作《說文解字》的目的與體例，成爲傳統文字學的理論基礎，一千多年來被奉爲漢字研究的圭臬。二十世紀初，王國維創二重證據法，對《說文》中的材料詳加審核，利用出土文獻對傳統理論加以修正。"秦用籀文六國用古文說""《說文》古文爲戰國文字說""正體中多古、籀說"等重大發現影響深遠，有的觀點已被認定爲"常識"。隨着出土文字材料的豐富，我們對各個時期的文字認識日漸清晰，文字學史不再過度依賴許慎所使用的術語，而是直接以歷史分期爲經，以載體分類爲緯，陳述描寫日益精確而充分。[2] 在此條件下回頭重新精讀《說文》，會理解得更加

---

[1]《漢書·藝文志》雖然有文字發展的簡述，但目的主要是對所收篇籍加以說明。
[2] 參看唐蘭：《古文字的材料·甲·材料的類別》，《古文字學導論》，上海：上海古籍出版社，2016年，第317—320頁。裘錫圭在《文字學概要》中依據唐蘭先生的分類方法來敘述古文字形體演變的情況。參看裘錫圭：《形體的演變（上）：古文字階段的漢字》，《文字學概要（修訂本）》，北京：商務印書館，2013年，第45頁。又如黃德寬在《漢語文字學史》第四編中，以"甲骨文研究""金文研究""戰國文字研究""秦系文字研究"爲題，敘述近代以來文字學的發展。參看黃德寬、陳秉新：《漢語文字學史（增訂本）》，合肥：安徽教育出版社，2013年。

客觀，更加準確。

《說文解字》十五卷，理論與實踐相結合，猶如司馬遷爲中國歷史寫通史一樣，許慎也爲漢字作了當時的"通史"。主要有下列幾個方面：第一，勾勒出漢字發展史的輪廓。從字體演變的角度，對漢字由古文、籀文、大篆、小篆、隸書和古文到孔壁古文兩條綫索的發展過程做了敍述，建立起字體演變史的框架。今天看來，除了個別地方爲了抬高古文經地位有意托古和淡化，絕大部分符合事實。許慎對文字發展史的認識長期以來被誤解或被低估。第二，明確學術研究的目的，反擊今文經學，鞏固加強古文經學的地位。第三，解字例，通神恉，開創了用"六書"理論闡釋古、籀與篆文的範式。第四，開啓了以歷史文獻文字爲主要研究材料的學術傳統。第五，初步建立起一套由術語構成的話語系統。

《說文·敍》是第一篇漢字發展史論文，系統闡述了從文字起源到漢代文字以及文字研究的發展過程。許慎具有明確的文字歷史發展觀和建構術語的認識。《說文》建立起一套自足的話語系統，古文、籀文、大篆、小篆、篆文等是義有專指的術語，有其確切的內涵，彼此明確區分，後人多有誤解。"古"與"篆"是文字發展過程中的核心要素。許慎清晰表明：自前代之古文發展到西周末年，文字分爲籀文和古文兩系。籀文源自古文，其字體是大篆，籀文大篆經過選擇淘汰與規範成爲小篆，秦統一之後大篆、小篆並行，直到漢初還是史學童考試的內容。古文是文字的源頭，一直流傳，孔子寫經用古文，戰國發生分歧，秦始皇廢除，漢代開始復現，王莽時期受到重視成爲六書之一。許慎陳述的文字歷史發展過程與出土文獻基本相合。古文既不是戰國時期的六國文字，也不是戰國之前的古文字，而是秦系文字之外的先秦古文字。古文不僅在《說文》重文中附錄，而且在"正字"中也大量存在。《說文解字》是應古文文獻研究需要而成的漢代古文字集大成之作。

一、許慎文字理論形成的時代背景

作爲學術史研究，我們需要首先回到文本本身，正確理解作者的本義。其次將其放在當時的歷史背景下理解其意圖。最後才是立足當代學術標準歷史地看待其貢獻與不足。

許慎生卒年月不詳，東漢永元元年（公元 100 年）已經完成《説文》的《敘》，漢安帝建光元年（公元 121 年）許慎病，其子獻《説文解字》，其後不知所終。[1] 據此可確知其生活在東漢前期。這個時期所能見到的文字材料可以分爲三類：歷史文獻文字、通用文字、特殊場合應用文字。許慎研究的文字是歷史文獻文字和當時特殊場合還在應用的篆文。

（一）許慎時代的文字材料與應用

通過文獻記載與金石考古材料相參照，我們可以比較清楚地了解許慎的材料依據。

1. 西周、春秋文字

《敘》之"鼎彝銘文"即古文，《漢書·郊祀志》所載鼎銘，張敞斷言其爲周人所作，[2]《禮記·祭統》所記"孔悝鼎銘"是春秋金文。[3] 許慎也説"郡國亦往往於山川得鼎彝，其銘即前代之古文"。從文獻記載看，這些材料漢代學者不僅能夠見到，而且能夠通讀和斷代。許慎當時見到多少這種"前代之古文"難以準確推究，但無論如何不能忽略不計，從其研究對象中排除。

2.《史籀》十五篇

這是漢代所能見到傳抄的先秦文字的字書。依許慎所説，是周宣

---

[1]［漢］許慎撰，［宋］徐鉉校訂：《説文解字》，北京：中華書局，2013 年，第 321 頁。
[2]［漢］班固撰，［唐］顏師古注：《漢書》，北京：中華書局，1962 年，第 1251 頁。
[3]［清］朱彬撰，饒欽農點校：《禮記訓纂》，北京：中華書局，1996 年，第 733 頁。

第四講　重新認識許慎的文字發展觀與《說文》的價值

王時期的太史籀所著，字體是大篆。漢沿襲秦制，尉律規定"以八體試之"，大篆在考試範圍之内。既然考試，當有考試的範本。張家山漢簡《史律》記載，對"史學童"考試的内容是"［試］史學童以十五篇，能風（諷）書五千字以上，乃得爲史。有（又）以八胻（體）試之"，[1] 這十五篇，應當就是《史籀》十五篇，其字體就是八體中的大篆。東漢初亡六篇，許慎還能見到其殘餘。

3. 搜集與"出土"的六國文獻

漢代出土和發現了爲數不少的古文經及其他古文文獻。

漢初，秦柱下御史張蒼獻《春秋左氏傳》開其端，其後壁中書出，河間獻王等民間搜集收藏，秘府接受奉獻和搜集所得日漸豐富。這些珍稀古籍成爲秘書藏在秘府，只有少數人才得一見，孔安國、司馬遷、劉歆、賈逵、許慎等人都是以特殊身份得見秘書而有機會學習、研究古文。這些古文文獻從西漢初年到西漢末年，只是在很小的範圍内研習。在劉歆、王莽的倡導下才得到官方的重視，在東漢成爲顯學。

漢代盜墓盛行，墓中出土古籍是情理之中，但很少留下痕迹，[2] 原因有許多方面。社會對"古文"不重視，盜墓者也没有"古文"的知識，墓中即使有竹簡也被當作廢物，這種情況一直持續到現代考古之前。

漢代的古文文獻是用戰國時期六國文字書寫，這是王國維的一大發現。[3]

---

[1] 張家山二四七號漢墓竹簡整理小組編著：《張家山漢墓竹簡［二四七號墓］：釋文修訂本》，北京：文物出版社，2006年，第80頁。

[2] 《古文四聲韻·序》："唐貞元中，李陽冰子、開封令服之有家傳古《孝經》及漢衛宏《官書》兩部，合一卷，授之韓愈。愈識歸公，歸公好古，能解之，因遺歸公。又有自項羽妾墓中得古文《孝經》，亦云渭上耕者所獲。"參見［宋］夏竦撰，李零、劉新光整理：《古文四聲韻》，北京：中華書局，2010年，第61頁。

[3] 王國維在《戰國時秦用籀文六國用古文説》中指出："六藝之書行於齊魯，爰及趙魏，而罕流布於秦。其書皆以東方文字書之，漢人以其用以書六藝，謂之古文，而秦人所罷之文與所焚之書，皆此種文字，是六國文字即古文也。"見王國維：《觀堂集林》，北京：中華書局，1961年，第306頁。

4. 秦人小篆

漢代學者對秦文字的具體情况已經不甚了了，許慎説漢之《尉律》試學僅以"八體"，這八體顯然就是他所説的秦書八體。班固所説的同條律文是以"六體試之",[1] 而這六體却是許慎所説的王莽六書，其中有古文和奇字。秦廢除了古文，不可能再考試"古文"，顯然許慎所説比班固更加合理。小篆從籀文大篆演變而來，秦人只在印章、刻石、詔版等特殊領域使用，官府文書、民間書信等一律是隸書。許慎寫書時距離秦滅亡已近300年，秦之小篆還有多少留存難以判斷。秦系字書《倉頡篇》作爲識字課本，大部分已經轉寫爲隸書，目前出土所見《倉頡篇》，全部是隸書文本。即使有篆文的《倉頡篇》，代有增益，傳抄失真，到了許慎的時代，秦篆、古文、漢篆糾纏在一起，哪些是秦人小篆已經難以分辨。但秦刻石、詔版等尚完整清晰，可以肯定的是，許慎能夠見到一定量的秦文字。總體上説，許慎對"秦書八體"的具體情况應當有比較清晰的了解。

5. 時人使用的文字

東漢人使用的文字有篆、隸、草。通用文字是隸書及其俗體草書，篆書僅限於碑刻、印章、幡信等特殊場合使用，應用範圍雖然窄，也會發生變化，有字體的不同，數量的增减等等。漢代人所創造的"篆文"經過許慎的選擇規範，也被收錄在《説文解字》之内了。

漢代通行的隸書與草書，不是許慎的研究對象。識字應用，由《凡將》《急就》等完成教學。

總之，許慎的時代的基本情况是：隸書是通用規範文字，其草寫就是文書類漢簡爲代表的俗體字；秦人小篆在印章、幡信、碑刻等特殊領域沿襲使用並不斷變化；古文文獻不斷發現，不僅需要加强整理，而且逐漸引起重視。

---

[1]［漢］班固撰，［唐］顔師古注：《漢書》，北京：中華書局，1962年，第1721頁。

（二）許慎時代的文字研究

漢代學者研究文字分爲五個方面。

第一是古文字釋讀。

孔安國能夠以今文讀壁中書並加以隸定，司馬遷從其學。[1] 張敞好古文且能正確釋讀西周金文；劉向能夠用中古文校勘經書等等。[2] 漢代部分學者能夠釋讀古文字，在小範圍內傳承。劉歆弟子衆多，許慎就是其再傳弟子。[3] 古文字識讀方法古今沒有太大的變化，字書比對、文獻比勘、字形分析三大方法漢代學者就已經掌握。[4]

第二是漢字分析理論。

許慎之前漢字理論已經有了相當的基礎。《漢書·藝文志》承襲劉歆《七略》而來，所說"象形、象意、象事、象聲、轉注、假借"的"造字之本"的"六書"很可能是本之劉歆。許慎以此理論爲基礎對古文與篆文進行了全面系統的分析與闡釋。

"六書"是從古文研究中歸納出來的"字例之條"。釋讀古文字的重要途徑有二：一是通過字形分析釋字，二是突破字形讀通文獻。"六書"之前四書是字形結構分析，假借與轉注是一字多義和多字同義的字形記錄語言的字際關係。不明象形、形聲等則不明文字之結構，無法釋讀疑難字；不明假借、轉注則不能確知文字所記錄的語言，通讀古文文獻。許慎之前，這套理論早已成型，班固、鄭衆都列出名目。可以說"六書"理論是古文家共同研究古文的結果。從班、鄭、許三家名目和順序不盡相同可以看出，雖然是同一來源，但各有所記，還沒有完全定形。到了《說文》，給出義界，成爲傳統文字學的理論基礎。

---

[1] [漢] 班固撰，[唐] 顏師古注：《漢書》，北京：中華書局，1962年，第3607頁。
[2] [漢] 班固撰，[唐] 顏師古注：《漢書》，北京：中華書局，1962年，第1704頁。
[3] 唐蘭：《中國文字學》，上海：上海古籍出版社，2005年，第11頁。
[4] 字書有《史籀》與《倉頡》，古文經有相對應的今文經，文字分析有六書理論。

許慎知道六書理論的價值在於分析古文字與釋讀古文文獻。

第三是文字規範與應用。

規範的識字課本歷代都有，先秦之《史籀篇》，秦之《倉頡篇》，漢之《凡將篇》《急就篇》《元尚篇》等等，都是實用的識字課本。漢代這些識字用的字書取材於《倉頡篇》中的常用字，時有補充，編成韻文，便於誦讀記憶。這是傳統識字的主要方法，後來的《千字文》《三字經》作用皆相類似。

第四是古文字的整理與彙集。

許慎之前，可能已經有學者編纂古文字字書，[1] 從《倉頡篇》的收字變化可以推斷漢代學者很可能把古文字依附在《倉頡》篇之後並不斷增補。《藝文志》記載《倉頡篇》不斷增補改編，秦人李斯《倉頡篇》七章，趙高《爰歷篇》六章，胡毋敬作《博學篇》七章，漢閭里塾師合併《三倉》，斷六十字爲一章，凡五十五章，合計3 300字，其中還有重複字，也就是說，秦人使用的小篆規範用字也就三千字上下。這符合實際，每個時代的常用字大都這個數量。秦人"《三倉》"，"皆取史籀大篆，或頗省改，所謂小篆者也"，根據許慎所說，秦人的《倉頡篇》是小篆文本，是通過對籀文大篆加以選擇和改造而確定的規範實用文字。這個小篆文本最晚在漢初就有了隸書本了。張家山漢簡《史律》對"卜學童"的考試內容是"能諷書史書三千字"。[2] 漢代的"史書"即隸書，段玉裁論之甚詳。這三千字應當就是隸書本《倉頡篇》中的三千多字。

根據《史律》可知，史學童要讀歷史文獻，所以要學習《史籀篇》。卜學童學習通用文字就夠了，所以只學習三千"史書"就夠了，漢代不同職業的人文字考試的內容不同。源自《史籀篇》的《倉頡

---

[1] 參看徐剛：《古文源流考》，北京：北京大學出版社，2008年，第13頁。

[2] 張家山二四七號漢墓竹簡整理小組著：《張家山漢墓竹簡［二四七號墓］：釋文修訂本》，北京：文物出版社，2006年，第81頁。

篇》有小篆和史書（隸書）兩種文本是合理的。隸書《倉頡篇》向應用的方向發展，篆書的《倉頡篇》成爲學者研究的對象並不斷增補。到了西漢末年，揚雄作《訓纂》順續《倉頡》，易《倉頡》中複字，凡 89 章，凡 5 340 字。多出的兩千多字從哪裹來？如果《訓纂篇》是篆書字體，西漢人造出兩千多"漢篆"來是難以想象的。班固續補《訓纂》，已經達到 6 120 字，較之秦人小篆已經翻了一番。"六藝群書所載略備矣"，所增補的大都應當是古代文獻用字。自書同文以來，小篆爲代表的篆書字體從來就不是實用字體，從來沒有發現用小篆字體書寫的"六藝群書"，這些多出來的文字如果是篆文，大部分應該是古文"篆化"的結果。

　　漢代通行的《倉頡》及各種《訓纂》類字彙是篆書還是隸書？雖然考古發現的都是隸書文本，[1] 但我們不能就此否定漢代有篆書的《倉頡》系列字書存在。就像現今一樣，《新華字典》大量印行，而《說文解字》也有一部分人研讀。漢代印章篆刻比現在應用得廣泛，相應的工具書有充分的存在理由，不然我們無法解釋《說文》九千多篆文的來源。只是因爲書寫困難，應用不如隸書文本廣泛，所以沒有流傳下來。

　　《倉頡篇》從常用字識字課本逐漸向文獻字彙大全演變，性質發生了變化，功能也發生了變化。

　　第五是對"古文"等文獻疑難字的研究。

　　《訓纂》之類體例的字書大量收錄古文，就造成"《蒼頡》多古字，俗師失其讀"的局面，就需要有人來研究。《漢書・藝文志》所載無名氏《蒼頡傳》與杜林的《蒼頡故》大概就是對篆文字書的注釋。

　　班固《藝文志》中列小學十家，四十五篇，是那個時代漢字研究的整體面貌，從中可以看出大部分是識字讀本。這些著作分爲四類：

---

[1] 如阜陽漢簡《蒼頡篇》、北大藏漢簡《蒼頡篇》等均是隸書書寫。不過阜陽漢簡《蒼頡篇》中的某些偏旁保存了小篆的寫法。

第一類是歷史文獻《史籀》十五篇，因爲不實用不被重視，東漢初年已經亡佚六篇。第二類是《倉頡》及各種增補的《訓纂》，是秦人小篆和各種古文字的彙集。第三類是各類實用文字的識字課本。第四類是對《倉頡篇》中疑難字的研究注釋。

籀　文	《倉頡》類	《倉頡》研究類	漢代課本類
《史籀》	《蒼頡》		
	《訓纂》	《蒼頡傳》	《凡將》
	揚雄《蒼頡訓纂》		《急就》
	杜林《蒼頡訓纂》	杜林《蒼頡故》	《元尚》

《藝文志》中《八體六技》不注篇數，與《別字》十三篇性質不明，韋昭認爲八體就是秦書八體，後人還有其他猜測，如果是書名，可能都是異體字的彙集。[1]

班固死時（永元四年，公元 92 年），許慎大約三十多歲，他曾經"校書東觀"，《藝文志》所載的書，應該見過。

（三）許慎時代的今古文鬥爭

古文經書的出現，動搖了今文經學的根基。今文經學主要是政治學意識形態，漢代依托儒家經典闡釋建立起一套主流思想，爲了其權威性，尊崇五經爲聖人所作，一字一語都認爲蘊含微言大義。古文經從文字和文本上一旦對今文經有所否定，就會使得建構其上的"七寶樓閣"轟然坍塌。今文經學家必然反對古文，漢代的今古文之爭就此展開。許慎作爲古文經學家，研究文字主要是爲其經學服務。一方面，尊重文字的事實，從整體上看，比較真實地反映了漢字發展的歷史；另一方面，某些環節有意淡化甚至有意托古，刻意建立起一套提

---

[1] "八體六技"不注篇名，賈連翔懷疑是對《史籀篇》的注釋。

高古文經學地位的文字學理論。[1]

許慎所處的時代中，由於古文文獻釋讀催生的古文字研究已經具備了成熟的理論方法，積累了一定的研究成果，古文經學受到重視，已經具備了與今文經學一爭高低的基礎。在這樣的歷史條件下，一部以古代文獻用字爲中心的學術巨著《説文解字》誕生了。

許慎希望通過自己的創作達到如下目的：

編纂古、籀與篆文字樣大全，是古文字考釋成果的大成，也是釋讀古文文獻的工具。

用六書理論解析每一個古、籀、篆文的結構，解謬誤，曉學者，破解世人俗儒之謬説。

確立古文的正統地位，爲提高古文經地位創造理論依據。

二、《敘》：最早的文字發展史論

許慎的《敘》是最早的，也是傳統文字學中最重要的漢字發展史論文。許慎根據傳聞與所見到的材料，按照歷史發展的脉絡展開文字史的敘述，根據許慎所定下的節點，我們把它分爲六個階段。

前文字階段，用八卦、結繩等符號傳達一定的信息，是輔助記憶的手段，作爲可視符號傳遞信息與文字有相似性。漢代學者能够判定其不是文字，這很了不起。前文字的情況應當來自傳説。

（一）古文的起源至三王階段

古文是文字的源頭。自"倉頡之初作書……以迄五帝三王之世，改易殊體，封於泰山者七十二代，靡有同焉"。自黄帝之史倉頡造字開始，一直到夏商周三王時期使用的文字，都是古文。古文之所以稱爲古文，就是因爲其來源古老。

---

[1] 關於古文經學家極力抬高古文經學地位的心理，參看裘錫圭：《文字學概要（修訂本）》，北京：商務印書館，2013年，第61頁。

《史記》敘述歷史自黃帝始，《說文》講述文字從黃帝之史倉頡始，這個古史系統淵源有自。許慎承認這個說法，但"叵復見遠流"，沒有見到可判定的實際材料，[1] 幾千年的文字發展歷史就以"改易殊體，封于泰山者七十二代，靡有同焉"一句話高度概括。

漢字的起源，直到今天還是一個只有推測，無法證實的論題。許慎在沒有材料證據的情況下，沿襲舊說，不做過度闡述，近似"實事求是"了。

許慎認識到各代文字不同，這種文字歷史發展的觀念比"父子相承，何得改易"、把隸書當作倉頡所造字的今文學家高明得多。後人認為許慎把壁中書當成了倉頡古文，實在是棄"改易殊體，封于泰山者七十二代，靡有同焉"於不顧的曲解。

（二）西周文字，《周禮》之六書，古文之正

三王之後制禮作樂的聖人就是周公。古文學家把《周禮》定位為周公所作，緊接着就是把"六書"理論與《周禮》相比附，這樣就使得"六書"與古文獲得正統的地位。

許慎所見西周文字材料有限。上文已經說到，漢代學者能夠見到西周的銘文，也可以讀懂。許慎所說的"前代之古文"包括一部分這一時期鼎彝上的文字。

（三）西周末年至春秋，古文與籀文並存階段

從這個時期開始，文字發展分兩條道路展開。首先是籀文的產生與發展。

班固《藝文志》記載："《史籀》十五篇。周宣王太史作大篆十五篇。"《敘》所說"及宣王太史籀，著大篆十五篇，與古文或異"，進一步表達了許慎對籀文與古文關係的理解。

關於籀文，從許慎的表述中可以概括出如下幾點：

其一，籀文與古文的關係。古文是源頭，籀文晚出，是古文之

---

[1] 許慎所見是否有商代銅器銘文不得而知，即使有他可能也難以判定。

變，與古文有所不同。自倉頡古文開始，七十二代字體改易，各不相同，"及宣王太史籀，著大篆十五篇"，"及"字表明與前代古文之間的聯繫，"與古文或異"則表明其與古文的不同。

其二，籀文的時代與出處。周宣王太史籀所著書班固稱之爲《史籀》，東漢初年，十五篇已經亡佚六篇，許慎所見只能是殘存的九篇，書中文字收錄在《說文解字》中就是籀文，例如卷一之"旁"：

<g/>，溥也。从二，闕；方聲。<g/>，古文旁。<g/>，亦古文旁。<g/>，籀文。

其三，籀文與大篆的關係。"太史籀著大篆十五篇"表明了史籀、籀文與大篆是作者、書名、所收字的字體之間的關係，就像後代段玉裁、段注、段注篆文一樣，在不同的語境會有不同的稱謂，所指可以相同。籀文的字體是"大篆"，並不是所有的大篆都是籀文。籀文是特指《史籀》這部書中的大篆，大篆這種字體一直延續使用，"書同文"之後還是學習考試的內容。

王國維在全面系統疏證了每一個《說文》籀文之後，得出籀文是戰國時期秦文字的結論，引發後續爭論。許慎認爲籀文是西周末年的周文字，是秦文字的源頭。從文字發展史的角度看，這兩種說法實質上相去並非很遠，後面還有詳論。

文字發展道路的第二條道路就是古文的沿襲。

文字的發展並不是演變成籀文之後，古文就消失了，而是發生了地域分化。古文在有的地方變化爲籀文大篆，有的地方還在沿襲使用。"至孔子書六經，左丘明述《春秋》，皆以古文，厥意可得而說"。孔子、左丘明等距離周宣王時代已遠，書寫經傳還堅持用"古文"，不用籀文。許慎似乎給古文以正體的地位，自倉頡、周公、孔子、左丘明一路下來，儼然是正統。古文學家設定孔子、左丘明等用古文寫經傳，這些文本就具有了更高的地位。許慎也是古文學家，自然接受並維護這樣的説法。

（四）戰國，文字異形階段

孔子之後就進入了戰國時期，"其後諸侯力政，不統于王，惡禮樂之害己而皆去其典籍，分爲七國，田疇異畝，車塗異軌，律令異法，衣冠易制，言語異聲，文字異形"。戰國時期，古文發生了巨大變化，列國文字各有不同。所謂的"文字異形"，主要是指古文發生了嚴重的地域變異。文字如何異形，許慎沒有明確交代，致使後世多誤解。

許慎實際上已經把"七國"文字分爲兩系：一是秦文字，由史籀大篆到小篆自成一系，一直沿襲到漢代，發展脉絡清晰。二是後來被秦廢除的六國文字。

許慎並没有割裂六國文字與古文之間的聯繫。這些文字雖然異形，但必有其源頭。戰國之前，文字的源頭有兩個，一是籀文大篆，二是沿襲的古文。秦文字的源頭是史籀大篆，六國文字不同於秦文字，其源頭自然是古文。許慎明確說古文在秦始皇統一文字和隸書興起之後才滅絕，那戰國期間六國使用的文字必然是發生變化了的古文。

許慎確實淡化了六國文字，他爲什麼這樣做？詳見後文第四節。

（五）書同文至廢挾書令前，古文廢絶，秦書八體獨行階段

秦始皇二十六年（公元前 221 年）"書同文"，至漢惠帝三年（公元前 192 年）挾書令廢除期間，古文廢絶，秦文字獨行天下。

《敘》曰："秦始皇帝初兼天下，丞相李斯乃奏同之，罷其不與秦文合者。斯作《倉頡篇》，中車府令趙高作《爰歷篇》，太史令胡毋敬作《博學篇》，皆取史籀大篆，或頗省改，所謂小篆者也。是時秦燒滅經書，滌除舊典，大發隸卒，興戍役，官獄職務繁，初有隸書，以趣約易，而古文由此絶矣。自爾秦書有八體：一曰大篆，二曰小篆，三曰刻符，四曰蟲書，五曰摹印，六曰署書，七曰殳書，八曰隸書。"

許慎對秦文字的淵源演變，表述得非常清楚。古文演變爲籀文，籀文與大篆是同一種字體，從來源說，籀文是太史籀所編的字書中的文字，大篆是包括籀文在內秦人在秦始皇統一天下之前所使用的文字。李斯等人對籀文與大篆加以取捨規範，形成小篆。這個秦文字發展過程顯然比把籀文限定在春秋或戰國某一個時期更完整也更接近事實。

"秦書八體"可以概括爲三類，大篆、小篆和隸書。大篆是秦曾經使用過的文字，是歷史留存的秦文字。小篆是在大篆基礎上的調整規範，大篆與小篆的關係很像當今的繁體字與簡化字，當時實行的是文字"多軌制"，三種字體並行，各有其應用場合。學習大篆，或是爲了讀秦人的"古文獻"或在廟堂等特殊場合使用。刻符、蟲書、摹印、署書、殳書等是不同場合、不同載體上的秦文字變體。

這一時期法律嚴苛，秦文字獨行，小篆與隸書成爲規範用字，古文廢絕。

（六）挾書令後古文復現，文字應用與文字研究分離階段

漢初沿襲秦文字，秦書八體是漢初取用史官的考試內容之一。自漢惠帝廢挾書令之後，古文文獻不斷出現。北平侯張倉首獻古文《春秋左氏傳》，河間獻王也搜集了大量的古文文本，武帝時期，壁中書大發現，其後古文文獻間或出現。

西漢末年，古文受到學者的重視，到了王莽時期，部分古文經過整理，成爲官學，古文也成爲字體"六書"之一，《敘》曰：

> 及亡新居攝，使大司空甄豐等校文書之部，自以爲應制作，頗改定古文。時有六書：一曰古文，孔子壁中書也。二曰奇字，即古文而異者也。三曰篆書，即小篆，秦始皇使下杜人程邈所作也。四曰佐書，即秦隸書。五曰繆篆，所以摹印也。六曰鳥蟲書，所以書幡信也。

將秦書八體與王莽六書比較，就會清晰看到二者之間的差異：

		大篆	小篆	刻符	蟲書	摹印	署書	殳書	隸書
古文	奇字		篆書		鳥蟲書	繆篆			佐書

六書與八體之間有兩個最大的區別：一是多出了古文、奇字，二是對秦人篆書系統加以合併。

許慎對古文、奇字的時代與範圍進行了比較明確的交代：

"奇字即古文而異者。"

"壁中書者，魯恭王壞孔子舊宅而得《禮》《記》《尚書》《春秋》《論語》《孝經》。又北平侯張倉獻《春秋左氏傳》。郡國亦往往於山川得鼎彝，其銘即前代之古文，皆自相似，雖叵復見遠流，其詳可得略說也。"

這與王莽六書之古文專指壁中書顯然不同。古文是先秦秦文字以外的鼎彝銘文、壁中書、民間藏書等古文文獻中的文字統稱，也就是秦系之外的所有先秦古文字。

篆書很可能是先秦以來秦文字篆體文字的總稱。大篆、小篆、刻符、殳書、繆篆之外的摹印以及漢人造的一些篆體字字體差異很小，一律合併爲"篆書"。《敘》所說的"篆書即小篆"應當是字體對應關係，而不是八體中的小篆專稱。

許慎把研究對象鎖定在以古文與篆文爲主的文獻用字上。

三、以"古"與"篆"爲核心概念的話語系統

傳統學術往往不重視術語的使用與規範，語文用語與術語間的界限沒有嚴格的區分，致使不在同一個話語系統中使用同一個詞語，各說各話，爭論不休。《敘》是第一篇系統的文字學論文，用今天的標準看，初步具備了術語化的概念系統。其中"古文"與"篆文"是

兩個核心概念，也是相對立的概念，表達了許慎對文字發展的宏觀認識。

王國維、胡小石、商承祚、徐剛、張富海、張學城等學者對"古文"都做過系統的梳理，各有所得，觀點不盡相同。[1] 許慎的觀點是成系統的，我們回到文本本身，《敘》中十次論及"古文"，按照許慎所理解的時代順序，列次如下：

（1）其銘即前代之古文，皆自相似，雖叵復見遠流，其詳可得略說也。

（2）大篆十五篇，與古文或異。

（3）至孔子書六經，左丘明述《春秋》，皆以古文，厥意可得而説。

（4）初有隸書，以趣約易，而古文由此絶矣。

（5）自以爲應制作，頗改定古文。

（6）一曰古文，孔子壁中書也。

（7）二曰奇字，即古文而異者。

（8）其稱易孟氏，書孔氏，詩毛氏，禮周官，春秋左氏、論語、孝經皆古文也。

（9）諸生競説字解經誼……皆不合孔氏古文，謬於史籀……豈不悖哉。

（10）今敘篆文，合以古、籀。

"古文"漢人經常使用，但具體所指不一，涉及文字、文本、學派等多個方面。從文字的角度説又有"古文""古字""古文字"等不同的稱謂，從指稱古代文字這個意義上來説，大致相同，但又有範圍大小的區别。

---

[1] 王國維：《戰國時秦用籀文六國用古文説》，《觀堂集林》，北京：中華書局，1961年，第 305—307 頁。胡小石：《説文古文考》，《胡小石論文集三編》，上海：上海古籍出版社，1995 年，第 394—526 頁。商承祚：《説文中之古文考》，上海：上海古籍出版社，1983 年。徐剛：《古文源流考》，北京：北京大學出版社，2008 年，第 1—26 頁。張富海：《漢人所謂古文之研究》，北京：綫裝書局，2007 年。張學城：《〈説文〉古文研究》，上海：上海古籍出版社，2017 年。

漢代以後，古文又有所擴展。漢代學者就開始編輯古文字書，例如衛宏的《古文官書》。如此，古文就有文本原樣、字書傳抄和隸定成史書三種形態。文本逐漸消失，隸定收入字書，傳抄古文成爲獨立的學問。好古之士用古文創作，字不夠用，又模仿古文的筆法造新字，這些字也被視作"古文"。

《漢書·郊祀志》載"張敞好古文字"，能夠讀西周鼎銘，雖然謙稱"臣愚不足以迹古文"，這裏所說的"古文"與"古文字"是包括西周文字在内的先秦古文字。[1]《藝文志》說"古文《尚書》及《禮記》《論語》《孝經》，凡數十篇，皆古字也"，班固的意思是用"古字"書寫的文本就是古文經籍。王國維《史記所謂古文說》《漢書所謂古文說》《說文所謂古文說》等詳加梳理，得出（《說文》）"全書中正字及重文中之古文當無出壁中書及《春秋左氏傳》以外者"的結論。當今學者認爲："漢代人所見到的以孔壁中書爲代表的'古文'，其實是戰國時代東方國家的文字……今天幾乎已經成爲常識了。"[2] 用漢代人不同的理解或者用我們今天的常識去讀《說文》，都不能正確理解許慎。我們需要把許慎的"古文""篆文"等作爲許慎話語系統中的"術語"去理解。

《敘》中"古文"都是指古文文本中的文字。許慎認爲，古文是倉頡造字，世代沿襲，到西周末年分化籀文大篆一系，在山東六國一直沿用到秦始皇書同文之前，來源古老，不斷變化。他對古文加以歷史分期：三王之前的古文"叵復見遠流"，無法詳知；西周以"六書"教學，厥意可得而說，鼎彝銘文即"前代之古文"；孔子壁中書承襲古文正統，即孔氏古文；戰國時期文字異形，古文變異；秦書同文，古文滅絕；漢代古文復出，古文經學興起。關於《說文》的"古文"，有幾點需要澄清。

---

[1] 徐剛：《古文源流考》，北京：北京大學出版社，2008年，第1—2頁。

[2] 徐剛：《古文源流考》，北京：北京大學出版社，2008年，第1頁。

第一，《説文》中許慎所説的古文，不限於壁中書和《春秋左氏傳》。

王國維爲了强調壁中書等是戰國文字，認爲《説文》古文就是壁中書與《春秋左氏傳》。既有悖於許慎的原意，也不符合事實。按照許慎的理解，古文是文字的源頭，代有傳承和變化，鐘鼎銘文是孔壁古文"前代之古文"，"皆自相似"，主要是指這些古文彼此相似，或許也暗示與孔氏古文相似。這些前代之古文，《説文》收入書中。以第一卷爲例，可判定的古文共 22 個，其中幾個字顯然是戰國以前的文字：

	《説文》古文	春秋以前	戰　　國
上	二（段改）	（上曾太子鼎，《集成》2750）	（中山王方壺，《集成》9735）
下	一（段改）	（曾字斿鼎，《集成》2757）	（司馬成公權，《集成》10385）
王		（柞伯簋，《文物》1998（9））（者汈鐘，《集成》122）	（中山王鼎，《集成》2840）

可以確定《説文》"上""下""王"的古文是戰國之前的文字。另外，"帝""示""折"等字的古文也多見於商周的甲骨文、金文，六國文字不見或罕見。這一點很多學者都已指出。

第二，《説文》古文不同於王莽六書之古文。

王莽六書古文特指壁中書，另有"奇字，即古文而異者"。漢代的古文文獻，不僅有壁中書，還有大量其他來源。壁中書古文之外的其他文獻用字與壁中書或有不同，或許這些就是奇字的來源，二者差別不會太大，相同者居多。《説文》只收錄了兩個"奇字"，[1] 其他相同相近的文字都併入古文與篆文了。

第三，許慎確知六國文字是古文。

段玉裁注《説文》云："凡言古文者，謂倉頡所作古文也。"[2] 自是曲解，徐剛所説"許慎《説文解字·敘》認爲古文是自蒼頡的時代一直到戰國之前使用的文字"，[3] 與許慎所説也不盡相符。古文滅於秦，原因有三：一、七國文字異形，秦始皇書同文，"罷其不與秦文合者"，這個"其"指代的是秦文之外的文字，因罷而廢，不與秦文相合的古文絶矣。六國文字與秦文字相同的合併，不同的廢除。二、秦人燒滅經書，滌除舊典，部分古文文獻或藏於秘府，或藏於民間。用古文書寫的經籍文獻大都消失不見。三、隸書出現，即使有個別流傳下來的醫卜種植等實用古籍也被隸書轉寫。這些許慎都交代得很清楚。孔氏之後到秦廢古文之前的戰國時期，使用的是古文，許慎沒有明説，但不等於不知。

第四，《説文》的古文不是"廣義的古文"。

王國維認爲："《説文解字敘》言古文者凡十，皆指漢時所存先秦文字言之。"[4] 學者多沿襲其説，徐剛稱之爲"廣義的古文"："廣義的'古文'，也就是'古文'的本義，泛指秦統一前的文字。"[5] 漢代其他一些學者或許如此認識，但"古文"在許慎的話語系統中作

---

[1] 卷八"儿"下云"古文奇字人也"、卷十二"無"下云"无，奇字無"。
[2] [清] 段玉裁：《説文解字注》，上海：上海古籍出版社，1988年，第1頁。
[3] 徐剛：《古文源流考》，北京：北京大學出版社，2008年，第3頁。
[4] 王國維：《説文所謂古文説》，《觀堂集林》，北京：中華書局，1961年，第314頁。
[5] 徐剛：《古文源流考》，北京：北京大學出版社，2008年，第1頁。

爲術語，與"篆文"對立，是除去籀文、大篆等秦系文字之外的先秦文字。

在許慎的古文理論中，把孔壁古文與孔子聯繫起來，稱作孔氏古文以及淡化六國文字，是別有用心的，下文詳論。

"篆文"也是一個核心概念，與"古文"相對立。"篆"特指秦系文字，相關的概念有籀文、大篆、小篆、篆書、篆文：

"及宣王太史籀，著大篆十五篇，與古文或異。"

"皆取史籀大篆，或頗省改，所謂小篆者也。"

"秦書有八體：一曰大篆，二曰小篆，三曰刻符，四曰蟲書，五曰摹印，六曰署書，七曰殳書，八曰隸書。"

"時（新莽）有六書：……三曰篆書，即小篆，秦始皇使下杜人程邈所作也。"

"今敘篆文，合以古、籀。"

《敘》中秦文字已經是獨立一系。秦文字的直接源頭，是以籀文爲代表的西周文字。秦文字自成系列，由籀文大篆而小篆、隸書，與六國文字的由古文而分裂而滅絕完全不同。關於"篆文"相關概念，也有幾點需要澄清。

第一，小篆是籀文大篆的選擇淘汰與規範。

關於籀文如前文所論，這種大篆字體一直沿襲使用到小篆出現之前，也就是說春秋戰國時期，秦人使用以籀文爲代表的大篆，說戰國秦人使用籀文或大篆，皆無不可。如果《史籀》是秦人沿襲使用的識字課本，就會像《倉頡篇》一樣歷代增補，成爲一部秦人的識字用書，從這個角度說秦人用籀文也未嘗不可。[1] 籀文大篆經過不斷增補，可能就是張家山漢簡《史律》所說的十五篇五千字。

"小篆"是秦文字概念，班固又稱"秦篆"，特指《倉頡篇》《爰

---

[1] 王國維：《觀堂集林》，北京：中華書局，1961年，第305—307頁。

歷篇》《博學篇》。《漢書·藝文志》："文字多取史籀篇，而篆體頗復異，所謂秦篆者也。""多取"即不皆取，大部分取自《史籀》，一部分是續補。漢閭里塾師合併《三倉》，合計 3 300 字，其中還有重複字，也就是説，秦人實際使用的小篆也就三千字上下，淘汰掉《史籀篇》中近兩千字。秦人《三倉》，應該是當時的實用文字。

第二，小篆、篆書、篆文是不同時代的篆體文字。

許慎明確説"小篆"是秦文字。"篆書"是王莽時期使用的概念。篆書字體沿襲小篆，但字數已經遠超秦人小篆了。據《藝文志》所載，揚雄《訓纂篇》順續《倉頡》，易《倉頡》中複字，凡 89 章，凡 5 340 字，較之秦人《三倉》多出了兩千多字。揚雄與王莽同時，所謂"篆書"或許就是指《訓纂》爲代表的這些文字。

"篆文"是許慎所使用的概念，是許慎見到的文獻字書中和時人使用的篆體字的總稱。《説文》中重文只説"篆文"某，與《敘》中"小篆"等嚴格區分。《説文》中"篆文"有三個來源，主要是前代字書與篆文文獻，以及漢人把一些隸書、草書加以篆化形成的漢篆和經過許慎規範化獨創的篆文。

從先秦大篆、秦人小篆直到包括漢篆在內的篆文，雖然從字體上説並無太大的變化，但來源、數量、個體結構等有很大的不同。

許慎建立起歷時的概念系統：

```
倉頡-三王    西周    西周末    春秋      七國      秦      漢       新       《説文》
前代之古文──          孔氏古文─六國異形    廢絕──古文   古文奇字  古文奇字
          ─籀文（大篆）──  大篆──         小篆──       篆書──篆文
                                        隸書──────────
```

許慎的概念與歷史敘述是清晰的，只要我們正確理解《説文·敘》，就能夠得出西周末年之後，西土秦文字與東土諸國文字分別發展，秦文字發展成爲篆文，六國沿用古文的結論。

周宣王時期已經是西周晚期，幽王滅國，進入東周，王室衰落，走向分裂，文字也開始發生一定程度的分化。西土秦人繼承了周人的文字傳統，規整方正，自成一格。驗之以秦人文字，從西周末年的不其簋銘，到春秋時期秦公鐘鎛，再到戰國時期的商鞅量，最後到秦始皇時期的詔版，一脉相承。許慎將其分爲籀文大篆和小篆兩個階段，與歷史事實相符。

　　進入東周，山東諸國文字各自發展。郭沫若編纂《兩周金文辭大系》，到了東周按國別編排，就反映了這種歷史事實。到了戰國，秦文字之外的六國變化尤爲劇烈。許慎没有强調戰國時期秦用籀文、六國用古文，但這種認識在其理論框架之内。

　　王國維在戰國文字研究方面貢獻很多，最大的貢獻是指明孔壁古文與張倉所獻《春秋左氏傳》是戰國文字。王國維根據有限的戰國文字材料就能够推斷出它們是戰國文字，去古未遠的許慎見到的材料不會比王國維少，怎麽會把它們定爲"孔氏古文"，並且在書中頻頻引用僞"孔子曰"呢？

四、從觀念出發的别有用心的托古

　　古文學家把古文經判定爲孔子所書，不一定是學識問題，而是意識形態作祟。

　　漢代的統治者依賴儒家經典闡釋建立起來的一套思想體系。周公制禮作樂，孔子修訂六經，周孔就成了正統的代表。

　　古文學家努力營造三個正統：

　　第一，文字理論"六書"依托《周禮》之"六書"。《周禮》是周公之禮，"六書"是《周禮》之六書，自然就有了不可撼動的地位。

　　第二，古文是文字的正統。古文是文字的源頭，籀文"與古文或異"，成爲秦人使用的大篆、小篆，是古文的支流。孔子言《詩》《書》用"雅言"，書六經用"古文"，孔子所言所書，理所當然是正統。孔子因爲用古文，所以"厥意可得而説"。所謂"厥意"，大概暗示用周公所定"六書"分析文字，可得聖人之意。

第三，古文經是經書的正統。孔壁古文經是從孔子舊宅所得，《春秋左氏傳》是孔子弟子左丘明所作，是聖人手筆或親炙聖人，自然就比輾轉傳抄的今文經更加正統，更有價值。

《說文》中有兩個淡化：

第一，淡化六國文字。六國文字已經是分裂變化的古文，難成正統，如果把孔壁古文說成是戰國文字，會降低這些經書的權威性。

第二，淡化古文經之外的其他古文文獻。王國維等人已經從文獻記載中梳理過漢代的其他古文文獻，以今天出土簡帛來看，經只是其中的一小部分，還有大量的其他文獻。古文家包括許慎都儘量避開不提，原因是不好把這些文獻與孔氏聯繫，會動搖"孔氏古文"的地位。

根據學者的研究，《說文》之"六書"是古文經學家建立的文字學系統，[1] 與《周禮》之"六書"無涉。孔壁古文與春秋時代的文字無涉，是戰國文字。[2] 左丘明與孔子弟子無涉。這些謬誤是出於政治需要還是由於見識所致難以論定，但抬高古文經學的地位也是許慎的願望，師承前說，也就在情理之中。

古文經學作為一個學派，逐漸遠離意識形態，在文字釋讀與文本整理、工具書編纂等方面顯示出自身的特色來。

《說文》一書，不論是文字學理論還是具體的文字闡釋，都糾纏於經學觀念與文字材料的矛盾中。從材料出發就能得出正確的結論。從其觀念出發，就會出現有悖事實的選擇判斷與"創新"來。

五、今敘篆文，合以古、籀

王國維對"今敘篆文，合以古、籀"有非常精闢的見解。在段玉

---

[1] 唐蘭：《中國文字學》，上海：上海古籍出版社，2005年，第11頁。
[2] 王國維：《戰國時秦用籀文六國用古文說》，《觀堂集林》，北京：中華書局，1961年，第305—307頁。

裁"篆文與古、籀多相合"的認識基礎上，特別指出"有古、籀而無篆文，古、籀爲正字"例：

> 若夫古、籀所有而篆文所無，則既不能附之於篆文後，又不能置而不錄。且《説文》又無於每字下各注此古文、此籀文、此篆文之例，則此種文字必爲本書中之正字審矣。[1]

王國維所見古文非常有限，讀書之細，見解之精，令人驚歎。近百年的發展，所見日多，研究日深，商文字、周文字、戰國文字，秦文字、漢代文字都成專門之學，可證王氏此論之精確，逐漸得到學者的認同。目前已經逐漸具備剝離《説文》字頭的條件，我曾經舉例性地指出過一些，還可以全面加以梳理。

《説文》"正字"很複雜，用許慎的術語表達包括：

1. 秦人小篆。

2. 小篆之後發生變化或新造的篆文，例如"非"、[2]"也"、[3]"卯"。[4]

3. 可辨識的古文或籀文，變例。例如"上""下"。[5]

4. 與篆文相同的古文、籀文，例如"一""二""三"。

5. 没有篆文對應的古文或籀文，例如"屰""丙""合"等。[6]

參照當今沿用《説文》體例編排的古文字字編，就可以充分理解字頭的複雜情況。

---

[1] 王國維：《説文今敘篆文合以古、籀説》，《觀堂集林》，北京：中華書局，1961年，第319頁。

[2] 裘錫圭：《秦漢時代的字體》，劉正成主編，沃興華編：《中國書法全集·秦漢刻石卷》，北京：榮寶齋出版，1993年，第34—50頁。

[3] 李守奎：《從觀念出發與從材料出發的漢字闡釋——以"也"及其所構成的文字爲例》，《吉林大學社會科學學報》2021年第6期。

[4] 詳見本書第三講。

[5] [清] 段玉裁：《説文解字注》，北京：中華書局，2013年，第1—2頁。

[6] 李守奎：《漢代的文獻整理與文字研究——〈説文〉產生的背景與特點》，《漢字學論稿》，北京：人民美術出版社，2016年，第19—28頁。

前文已經敘及許慎之前，秦人《三倉》經過多次增補，所增補的文字多古、籀。古文、籀文與篆體文字合併由來已久。

王國維指出："揚雄《訓纂》亦衹五千三百四十字，而《説文》正字多至九千三百五十三，此四千餘字，許君何自得之乎？曰：此必有出於古文籀文者矣。"[1] 敘篆文，合古、籀不始於許慎，西漢時期揚雄的《訓纂》就開始了。

《史籀》篇中的文字經歷了增補、删節和收入他書的過程。作爲一部識字課本，秦人不斷增補，是先秦時代秦人學習大篆的依據。李斯等對籀文大篆加以選擇淘汰，選出三千多字或頗省改，編成秦人"《三倉》"，成爲當時實用識字課本。從《訓纂》開始或許更早逐漸脱離實用，《倉頡》的性質發生了變化，《史籀篇》中那些被淘汰的文獻用字很可能又逐漸被收録到倉頡類字書中，進一步降低了《史籀篇》的價值，所以東漢初年就開始亡佚。許慎《説文》九千多字，應該是包括了他所能見到的所有籀文而不限於重文中的籀文。

《藝文志》記載揚雄作《訓纂》："至元始中，徵天下通小學者以百數，各令記字於庭中。揚雄取其有用者以作《訓纂篇》。"這些小學家所記之字從哪裏來？《訓纂篇》收字的標準是"有用"。所謂"有用"，很可能是超出日常應用，對研究古文經籍有用。

《蒼頡訓纂》和班固增補的《揚雄蒼頡訓纂》之外，還有杜林的《蒼頡訓纂》，應當也是續補文字之書。這些續補之書對古文籀文的收録範圍逐漸擴大，《説文》9 353字應是集其大成。

如果揚雄、班固等把古文籀文附在《倉頡》之後，實際上已經形成"今敘篆文，合以古、籀"的事實，許慎只是把已有的成果依例收録，有所續補罷了。

《説文》所説的"篆文"的範圍，不僅比秦人"小篆"多，也比

---

[1] 王國維：《説文今敘篆文合以古、籀説》，《觀堂集林》，北京：中華書局，1961年，第319頁。

西漢末年的"篆書"數量多。

每個時代實際應用的文字數量基本上相同，三千常用字大致夠日常應用，五千字可以讀大部分文獻，九千字就是爲了研究而搜集的大全了。把古文字收入字書，字量暴增，歷史上有兩次，一次是《說文》收入古文籀文，另外一次就是《集韻》收入大量的隸古字，都是爲了存古求全。

六、結　語

王國維在一百年前，根據有限的地下之材料，詳細梳理文獻記載，縝密推斷，發千古之覆，開創了戰國文字與《說文》研究的新局面。現今我們所見材料極大豐富，對漢字發展認識日益清晰，回首經典，對傳統文字學第一篇、也是最重要的一篇文字學論文精心研讀，會對漢代的文字學有更加全面的認識。

《說文·敘》是第一篇漢字發展史論文，系統闡述了從文字起源到漢代文字的發展。許慎具有明確的文字歷史發展觀。

《說文》建立起一套自足的話語系統，概念術語化，有其確切的內涵，彼此明確區分。

"古"與"篆"是文字發展過程中的核心要素。許慎已經能夠區分西周末年以來，文字發展分爲秦與六國兩系。主幹是古文，支流是籀文大篆，古文到了戰國發生分歧，找不到主幹了。

許慎所說的古文，既不是壁中書爲代表的戰國文字，也不是先秦文字的統稱，而是先秦秦文字之外的古文字。《說文》十四卷中的古文須如是觀。

許慎所說的篆文，不限於秦人小篆，而是包括未納入小篆的籀文、已經被篆化的古文、漢代創造的篆體字和許慎自己加以規範的篆體字的總稱。所以有必要區分"秦人小篆"與"《說文》篆文"兩個概念。

今敍篆文，合以古、籀，並不是以小篆爲正字，以古、籀爲依附。最初是在秦人小篆後面續補籀文、古文等，可以理解爲小篆與古、籀合併。《說文》合以古、籀的主體就是這些文字，在字頭中有大量的古、籀。

許慎在觀念上並沒有以小篆爲正體的觀念。許慎觀念中以古文爲正，以籀文爲異，這既是漢代學者對秦文化的否定，也是爲了提高古文經地位的需求。但事實上漢代文字是秦文字的繼承，又不得不以小篆爲樞紐聯繫古今。

"厥意可得而說"的主要是古文，以"六書"闡釋文字，主要對象是古文。壁中書是六國文字，與"前代之古文"之間的差異比秦文字與前代之古文的差異要大得多。許慎的主觀觀念與事實相矛盾，在文字選擇時儘量選擇那些與秦文字相合的古文，變化劇烈的"異形"很可能有意淘汰，或附著於後不加說解了。

許慎等把"六書"與《周禮》相牽挂，把壁中書定位爲"孔氏古文"，把六國文字和其他古文文獻淡化，都是爲了同一個目的：提高古文經學的地位。許慎不僅僅是在所見材料與已有研究成果上建立起文字發展理論，也受到意識形態與現實鬥爭需求的制約。

《說文解字》是一部篆文與古、籀的總匯，類似今天的"古文字字編"，意在存古解古，所以當時通行的隸書、草書不收。許慎雖然有文字的歷史發展觀，但《說文解字》一書中並沒有充分體現，而是糅合在一起，這就導致後人產生以古文爲倉頡造字，以九千多字爲秦人小篆等等許多錯誤認識。在理清《說文》體例的基礎上，以今天所見的材料，對《說文》可以進行更充分的研究。

第一，《說文》中"前代之古文"研究。

這一部分數量較少，主要是受制於許慎所見不多，可用材料太少。

第二，《說文》大篆與小篆研究。

這實際上就是秦文字研究，可以分爲兩段：西周末年至書同文之前的大篆時期；秦統一之後至秦滅亡。前後比較，可以看清大篆與小篆之間的區別，也就是秦始皇文字規範成果的體現。目前已有豐碩的成果，尚可進一步深入細化。

第三，《說文》中的六國文字研究。

《說文》中六國文字有三個來源：其一，漢字中有一部分常用字，從古到今沒有太大的變化。古、籀、篆一致。其二，字頭中有些字文獻不見使用，見於六國文字中，參以其他證據可以確定是戰國文字。其三，重文中的古文等戰國文字。全部梳理，或可見漢代學者所見六國古文的概貌。

第四，《說文》中漢代篆文與《說文》改篆研究。

篆文漢代還在應用，不少字形來自隸書篆化或草書篆化，《說文》歷經傳抄，不少字形前不合古、籀，後不合漢代的篆、隸，也可以做專題探討。

上述問題大都已有學者指出並進行了不同程度的研究，如何細化深入，值得進一步思考。

【延伸閱讀】

[1]［漢］許慎撰，愚若注音：《注音版說文解字》，北京：中華書局，2015年。

[2]［清］段玉裁：《說文解字注》，北京：中華書局，2013年。

[3] 王國維：《觀堂集林》，北京：中華書局，1961年。

第五講　在出土文獻研讀過程中學習與理解漢字
——何尊導讀

　　導讀：漢字研究有多個角度，多個層級，它們彼此關聯，觸類旁通，但不論是漢字研究，還是漢字文化闡釋，前提是需要認識足夠量的古、今漢字，而且是以在文本中認識"活"的漢字——實際應用中的文字爲主。文字記錄語言所形成的文獻，其文化信息量與系統性遠遠高於造字編碼理據所表現出的文化信息。不認識古文字，不熟讀古文獻，不從文字記錄語言入手的漢字"揭秘""解謎"，與漢字的學術研究没有關係。

　　出土文獻涉及古文字學、文獻學、歷史學等方方面面，充分研讀是古文字研究與漢字闡釋的前提。對於初學者來說，先找一個可信度高的注本認字、熟悉文本、了解大意是必要的，積累到一定程度，就要逐漸進入不同角度的研讀階段。本節以一篇金文文獻爲例，從文字識讀與文本解讀、古文字考釋與文本研讀、漢字解析與漢字理論、漢字文化闡釋四個方面，具體談一談我對出土文獻學習與研讀的理解。

一、識字與文獻讀解

　　古文字學習從金文開始比較適中。第一，金文從商、周到春秋、戰國時代一貫而下，可以看到漢字歷史發展的整體面貌。第二，金文大都是當時的正體，字形工整，與日用俗體的簡率潦草很不相同，先

第五講　在出土文獻研讀過程中學習與理解漢字　　97

掌握正體，再了解變體，更方便了解文字應用的通與變。第三，金文研究成果積累最豐富，很早就達到了文本通讀的程度，疑難字比較少。第四，金文的銘文雖然很多，但最長不過五百字，一百字以下的占絕大多數，可以在短時間內熟悉文例和金文的基本內容。第五，金文大都程式化，內容與結構都相對容易把握。

　　初學古文字，可以選讀金文中篇幅略長、字迹清晰、文義明確的，也可以適當兼顧內容的重要性。由於先秦出土文獻歷史久遠，字形、詞義、語法與今天有很大不同，雖然不是外語，但也得像背單詞一樣識字，經過不斷的泛讀與精讀訓練，才能準確理解，逐漸掌握基本知識，領略到古人的語感。出土文獻與傳世文獻之間還隔着古文字，所謂識字，就是對古文字形、音、義的全面把握。

　　下面就以西周早期的一篇重要的銅器銘文爲例，了解一下識字、讀文、解析漢字與探討漢字文化的過程。

"何尊"，1965年出土於陝西省寶雞市賈村，十幾年後發現腹底銘文[1]，共計 12 行 122 字（殘缺 3 字）。銘文中最早出現"中國"

---

[1] 馬承源：《何尊銘文初釋》，《文物》1976年第1期，第64頁。

一詞，涉及周初成周營建等重大歷史事件，對於歷史研究、中國文化探索有重要的意義。學習首先從文本的選定開始。

(一) 文本選定

"何尊"自 1976 年公布以來，研究成果很豐富，在古文字釋讀、文本理解、歷史研究等各方面都續有突破。除了唐蘭、張政烺、馬承源、李學勤等學者在各種刊物上發表的重要論作之外，還被各種讀本或教材選入。我們可以先選定一個面向初學者的一些古文字讀本或教材，例如：

1. 馬承源主編：《商周青銅器銘文選（一）》，北京：文物出版社，1986 年。

2. 劉翔、陳抗、陳初生、董琨：《商周古文字讀本》，北京：語文出版社，1989 年。(2017 年出版增補本)

3. 高明：《中國古文字學通論》，北京：北京大學出版社，1996 年。

4. 王輝：《商周金文》，北京：文物出版社，2006 年。

5. 凡國棟：《金文讀本》，南京：鳳凰出版社，2017 年。

6. 黄德寬：《古文字學》，上海：上海古籍出版社，2015 年第一版，2019 年新版。

這些著作對所選每一篇銘文都有文字釋讀和詞語注釋，便於識字與理解文義。釋讀與注釋大都遵循"後出轉精"的規律，後出的會吸收已有的研究成果，糾正過去的不足。所以初學儘量選擇最新研究成果，可以迅速把握學術前沿。不要從前往後學，在還沒有形成判斷能力之前，一些過時舊說先入為主，可能會對進一步學習形成障礙。黄德寬《古文字學》三分之二的篇幅是文獻選讀，2019 年再版，充分吸收了已有的重要研究成果，選注的何尊，可以選定為學習的文本。下面是該書釋文迻錄，注釋從略。[1]

隹（唯）王初䢰（遷）宅于成周，復禀（稟）

---

[1] 黄德寬：《古文字學》，上海：上海古籍出版社，2019 年，第 230 頁。

第五講　在出土文獻研讀過程中學習與理解漢字

珷（武）王豊，祼自天。才（在）四月丙戌，
王竈（誥）宗小（小子）于京室，曰："昔才（在）
爾考公氏，克逨玟王，肆（肆）玟
王受茲〔大令（命）〕。隹（唯）珷王既克大
邑商，則廷告于天，曰：'余其
宅茲中或（國），自之辥（乂）民。'烏
虖！爾有唯小（小子）亡（無）戠（識），覭（視）于
公氏，有庸于天，徹（徹）令（命）苟（敬）
享哉（哉）！助王龏（恭）德，谷（欲）天臨我
不每（敏）。王咸竈（誥），何易（錫）貝卅朋，用乍（作）
𣪕公寶障彝。隹（唯）王五祀。

（二）對照銘文釋讀識字

識字先從常用字和已釋字開始。出土文獻中常用字大部分都是已釋字，使用頻率高，分布範圍廣，與現代漢字關係密切。[1] 掌握了已釋字，大部分文獻就基本上能夠正確釋讀，少數疑難字大都不會構成對全篇理解的重大障礙。對於初學者來說，充分掌握已釋的常用字與其他已釋字是通讀文獻和進一步深入學習的基礎。對於研究來說，常用字往往也是理解文義的關鍵，例如銘文中"天"多次出現，具體所指就有不同的理解，有的是神之"天"、有的是祭祀行禮的地方"天室"，這些問題通常是關鍵問題。

識字首先是熟悉字形，不僅要用眼睛觀察，還要動手摹寫，這樣才能準確把握每一個構形部件。例如銘文中"䭧"字的右側，下面是"廾"，上面與"畐"相似但並不同。

古文字識字不是把不識字與後代字書中的某個字簡單對應，更重

---

[1] 古文字常用字非常重要，我曾指導學生對相關問題作過探討。出現頻次、構形能力、穩定記錄常用詞可以作爲判定常用字的三條標準，"俞"字符合條件，屬於常用字。參見侯瑞華：《戰國楚文字常用字研究》，清華大學博士學位論文，2022年，第11—13頁。

要的是掌握文字所記録的語言。銘文中的"唯王初遷宅于成周""余其宅兹中國"中的"宅"釋讀很容易，住宅、居住的意義古今常用，先有一般的語文理解，在此基礎上可以進一步思考，對於周王來説，"宅"在這裏的具體意義是什麽，"宅"的性質是什麽，是"唯王初遷，宅于成周"還是"唯王初遷宅于成周"，涉及成周的性質與周初是否遷都等重大歷史問題。

古漢語以單音節詞爲主，先秦漢語尤其如此，所以從音義上來説，字與詞有高度一致性，掌握語言的詞也就包含在了識字過程中。

（三）讀通銘文，理解全篇結構與文義

識字、辭例、篇章，彼此關聯，彼此融會貫通才能準確理解文義。李學勤先生就非常擅長從整體把握局部，一個字還没有確釋之前，根據全篇内容主旨就可以框定其語義範圍。一個字即使確釋，與整體不合就得另尋别解。清華簡《繋年》"共伯和歸于宋"中的"宋"就不能按照字書、辭書給出的意義去理解，釋爲"宗"之後一切都涣然冰釋。[1]

何尊銘文可以分爲前後兩部分，前面是王的行爲與誥辭，後面是何的對應行爲。能否劃清前後兩部分的界綫，是能否正確讀通全文的標志，引號起始的不同實際上是論者對語篇整體理解的不同。

（四）了解銘文的價值

大部分注本都有内容簡介，在以識字與閲讀爲主的階段，對於銘文的價值及相關知識有所了解即可。

初學古文字有兩忌：一忌過早陷入衆説紛紜的糾纏，陷入泥潭，無法前進。二忌只認字不讀文。認字是爲了讀懂全文，讀懂全文才是目標。在初學階段可以把識字作爲重點，但從方法和目標上來説，不要讓"識字"的格局太小。

---

[1] 李學勤主編：《清華大學藏戰國竹簡（貳）》，上海：中西書局，2011年，第137頁。李守奎：《王獻唐先生古文字學成就管窺——讀王獻唐〈古文字中所見之火燭〉》，《古文字與古史考：清華簡整理與研究》，上海：中西書局，2015年，第370—371頁。

二、古文字考釋與文本研讀

所謂"研讀"包含兩個方面：一是對文本本體的精讀、思考，發現問題，尋找證據，嘗試研究；二是對已有研究成果的搜集、理解與取捨。如果沒有對文本本體的精讀思考，也就沒有對已有成果的取捨。

一邊精讀文本，一邊讀相關研究文獻，一邊可以整理研究文獻的目錄。目錄按發表時代順序排列，如果要梳理學術史，選取代表性的成果從頭往後讀。

《文物》1976年第1期發布拓片與唐蘭、馬承源的釋讀以及張政烺的解釋補遺，其中唐蘭《何尊銘文解釋》釋文、隸定、釋讀、嚴式標點俱全：

　　隹（唯）王初𨚓（遷）宅于成周，復面（稟）　一行
　　珷（武）王豐（禮），䄆（福）自天。才（在）三（四）月丙戌，　二行
　　王䇂（誥）宗小子于京室，曰："昔才（在）　三行
　　爾考公氏克逨玫（文）王。肄（肆）玫（文）　四行
　　王受茲〔大令（命）〕。隹（唯）珷（武）王既克大　五行
　　邑商，則廷告于天，曰：'余其　六行
　　宅茲中或（國），自之（茲）䢦（乂）民。'烏　七行
　　虖！爾有唯小子亡（無）戠（識），覎（視）于　八行
　　公氏，有爵（勞）于天，䚔（徹）令（命）。苟（敬）　九行
　　亯（享）𢦏（哉）！"叀（唯）王韯（恭）德谷（裕）天，順（訓）我　十行
　　不𢿢（敏）[1]。王咸䇂（誥）。何易（錫）貝卅朋，用乍（作）　十一行

---

[1] 按，《文物》將"敏"之隸定"𢿢"誤作"敏"。

　　　　　□公寶䏳（尊）彝。隹（唯）王五祀。　　十二行

　　與前面黃德寬的釋文相比較，就可以清晰看到四十多年的學術進步。
（一）疑難字考釋
　　疑難字是其識讀與構形分析没有取得學術界普遍認同結論的文字，根據疑難的程度可以分爲不同的層級。典型的疑難字是表層結構、所記録的音義、深層理據都不明確。初學者不要糾纏到疑難字的爭論中，可以暫以某一家重要意見爲基礎，體會其在文例中的用法，審核其證據，確切了解其疑在哪裏，難在哪裏。到了研讀階段，就不僅要吸收最新的研究成果，還要了解疑難字考釋的方法與過程，只有學識到一定程度，才能對不同異説進行判斷與取捨。疑難字考釋是專業研究，是古文字研究的攻堅硬功夫。何尊銘文公布時，因其中的一些疑難字未能正確釋讀，致使人們對文獻理解多有分歧。疑難字一旦破解，得到公認，就成爲已釋字。何尊中大部分疑難字現在都成了已釋字。

　　由於有了第一階段的初步學習，很容易發現學術的分歧與進步。我們把最早唐蘭與新近黃德寬的釋讀比較一下，就會發現其差異。按圖索驥，找到相關論證，審核其證據，就逐漸進入古文字考釋的學習過程了。

　　　　　，䢅（遷）——䢅（遷）

　　比較清晰的字形第一次出現，右下角不够清楚。最初解讀銘文的三篇文章中，唐蘭、馬承源、張政烺幾位先生對其構形與所記録的音義各有不同意見，是基於對銘文所記載的歷史事實的不同理解。金文中的"遷"字我曾做過比較全面的梳理。[1]

　　　　　，禔（福）——祼

――――――
[1] 李守奎：《出土文獻中"遷"字的使用習慣與何尊"遷宅"補説》，《出土文獻》（第四輯），上海：中西書局，2013年，第121—129頁。

甲骨文、金文中此字很長時間被誤釋爲"福"。賈連敏改釋爲"祼"。[1]

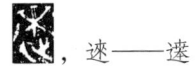

[圖], 逨——逑

張政烺隸作"逡"。[2] 陳劍隸定爲"逨",讀爲"仇"。[3]

[圖], 甹（勞）——庸

金文中多次出現,有多種説法。裘錫圭認爲從同聲,讀爲"庸"。[4] 構形至今無定論。

[圖], 叀（唯）——助

甲骨文中有此字,李學勤、黃天樹等已經指出詞義爲助,[5] 楚簡中進一步證實就是"助"字。[6] 但構形理據不明。

[圖], 順（訓）——臨

長時間内誤解爲"順",謝明文改釋爲"臨"。[7]

下面是殘缺字的補充與殘泐字的推斷。

---

[1] 賈連敏：《古文字中的"祼"和"瓚"及相關問題》,《華夏考古》1998年第3期,第96—111頁。

[2] 張政烺：《何尊銘文解釋補遺》,《文物》1976年第1期,第66頁。

[3] 陳劍：《據郭店簡釋讀西周金文一例》,《甲骨金文考釋論集》,北京：綫裝書局,2007年,第20—38頁。

[4] 裘錫圭：《甲骨文中的幾種樂器名稱——釋"庸""豐""鞀"》,《裘錫圭學術文集·甲骨文卷》,上海：復旦大學出版社,2012年,第36頁。

[5] 李學勤：《試論董家村青銅器群》,《新出青銅器研究》,北京：文物出版社,1990年,第98—105頁。黃天樹：《禹鼎銘文補釋》,張光裕、黃德寬主編：《古文字學論稿》,合肥：安徽大學出版社,2008年,第60—68頁。

[6] 李學勤主編：《清華大學藏戰國竹簡（壹）》,上海：中西書局,2010年,第163—172頁。

[7] 謝明文：《説"臨"》,《商周文字論集》,上海：上海古籍出版社,2017年,第25—34頁。

，□——囹，人名用字。

，學者據文義擬釋爲"稱"或"禀"，皆屬猜測，無法確知。

，亯（享）。兩側似有筆畫，可能是"卿"，讀爲"享"。

古文字研究成果大都有詁林、集釋之類的工具書匯集，可以適當參看。

（二）文義、標點與文本結構

相較於疑難字，文義與文本結構的理解差異更大。如果按照找到每一句的主語，理清句子與句子之間的邏輯關係，明確章節結構與全文主旨的要求衡量，很多注釋都似懂非懂。如果我們對照各家的標點，就會發現各家對文義與篇章結構的理解差別非常大，在此不一一列舉。從篇章的角度需要有專門研究。在充分吸收已有成果的基礎上，我們對全文隸定、釋讀、標點如下：

隹（唯）王初䍃（遷）宅䢴（于）成周，復禀（稱）珷（武）王豊（禮），䄩（祼）自天。才（在）亖（四）月丙戌，王𧥺（誥）宗小（小子）䢴（于）京室，曰："昔才（在）爾考公氏，克逨（仇）玟（文）王，肄（肆）玟（文）王受𢆶（兹）[大命]。隹（唯）珷（武）王既克大邑商，則（則）廷告䢴（于）天，曰：'余甘（其）宅𢆶（兹）中（中）或（國），自之辥（乂）民。'烏（嗚）乎（呼）！爾有唯小（小子）亡戠（識），䀠（視）䢴（于）公氏有𤯌（庸）䢴（于）天，䘆（徹）令（命）茍（敬）亯（享？）戈（哉），董（助）王龏（恭）德，谷（欲）天臨我不每（敏）。"王咸𧥺（誥）。

丂（珂—何）易（錫）貝卅朋，用乍（作）囹（庚）公寶䵼（尊）彝。

隹（唯）王五祀。

在識字的基礎上，對銘文內容要深入了解。

首先，把握住銘文中的基本內容。這篇銘文記錄了三件事：

第一，王初遷宅于成周，再次舉行武王曾經舉行過的祭禮。

第二，王在京宗誥訓宗小子。

第三，何受賞賜，因而作器。

地點：三件事發生的地點都在成周。祭禮在天室，訓誥與賞賜在京宗，作器在工場，這裏或是做出作器的決定。

時間：唯王五祀。遷宅成周與舉行祭祀的月與日不明，推測與發表訓誥的時間相去不遠。訓誥的時間是四月丙戌，受賞賜應該同時。寫作這篇銘文與在銅器上完成的時間不明。篇尾紀年，與商代銘文相同。

文中涉及天神、人鬼、時王與宗小子，關係比較複雜，反映了周代的宗法制度與天人觀念。

神：天

鬼：文王、武王、公氏、圓公

人物：王、宗小子（小子）、𤼈

天選擇天子受命，天命可移；王從天那裏受命，對天負責。宗子對王負責，輔助王執行天命。公氏輔佐文王、武王有功勞成就。成王嗣位，訓誥宗小子效仿其考公氏貫徹天命，成就王德，讓天能夠翼臨自己，永保天命。理清這些神、鬼、人彼此的關係，不僅僅是讀通一篇銘文，而且對西周的宗教、宗法形成感性的認識。

（三）銘文中的疑難問題

疑難之一：王誥辭起訖

唐蘭："昔在爾考公氏——敬享哉"，李學勤："昔在爾考公氏——裕天訓我不敏"，[1] 黃德寬："昔在爾考公氏——[2]

---

[1] 李學勤：《何尊新釋》，《中原文物》1981 年第 1 期。又見李學勤：《新出青銅器研究》，北京：文物出版社，1990 年，第 38—39 頁。

[2]《古文字學》後半引號漏點，應當是排版導致。

由於"助""臨"等字的釋出，證明李學勤的引號標點正確可信，目前對全篇結構的理解已趨一致。

疑難之二："徹命敬享"與"助王恭德"是兼語句的謂語，還是祈使句的開頭？

這個句子中"徹命"的"命"、"敬享"的"享"，學者一般不做注釋，可能有思考的答案也可能沒有認真思考過。我們需要認真想一想是誰的"命"，如何"享"。

第三，釋作"亯"的"［字］"模糊不清，兩側似有筆畫，不排除是"卿"字的可能，如果有機會争取目驗原器，有可能看清楚筆畫或泐痕。

第四，銘文涉及的歷史問題。

銘文涉及西周初年重大歷史事件，文義大致可知。參考《尚書》的《召誥》《雒誥》，《史記》的《周本紀》，西周銅器銘文中天亡簋、德方鼎等，對周初營建成周等重大歷史事件有所了解，同時也就更清楚文本理解對文字考釋的影響。

第五，其他。例如天、天室與祼祭的關係；"隹""唯"共出，有無區別；"小子"在這裏的具體意義等等，都需要進一步落實。

三、文字構形分析

學習古文字不僅要認識已釋字，還要知道爲什麽是這個字，要了解文字考釋的文字學證據，這就需要對文字進行構形分析。傳統文字學分析的理論是"六書"，構形理論不斷豐富，我曾在清華大學"漢字學"課程中有比較系統的介紹。對於已釋字來說，構形分析是文字學研究的內容；對於疑難字考釋來説，構形分析是考釋的重要方法與必要環節。

漢字有四種基本類型：表意字、記號字、表音字和意音字。

文字的構成單位有四類：音符、意符與區別部件、裝飾部件。

字符與所記錄語言的意義有聯繫就是意符，字符與所記錄語言的讀音有聯繫就是音符。不具有表意或表音功能，能把文字與系統中的其他文字區別開來的符號是區別部件。還有一些筆畫或部件既沒有表音和表意的功能，也沒有字形的區別作用，只有裝飾作用，就是裝飾部件。

下面我們對篇中87個單字逐一分析。構形分析可以與《說文》精讀同步，不一定在閱讀文本過程中就對每一個字都進行分析。但養成分析文字的習慣很重要，讀每一篇出土文獻材料都能理解掌握幾個陌生文字的構形，逐漸積累，就會了解文字的構形系統和總結一些構形規律。

1	隹（唯）	▨▨	表意-表音。某種鳥形，借作虛詞。
2	王	▨▨▨▨▨▨▨▨	表意-隱喻。鉞形，隱喻權力與地位。
3	初	▨	表意。衣、刀。裁剪為製衣之初。
4	䙷（遷）	▨	表意、意音。右側可能是囗與邑，奥表意兼表音。
5	宅	▨▨	意音。从宀，乇聲。
6	丂（于）	▨▨▨▨▨	竽-記號。源自"竽"表意字的截除式省略。
7	成	▨（《合》6943）▨	意音-記號。从戌，丁聲。構意不明，音符"丁"簡化。
8	周	▨	記號、裝飾。上部構形不明，"口"為後加飾件。
9	復	▨	表意、意音。复上加彳，复表音兼表意。

續　表

10	禹/禀？	？殘泐字，不能確釋。
11	珷（武）	意音。
12	豊（禮）	表意。壴與器中的玉構成的圖畫結構。
13	禂（祼）	表意、意音。鼻上加示，鼻表音兼表意。
14	自	表意-表音。鼻子的象形，借作介詞。
15	天	表意-隱喻。人之顛頂，隱喻自然之顛。
16	才（在）	？-記號。構形不明。
17	三（四）	表意。
18	月	表意、裝飾。月中的點最初是飾點，後來成爲區別符號。
19	丙	？-記號。構形不明。
20	戌	表意-表音。長柄器物。借作地支用字。
21	葬（誥）	表意、意音。从廾言，廾兼表音。
22	宗	表意、意音。从宀、示，示（主）兼表音。
23、24	小子	小：表意。沙粒形，表小意。子：表意。象形。
25	京	表意。象形，高大的建築。

續　表

26	室	意音。从宀，至聲。
27	曰	表意。口上加標示符號。
38	昔	表意-半記號。橫行的水形離析。
29	爾	？-記號。構形不明
30	考	表意、意音。从老、丂，丂兼表音。
31	公	？-記號。構形不明。
32	氐	？-記號。構形不明。
33	克	？-記號。構形不明。
34	逑（仇）	意音。从辵，求聲。讀爲仇，配合。
35	玟（文）	意音。文上加王，文王的文的專字。
36	肂（肆）	表意-表音。手持巾厰拭某種牲體。借爲虛詞肆。
37	受	表意、意音。从爪，舟聲，舟兼表授受之物。
38	丝（絲-兹）	表意-表音。絲的象形。借作代詞兹。
39	大	表意。伸臂劈腿的人形，表大意。
40	令（命）	表意。上倒口，下跪着的人形。

续表

41	既	表意、意音。左皀是食器中盛着食物，右旡表示完結，兼表讀音。
42	邑	表意。上口表城邑，下卩是跪坐的人形。表示人所居邑。
43	商	?-記號。上部表示國名商，構意不明，加飾件口，與周同。
44	剿（則）	表意-表音。鼎、刀。借作連詞。
45	廷	表意-表音。人在廷中。借作庭。
46	告	意音-半記號。从口，中（艸）聲，中訛變爲牛。
47	余	表意-表音。像鏺形，借作人稱代詞。
48	丌（其）	表意-表音。像箕形，借作語氣詞。
49	丨（中）	表意。在旗杆狀直立物的中部以○標示。
50	或（國）	表意。在口的外面加邊界，與武器戈組合國意。
51	之	表意-表音。出發點上的脚趾向外，表示前往意。借音表示代詞。
52	斅（乂）	（《合》21739）表意、意音。刀具與人體部位，會治理意。
53	民	表意。銳器刺入目中。
54	烏（嗚）	表意-表音。鳥形烏，借作歎詞。

續　表

55	虖（呼）	意音、雙音。虎與乎讀音相近，皆表音。
56	有	表意、意音。手持肉，會有意，又兼表音。
57	唯	意音。从口，佳聲。
58	亡	（《合》25328）　表意-記號，初文爲刀刃部加標示符號，是鋒芒的｛芒｝的本字，銘文中已經記號化。
59	戠（識）	（《合》25709）　意音-記號。甲骨文从戈，樴聲。西周金文加飾件記號化。
60	眡（視）	意音、雙音。从視的初文，氏聲，視亦音。
61	䨲	不識。裘錫圭認爲上部爲聲符同，讀爲庸，義爲勞。
62	叡（徹）	表意-表音。从又鬲，會撤除意，借爲徹，達也。
63	苟（敬）	意音，从口，苟聲。
64	亯/卿？	表意。亯或卿都是表意字，引申爲祭祀奉獻。
65	戈（哉）	意音。从戈，才聲。
66	蕫（助）	記號。構意不明，用作助。
67	龏（恭）	意音，雙音。从廾，龍聲，廾亦聲。
68	德	意音，从彳，悳聲。

續　表

69	谷（欲）	表意。口上有水，欲望之欲的本字。
70	臨	表意。俯視的人形與川會臨視意。
71	我	（《合》10950）表意-表音。某種帶齒的長柄器。借作第一人稱代詞。
72	不	？-記號。構形不明，用作否定副詞。
73	每（敏）	表意-表音。母字異體，借作敏。
74	咸	記號。構形不明，用作副詞。
75	肟（妸-何）	表意，像荷戈張口的人形，可能是何與歌的表意字。用作人名。
76	易（錫）	（《合》13182）表意-記號，初文像器皿中水倒出。簡化成記號。
77	貝	表意。像貝形。
78、79	卅朋	合文。卅，表意。三十的合文。讀音可能是三十。朋，表意。兩串貝。貝的單位。
80	用	？-記號。構形不明。
81	乍（作）	？-記號。構形不明。
82	圁（庚）	意音。推測从囗，臾聲。人名用字。
83	寶	意音。从宀，缶聲。

續　表

84	障（尊）	▨表意、意音。阜有高意，雙手捧酉，會尊敬意。尊兼表音。用作器類名。
85	彝	▨表意-表音。雙手捧鳥牲形。借作器類名。
86	五	▨記號。
87	祀	▨意音。从示，巳聲。

全篇 122 字，去其重複，單字是 87 個。

一、表意字：40 字

數量占優勢，占到總數的 46%。

二、記號字：18 字

記號字有三種情況：

第一，原初記號字，五。

第二，知其源，演變的記號字，易。

第三，不知其源，受制於認識的記號字，商、周。

記號字是孤立的語音記號，但不是爲語音設計的符號，是字形與所記錄語言的音義直接約定。

三、表音字：13 字

對於借音字來說，知其構形本義，才可以確定是假借的關係。當借音字失去與構形本義的聯繫，就變成了記號。

四、意音字（包括兼類）：20 字

大部分是表意字意符兼表讀音，是有意選擇。數量還不占優勢。

五、不識：2—3 字

"砢尊"的文字構形基本上反映了西周早期的文字構形系統的實際情況，"厥意可得而説"的占多數，與漢字發展規律相吻合。

四、漢字文化解讀

　　早期表意字蘊含着豐富的文化信息，不僅可以成爲歷史記載的補充，而且通過對古人造字編碼的研究，可以看到深層的文化基因。
　　（一）天、天命與天子——天人關係
　　🆎（4次），突出頭部的大人形，人格化的神。突出人的頭部，頭是圓形，在人體的高層頂部，大是伸臂劈腿的人形，這些信息是對天神的認識——天圓、天高、天大。天的兒子是天子，子也是一個人形：
　　🆎，雙手舉起的大頭嬰兒。天與天子，从字形上正是大人與孩子的對應。
　　"命"與"令"最初是一個字，天令就是天命：
　　🆎，上面是一張倒過來的口，下面是一個跪着的人，上面的神或人對下面的人發布命令。
　　天在上，是最高神，與周人先祖在天上監臨下土，觀察在人間掌管人事的天子是否稱職。天命令誰爲天子誰就是天子。殷人因爲不稱職，天就重新任命新的天子，這就是周文王的"受茲大命"。
　　（二）宗室、宗小子、小子——宗法社會
　　西周實行宗法制，基本內容包括嫡長子繼承法和宗室根據血緣親疏遠近分享不同的權利與義務，共同治理天下。以周天子爲例，天子之嫡長子就是太子，作爲儲君準備嗣位。其他子相應的就是"小子"。小子是個多義詞，可以是謙稱，周天子也自稱小子，可以指晚輩。在何尊中，小子應當與太子相對，類同於庶子，因爲周成王訓誥的宗小子的父親輔佐過自己的祖和父，不是長輩也是同輩。父系血緣相同就是同一祖宗，同宗，所以又稱"宗小子"。這些宗親的職責是什麼？輔佐執行天命？公氏就是輔佐文王、武王執行天命的宗親。宗親一方面對天負責，貫徹天命；另一方面對王負責，成就王德。嗣王如果不想失去天命，就必須符合天意，接受天的監督，得到宗親股肱的輔佐。宗親做好了，就會得到王的賞賜，小則賜物，大則賜土。

天、王、宗構成一個天人系統，共同執行天命。這是周人建構的政權合理性的基礎。

（三）王與民——早期統治的殘酷性

最高統治者對於天來說是天子，對於臣民來說就是王。這篇銘文中"王"出現的頻率最高（9次）。

[字]，象寬刃鉞形，是殺人的刑具。王是執掌生殺予奪大權的人。不僅"王"是斧鉞，其下屬"士"字也是斧鉞形，他們重要的職責是治理民。

造字時代人們觀念中的"民"是什麼樣的？如何治理？

[字]，銳器刺入眼睛。我們不知道當時的統治者是否真這麼對待民，但使用肉刑治理帶有普遍性，古文字中都已經見到大辟（伐）、劓、刵、墨、椓、刖等刑罰，砍頭、割鼻子、割耳朵、臉上刺墨、割除生殖器、鋸掉下肢等等。"臣"是不施刑的眼睛，"民"是被施刑的眼睛，雖然不論作怎樣的文化解讀都還需要更充分的證據，但用以說明統治的血腥應該沒有問題。早期統治的殘酷性在文字構形中有很多反映。

王又稱作"辟"，《尚書·洪範》："惟辟作福，惟辟作威，惟辟玉食。臣無有作福作威玉食。""辟"字甲骨文作"[字]"：

[字]（《合》438）　　[字]（《合》20608）

表示用一種刑具對着一個跪着的人，執掌刑具施刑的人就是君王——"辟"，執行的是法，懲罰的是罪，目的是治理，所以在古書中"辟"就有了君、法、罪、治理等多個意義。

"[字]"字甲骨文中多見，銘文中讀作"乂"，意思是治理，這個字後來變成了"辥""嬖"等。從本字構形來看，也是刑具對人體部位臀部施刑，也有可能"自"用其假借義衆人或軍隊，但用刑具與治理對象之間的關係是一致的。

甲骨文中"辟"與"辝"構意相同，讀音相近，意義相通。

古人治理的重要手段就是刑罰。以刑具表示有權的人，以施刑表示治理和被治理的對象，這些無不透露遠古時代的血腥。"王""士""民""辟""嬖"等無不如此，這些文字反映了遠古時代的真實信息，這些信息可能比"歷史記載"更加真實。

西周距離造字時代已經很遠，社會治理不再強調刑治，而是提倡德治，後來逐漸衍生出愛民如子、民之父母等儒家的愛民思想。

（四）"中國"——最初的意義與文化內涵

"何尊"中最引人注目的莫過於"中國"的出現，一下子把這個詞出現的時間提早到了西周早期。這裏的"中國"的内涵是什麼，與《詩》小序"《小雅》盡廢，則四夷交侵，中國微矣"中的"中國"有什麼區別，與現在的"中國"是什麼聯繫，文化内涵是什麼，一下子就成爲歷史學家討論的焦點，可以參考葛兆光、許倬雲的相關著作去充分理解。[1]

這裏的"中國"已經凝結爲詞，"中"是所處位置，"中國"是處於中間位置的國。

![字形]，"中"字就是在直立物的中部加標識指示，表達中的意義。

"何尊"中周武王所説的"中國"，指的是後來的成周，在今河南洛陽一帶，因爲居天下之中，距離四方邊疆道里均，所以稱"中"；因爲是防禦性的城，所以稱"國"。周王朝源自西部，在東部營建中國成周，不僅是重大的行政舉措，更有其豐富的文化内涵。天子統領天下，居於天下之中，先進的文化向四方輻射，文以化之。四方不服，則修文德以來之。中國人從骨子裏就浸透着對和平的追求。

---

[1] 葛兆光：《宅兹中國》，北京：中華書局，2011年。許倬雲：《說中國》，桂林：廣西師範大學出版社，2015年。

⟨或⟩，築城立國，是爲了防禦。"或"即"國"的本字，由三部分構成：城牆、邊界、兵器。

中國築城可以追溯到很遠，[1] 圍起一個城或邑，功能很多，最重要的功能就是防禦。城與武器結合在一起，就可以有效防備。築城立國，這是與北方游牧民族突出的文化差異。

天子所治理的天下雖然沒有明確的邊界，但由近及遠形成一個親疏不同、職責不同的同心圓。土田各有其疆界，各有其領屬，需要守衛。

城防、軍隊、疆域都是國家的基本要素，先民在爲｛國｝編碼造字時就自覺地認識到這些，這是我們在探討國家起源時不可忽略的信息。

通過早期文字構形探討上古文化一方面有很大的開發空間，任何一個來源古老，應用分布廣泛的文字都有其豐富的文化內涵，放在文字學、語言學、歷史文化學的不同背景下觀察都會有所發現。另一方面也要謹防過度闡釋，走向臆測。

總之，學習與研究漢字與中國文化，必須先識字，而且是在文本中識字。脫離了文字所記錄的語言，脫離了文字書寫特徵，脫離了文本的文化內容去解讀漢字文化，走火入魔在所難免。

識字是一個過程，不可能一步到位。先從第一步開始，找一個讀本走一遍，日有所得，其樂無窮！

【延伸閱讀】

［1］王輝：《商周金文》，北京：文物出版社，2006 年。
［2］黃德寬：《古文字學》，上海：上海古籍出版社，2019 年。
［3］許倬雲：《說中國》，桂林：廣西師範大學出版社，2015 年。

---

［1］參看裴安平：《中國的家庭、私有制、文明、國家和城市的起源》，上海：上海古籍出版社，2019 年。

第六講　從觀念出發與從材料出發的漢字闡釋
——以"也"字爲例

導讀：本講立足現實需求，側重理論建設，强化實際操作。將漢字理論建設與漢字闡釋實踐相結合，主要討論和建設如下幾個方面：

第一，繼承傳統，立足現實，探索漢字闡釋古老學術的現代化轉型。

長期以來，漢字闡釋未能充分繼承優秀的傳統，明確與錯誤的道路徹底分離，沒有經過現代學術的規範化。目前的形勢發生了變化：一、漢字被重新重視，從上到下都有深入了解漢字，重新認識漢字的需求。二、漢字研究在新材料、新方法、新理論上都有重大進步，爲漢字闡釋到達新的高度奠定了基礎。三、漢字闡釋不局限於學術需求，已經擴展到人民大衆的文化需求。

本講的宗旨是探索漢字闡釋學術研究的方法，探索建立符合現代學術規範的話語體系，使漢字闡釋納入現代學科體系，成爲漢字學的重要內容之一。

第二，找到漢字闡釋被邊緣化的內部癥結。

內部癥結就是漢字闡釋自身所存在的問題。一是不從材料事實出發，而是從自我觀念出發的非文字學表達；二是不遵循在文字學基礎上進行文化闡釋的次序。文章以"也"字爲例，詳細梳理了從觀念出發進行文字闡釋的流弊。

第三，以"也"爲例，演示從材料出發，逐層深入漢字闡釋的方法。

在全面占有材料，有效利用材料的基礎上，分別從"也"字的表層結構、所記錄語言、構形理據、構字功能、{也}這個詞與"也"這個字產生的過程，"它"訛變爲"也"的過程等六個方面詳細描寫，並對文字構形中"它"訛變爲"也"的動機加以解釋。

第四，提出漢字闡釋的理論構想，探討漢字的文字學闡釋與文化闡釋的層級關係，漢字學術研究與文化普及的關係。

一、漢字闡釋與闡釋的兩條路徑

（一）漢字闡釋與文字應用、古文字考釋

漢字是古典表意文字唯一傳承至今的文字體系，它不僅是記錄語言的符號，還具有更多的功能，對於文化傳承、民族形成、國家統一發揮着重大作用，是中華文化的核心質素之一。漢字構形複雜，文化内涵豐富，可以從構形、文化等多個方面進行闡釋。漢字闡釋是漢字研究的一個重要方面，與識字應用、疑難字考釋有所不同。

文字是記錄語言的符號，這是所有文字的共性，文字之所以是文字，就是因爲它能夠記錄語言，漢字也不例外。準確把握字形結構與字形所記錄語言的音義，準確理解、正確使用是識字教學的核心内容和首要目標。《新華字典》是爲了識字編纂的工具書，對每個字的形、音、義都有明確、規範的表述。比如"流"字下注音之後，依次列出六個義項：液體流動；像水那樣流動；流動的液體、氣體等；趨向壞的方面；品類；舊時的一種刑罰，把人送到荒遠的地方去，充軍。[1]每個義項後有詞例。這就爲識字教學提供了依據。掌握了形、音、義等，就能夠正確應用漢字。不識字或識錯了字的前提下進一步闡釋漢

---

[1] 中國社會科學院語言研究所編修：《新華字典》（第十二版），北京：商務印書館，2020年，第307頁。

字、探討漢字文化就是妄談臆說。

漢字闡釋是對已識字的構形理據、歷史演變、字際關係、文化內涵等不同角度的全面描寫和解釋。漢字研究的開山之作——《說文解字》就是系統闡釋漢字的經典。比如對"流"字的闡釋：

𣹭，水行也。从沝㐬。㐬，突忽也。流，篆文从水。[1]

對於文字應用來說，"𣹭"是早已廢棄的古文字，篆文"流"才是當時的通用文字。構形中的"沝""㐬"並不見於當時實際應用，用三個非常生僻的字解釋一個十分常用的"流"字，對於文字的識讀來說，得不償失。創作《說文》的目的不在於識字教學、文字應用，而是學術研究，探討字形與所記錄的音義之間的關係——構形理據及其歷史演變等，這正是漢字闡釋的核心內容。

從構形的闡釋來說，"从沝㐬"爲什麼就是"水行也"的"𣹭"？許慎說不清，我們也很難懂。漢字闡釋從一開始這樣的問題就比比皆是，後人在此基礎上進行了大量的研究，各種研究成果積累了近兩千年，汗牛充棟，以致《說文解字詁林》《說文解字研究文獻集成》之類的皇皇巨著不可卒讀，其中充斥着大量證據不足的臆測成分。沿着歷史的足跡前行，積累太厚，負擔太重，會步履維艱，需要探尋新的出路。當今漢字闡釋的重點轉向漢字文化，但是非莫正，臆說橫行，表面上造成漢字研究的繁榮昌盛，實質上是對漢字學的傷害，使學術研究淹沒在非學術的泡沫中，令漢字闡釋距離學術研究越來越遠。

對於歷史悠久的漢字來說，出土文獻中還有未能釋讀的疑難字。疑難字的識讀直接關係到文本的解讀，是歷史文獻學的基礎。疑難字考釋的核心是這些文字所記錄的音義。例如有下列一方古璽（《古璽彙編》0212）：

---

[1]〔漢〕許慎：《說文解字》，北京：中華書局，1963年，第239頁。

《古壐彙編》原釋文爲"□飤之鉥"，第一字是不識字。[1] 隨着楚簡材料的發現和公布，劉釗等學者在李零把《古壐彙編》中"▨"（《古壐彙編》3200）、"▨"（《古壐彙編》3201）等字釋爲"流"的基礎上，[2] 又進一步考定《古壐彙編》0212中的"▨"亦即"流"字，其右側的"▨"當爲"毓"字所從"㐬"的訛變：[3]

▨（《合》37844"毓"字所從）——▨

倒過來"子"的雙臂軀體與頭部分離，訛變成"虫"和"▨"兩部分，爲了上下結構匀稱，像羊水等液體的點也類化成了"虫"。至此，楚壐中的"流"得以確認。其後上博簡、清華簡等材料進一步證實這個字釋讀正確。

楚壐中"流"字的結構及其演變過程雖然得到確認，但"流"字的構形理據與"流食"中"流"所記錄語言的意義還沒有徹底解決，還沒有做到理想的"完全釋字"。古文字學的研究方法是強調實證，目標是解決文獻識讀中的具體問題，漢字的構形闡釋只是其文字考釋的一個方面。疑難字考釋分爲多個層次，粗略地可以分爲四層：第一

---

[1] 羅福頤：《古壐彙編》，北京：文物出版社，1994年，第36頁。

[2] 李零：《古壐雜識（二則）》，《第三屆國際中國古文字學研討會論文集》，香港：香港中文大學，1997年，第757—759頁。

[3] 劉釗：《讀郭店楚簡字詞札記》，武漢大學中國文化研究院、哈佛燕京學社等：《郭店楚簡國際學術研討會論文彙編》第一册，武漢，1999年10月。又見於武漢大學中國文化研究院編：《郭店楚簡國際學術研討會論文集》，武漢：湖北人民出版社，2000年，第75—93頁。

層，字形結構及其來源與演變的路徑；第二層，文字所記錄的音義；第三層，構形闡釋；第四層，字際關係。一般來說，解決了第一、二層就算把疑難字變爲可識字了，後面兩層都解決了就是完全釋字。漢字的文化闡釋建立在完全釋字的基礎上，是超越文字記録語言關係的跨學科研究。

識字是文字的應用，任何時代都要求掌握一定量的通用漢字來記録語言，傳遞信息，這是漢字賴以存在的基礎，漢字的應用與規範由法律維護；考釋是高深的學問，考釋的對象主要是不認識的疑難字，考釋的結果是認識了不認識的字，這種古文字研究現在正在成爲"顯學"。漢字闡釋歷史最古老，内容最豐富，目前處境却最尷尬。

（二）漢字闡釋的發展與現狀

脱離漢字實用的漢字學，發端於漢字闡釋，這是漢字研究的一個進步。但漢字闡釋從其萌芽開始，其目的就不在於單純地研究文字，而是表達思想。目前所知最早的漢字分析是《左傳·宣公十二年》記載楚莊王所説的"止戈爲武"，就是通過文字闡釋表達其軍事思想。《説文解字》是第一部系統闡釋漢字的文字學著作，奠定了漢字研究的基礎，但其中很多文字的闡釋受"傳統"影響，有時爲了通過漢字闡釋表達經學思想，脱離了漢字構形與漢字應用的實際。

漢字闡釋成爲漢字研究的傳統，南唐的《説文解字繫傳》、宋代的《六書略》、元代的《六書故》，到清代以"《説文》四大家"爲代表的漢字研究，使得漢字闡釋達到了高峰。

漢字闡釋昌盛了近兩千年，今天爲什麽突然就衰落了？有外因也有内因。

近代以來，國情劇變引發反傳統的"新文化"運動，漢字是傳統文化的根本，傳統文化被否定，漢字也被否定，漢字研究日漸衰落，"漢字改革"成爲研究的主要目標。

漢字研究的實用主義排斥與漢字應用没有直接關係的漢字闡釋。大衆文化首先需要大衆識字，識字應用成爲時代的急需。漢字研究關注的焦點是表層結構的簡單、書寫便利，深層闡釋被進一步忽略。

　　文字學內部發生了分化。商代甲骨文、西周金文、戰國竹簡等新材料的大量涌現刺激了古文字學的發展，古文字不再是《説文》之補，更多的是對《説文》闡釋的否定。以"六書"爲理論、以小篆爲主要材料的漢字闡釋存在諸多弊端。唐蘭、馬叙倫等學者對"六書"理論進行了抨擊，對漢字闡釋的傳統予以否定。新的漢字理論逐漸産生，但還没能充分應用在漢字闡釋上。

　　上世紀八十年代開始，學者對漢字重新反思，"漢字文化熱"興起，開始建設漢字文化學，漢字闡釋的焦點對準了漢字文化，産生了一批有一定影響的理論探索。出版了"漢字與文化叢書"，創刊了《漢字文化》。但是，長久以來學術界投入不够，没有取得太多令人信服的成果，反而是不講證據也不講學理的漢字文化研究日益流行，漢字文化學陷入困境。

　　上世紀九十年代開始，黄德寬等學者就開始倡導漢字闡釋與漢字闡釋學。發表、出版了一系列文章和論著，論及漢字闡釋的一些基本原則、闡釋模式等核心問題，建構闡釋理論，强調《説文》的傳統，强調漢字中的文化因素，是新時代漢字闡釋的開創者。[1] 但二十多年過去了，漢字闡釋依舊没有走出困境。

　　漢字闡釋難以走出困境，其中重要的原因就是從一開始就存在觀念先入爲主、缺少學術規範的弊端，其末流是看圖説字，任意猜測，終於導致漢字闡釋逐漸被學術界遠離。

　　漢字研究走到今天，漢字闡釋的傳統受到了衝擊，如何傳承創新還没有摸到門徑。目前的局面是有用的都分化出去成爲獨立的學科，剩下的部分成了學術界少加關注的空地，長花長草無關緊要。我個人

---

[1] 參看黄德寬、常森：《漢字闡釋與文化傳統》，《學術界》1995 年第 1 期。黄德寬、常森：《歷史性：漢字闡釋的原則》，《人文雜志》1996 年第 2 期。黄德寬：《回歸傳統與學術創新——"漢字闡釋學"論綱》，《古漢語研究》2011 年第 2 期。黄德寬、常森：《漢字闡釋與文化傳統》，北京：北京師範大學出版社，2014 年。

認爲，漢字闡釋是對每一個漢字進行全方位的研究，是溝通古今的樞紐，是應用研究與學術探索的橋梁，是漢字學賴以存在的基礎。漢字闡釋這塊陣地目前固然算不得前沿，但終究會成爲貫通古今的漢字學的主要内容，需要我們反思，需要一步一個脚印地推進和建設。

（三）漢字闡釋的兩條道路

漢字研究一開始就存在着從觀念出發闡釋文字以表達思想與從材料出發描寫現象以闡釋文字兩條道路。這兩條根本不同的道路糾纏在一起不斷延伸，既取得了豐碩的成果，又遺患無窮。我們首先需要對從觀念出發的漢字闡釋有清醒的認識。

從觀念出發的漢字闡釋包含兩層意思：

第一，通過漢字闡釋表達自己的觀念，是主觀上的故意。《左傳·宣公十二年》記載楚莊王的"止戈爲武"、《韓非子·五蠹》"自環者謂之厶，背厶謂之公"等都是這種闡釋的濫觴。漢字學的開端就是從觀念入手闡釋漢字，對《説文》以來的漢字學影響巨大。

第二，受時代和自己觀念的制約，觀念先入爲主。例如《説文》説"示"：

示，天垂象，見吉凶，所以示人也。从二（古文上）。三垂，日月星也。觀乎天文，以察時變。示，神事也。凡示之屬皆从示。川，古文示。

"天垂象，見吉凶"見於《周易·繫辭》。許慎是"五經無雙"的經師，闡釋文字受其經學思想制約。《易傳》思想先入爲主，以此思想解讀文字就有了上述的闡釋。

《説文》中從觀念出發的漢字闡釋被發揚光大，導致漢字闡釋面臨尷尬。追溯錯誤的根源，建立起方法可行、結論可信的漢字闡釋學，拿出更多的漢字闡釋的實際成果，是我們努力的方向。

傳統學術進入現代學術系統都有一個學科化的過程。漢字是實在的存在，漢字闡釋不是自我觀念的演繹，主要用實證的方法去描寫每一個環節，解釋每一種現象。從材料出發，有可操作的研究方法，追求可驗證的結論，根據新材料隨時糾正疏誤。漢字闡釋是傳統漢字學的主體，我們要傳承其精華，剔除其糟粕，讓漢字闡釋進入現代學術和學科體系。

二、千古聚訟的"也"字的闡釋

（一）宋代學者之"疑古"及其發展

《說文》卷十二乁部凡二字，部首之外另有一個"也"字。

大徐本：

🝁，女陰也。象形。（羊者反）乜，秦刻石也字。

小徐本與大徐本不盡相同：

🝁，女陰也。象形，乁聲。臣鍇曰：語之餘。凡言也則氣出口下而盡。此象气出口而下，斂而盡也。（拽者反）乜，秦刻石文。[1]

南唐徐鍇不信《說文》的女陰之說，以時代更早的秦刻石文和所記錄的詞義爲據闡釋構形，這是最早挑戰許慎的"疑古"之論。自此之後，"也"字闡釋分爲兩路：一路從材料出發，認爲《說文》之闡釋荒謬，這種認識逐漸成爲主流。下面列舉幾位有代表性的學者的觀點：

宋末元初戴侗直批"女陰之說甚舛"，最早把金文中讀爲"匜"的"它"當作"也"字，認爲"也"就是"匜"的象形字：

🝁（㠯伯仲姞也。）以支切。沃盥器也，有流以注水，象形。亦作🝁，又作匜。《士喪禮》"匜實於盤中，南流"。《傳》曰："奉匜沃盥"。借爲詞助。羊者切。詞助之用多，故正義爲所奪而加匚爲匜。（也與它文相近，故多差互。）[2]

---

[1]［南唐］徐鍇：《說文解字繫傳》，北京：中華書局，1987年，第246頁。
[2]［元］戴侗撰，黨懷興、劉斌點校：《六書故》北京：中華書局，2012年，第660頁。

戴侗把《説文》"也"與"匜"合併，對"也"字的形、音、義進行了徹底的改變。此説影響深遠，後之學者多有承襲。朱駿聲認爲"許説此字必有所受，然是俗説，形意俱乖，知非經訓。此字當即'匜'字，後人加'匚'耳。"[1] 郭沫若也説："'也'字乃古文'匜'，象匜之平視形。"[2]

林義光也是從金文"它"字出發，認爲"也"是"施"字的本字："古作 ⊕（歸夆敦），象獸尻後着尾形，⌒象尻。"[3]

此類説法雖然否定了《説文》舊説，利用新材料提出新見，但其研究方法並不比許慎高明，陷入"看圖説字"的泥沼。

容庚則認爲："它與也爲一字，形狀相似，誤析爲二，後人別構音讀。"[4] "它""也"一字一度成爲主流觀點。

以上幾位學者的共同點是否定了許慎對'也'字的闡釋，但又都糾纏於"也"與"匜""它"形、義之間的關係，闡釋各有不同。

由於古文字中的"也"字的確認，學者終於分辨清楚"也"與"它"之間的關係。黄德寬有專文討論：

> 由地下出土古文字資料看，春秋到秦漢之際，"也"與"它"之字形分別明顯，各成發展系列……"也"與"它"是兩個字形來源完全不同，各有其發展綫索的字，二者既非同源又非同字。考察以"也"或"它"爲偏旁的字例，可以看出，二者相混大都是隸變之後才發生的。[5]

從材料出發的"也"字闡釋，隨着材料的豐富和研究方法的進

---

[1] [清] 朱駿聲：《説文通訓定聲》，武漢：武漢市古籍書店，1983年，第519頁。
[2] 郭沫若：《郭沫若全集·考古編》第八卷《兩周金文辭大系圖録考釋（二）》，北京：科學出版社，2002年，第110頁。
[3] 林義光：《文源（標點本）》，上海：上海古籍出版社，2017年，第41頁。
[4] 容庚編著，張振林、馬國翰摹補：《金文編》，北京：中華書局，1985年，第876頁。
[5] 黄德寬：《説"也"》，《第三届國際中國古文字學研討會論文》，香港：香港中文大學，1997年，第827—828頁。

步，否定之否定，終於撥雲見日，日臻接近事實。

（二）信守舊説的深入推衍

段玉裁是在兩條道路上徘徊的學者。他看出了《説文》對"也"字的解釋存在問題，但由於其對許慎的崇敬和所見材料的限制，仍然回護許説。另一方面作爲一個嚴謹的學者，又不能背離材料亂説，他就把力量用在了文字資料的梳理與字際關係探討上：

> ⛎，女侌也。（此篆女陰是本義，叚借爲語詞，本無可疑者，而淺人妄疑之。許在當時必有所受之，不容以少見多怪之心測之也）从乁，象形，乁亦聲。（按：小徐有"乁聲"二字，無"从乁"二字。依例則當云"从乁"，故又補三字。从乁者，流也。乁亦聲。故其字在十六、十七部之間也。余者切。《玉篇》余爾切）
> 廿，秦刻石也字。（《秦始皇本紀》二世元年，"皇帝曰：金石刻盡始皇帝所爲也，今襲號而金石刻辭不稱始皇帝，其於久遠也，如後嗣爲之者，不稱成功盛德。"《顏氏家訓》載開皇二年長安掘得秦鐵稱權，有鐫銘，與《史記》合。"其於久遠也"，"也"字正作廿，俗本譌作世。薛尚功《歷代鐘鼎款識》載秦權一、秦斤一。文與《家訓》大同，而權作廿，斤作殹，又知也、殹通用。鄭樵謂秦以殹爲也之證也。殹蓋與兮同。兮、也古通。故《毛詩》兮、也二字，他書所稱或互易。《石鼓》"汧殹沔沔"，汧殹即汧兮）[1]

（引按："鄭樵謂秦以殹爲也之證也。殹蓋與兮同。"斷句依照上海古籍出版社《説文解字注》圈點，有誤。當是"鄭樵謂秦以殹爲也之證。也、殹蓋與兮同。"）

段玉裁雖然回護許慎之説，但他並没有沿着許慎的思路進一步延伸或放飛自我，而是將文獻中相關的材料搜羅殆盡。主要有四點值得特別關注：

---

[1]［清］段玉裁：《説文解字注》，上海：上海古籍出版社，1988年，第627—628頁。

第一，維護《說文》女陰之說，斥責懷疑者徐鍇等為"淺人"。

第二，重新分析構形：从乁，象形，乁亦聲。認為是象形兼形聲。

第三，引證文獻與古文字材料證秦篆及其異寫。

第四，討論傳世文獻與出土文獻中"也""殹""兮"等字之間的關係。

段玉裁没能補充字形與闡釋的證據，只是整合大、小徐異説，相信許慎的唯一理由是"在當時必有所受之"。其駁論有強詞奪理之嫌，但在文獻引證，字際關係梳理等方面，貢獻巨大。

另外一路從觀念出發，以許慎之説為起點，並進一步引申，例舉數家：

章太炎精於《説文》，博通古書，《文始》論"也"字：

此合體象形也。秦刻石作也，孳乳爲地。重濁陰爲地，古文地當只作也，猶天本訓顛，即古文顛字，引申爲蒼蒼之天。人體莫高於頂，莫下於陰。（足雖在下，然四支本可旁舒，故足不爲最下，以陰爲極）故以題號乾坤。[1]

這是以《説文》爲本，深得許慎之心的論斷。

楊樹達在許慎説"也"的基礎上進一步説从"也"構形的"攸"：

也，《説文》訓女陰，象形。據形求義，攸當爲人於女陰有所動作，蓋男子御女之義……也訓女陰，宋元以來學者疑之，蓋以其猥褻，此腐儒拘墟不達之見也。吾先民於男女之事，並不諱言。《易·繫辭傳》曰："男女構精，萬物化生。"又曰："夫乾，其静也專，其動也直；夫坤，其静也翕，其動也闢。"此所謂乾坤者，非指男女生殖器官言之邪？《禮記·禮運篇》曰："飲食男女，人之大欲存焉。"古人易子而教，孟子謂"恐其責善則離"，而《白虎通·辟雍篇》則謂："教者當極説陰陽夫婦變化之事，不可父子

---

[1] 章太炎：《章太炎全集（七）·文始》，上海：上海人民出版社，1999年，第170頁。

相教。"知古人於男女之事不惟不諱,且以爲教育之一事也。許君記也字之訓,其思想與《易·繫》《禮運》《白虎通》固一貫也。自宋人喜爲矯揉造作、不切實際、不近人情之説,寡婦改嫁,程伊川竟謂"餓死事小,失節事大"。疑許之説始於宋人,非無故也。然韓嬰、戴德遠在許慎以前,其謂御女爲"施",恰是从也之字。[1]

此文博引旁徵,深得許慎從觀念出發闡釋漢字的精髓,脱離"也"與"攸"所記録的語言事實,進行了性文化的放大,表達了反封建的新思想。

在文字學家已經分辨清楚"也""它"關係之後,語言學家楊琳撰寫專文,討論"也"有女陰義:

> 儘管《説文》把"也"字分析爲像女陰之形是錯誤的,但進而否定"也"有女陰之義則未免矯枉過正了。有證據表明,"也"確實有女陰的含義……匜的平視圖很像勺子。勺子的形狀跟女陰相似,所以古代文化中有用勺子隱喻女陰的現象。[2]

寶雞出土的西周叔五父匜
(該圖片引自楊琳《"也"有女陰義》)

---

[1] 楊樹達:《積微居小學述林》卷一《釋攸》,北京:中華書局,1983 年,第 32—33 頁。
[2] 楊琳:《"也"有女陰義》,《尋根》2012 年第 3 期。

此文專論"也"的女陰義，引證古今中外的材料極其豐富，但立論的基點是認同朱駿聲、郭沫若等人的"也"是"匜"的古文說。

總的看來，反對《說文》所依據的材料是秦篆與古文字材料，維護許慎"女陰"說憑藉的是對古籍的熟稔，大都輾轉騰挪，想象力豐富。大部分的漢字闡釋都是在連"也"字字形與所記錄的音義還沒有弄清楚的基礎上就進入文化闡釋。過度強調文化闡釋，越位冒進是漢字闡釋陷入困境的重要原因。

從古到今，對於"也"字的闡釋目不暇接，在下列幾個方面取得了一些突破：徐鍇的構形分析，段玉裁的文獻與語言疏證補充，黃德寬等對"也""它"字際關係的確定。

自春秋戰國以來，漢字闡釋眾說紛紜，大都存在不同程度的問題，令學者無所適從，問題出在哪裏？按照我們目前的認識來說，《說文》對"也"字的闡釋肯定是有問題的，錯在哪裏？這種錯誤是如何發生的？找到病因才能根除。

另一方面，在現今的學術條件下，漢字闡釋如何不陷入舊說的糾纏徒耗精力，如何探索新的漢字闡釋的方法和表達方式成爲當務之急。

三、許慎《說文》對"也"字的認識

（一）許慎能够見到的文字材料與《說文》的闡釋

許慎能見到或可能見到的"也"字的材料在《說文敘》中有比較明確的表述。有"秦書八體"：大篆、小篆、刻符、蟲書、摹印、署書、殳書、隸書。"漢興有草書"。王莽時期有"六書"：一古文、二奇字、三篆書、四佐書、五繆篆、六鳥蟲書。

許慎生活的時代距離王莽不足百年，戰國古文、秦人篆書都能得見，漢人所使用的篆書、隸書、草書等字體更是熟悉。下面是現今所見出土文獻中的"也"字：

戰國	（詛楚文）	（鑾書缶，《集成》10008）	（郭店·老甲16）	（郭店·六德17）	（郭店·語叢1）	（郭店·語叢3）
秦	（睡虎地·日甲·110反）	（睡虎地·秦律十八種103）	（琅琊刻石）	（秦詔版）	（嶧山刻石）	（《秦印編》243）
漢	（馬王堆·老子·甲1）	（馬王堆·春秋事語8）	（銀雀山·孫臏4）	（銀雀山·孫臏163）	（居延漢簡·甲79）	（東安漢里禺石）

這些"也"字大同小異，許慎所見應當不會相去很遠。但《說文》中的字形與當時實用的字形相去很遠。

《說文》的"也"字寫作"㐌"，不見於漢代所能見到的文字系統。這個字形不是秦小篆，也不見於古文，是漢代俗體草寫的"小篆化"：

也—㐌

漢代草書"也"是在秦文字的基礎上，把右出橫畫收成弧形。《說文》篆文在此基礎上把左側也寫成對稱的弧形。

"也"是一個常用字，使用頻率極高，用法明確。《說文》"也"字的釋義沒有語言事實的依據，自古及今，"也"從來沒有記錄過女陰這個意義。"也"字的構形及其理據從文字學上看就是無中生有的杜撰。從部首"乁"到"也"字的釋義，都缺少語言學、文字學的證據。

《說文》："乁，流也。从反厂。讀若移。凡乁之屬皆从乁。""乁"

既不見於古文字，也不見於文獻古籍，文字系統中是否存在，非常可疑。即使存在，女陰與"乁"的形體也沒有什麼關係，女陰與"流"的意義也沒有關係。

在此基礎上的構形分析不論是"象形"還是"象形，乁聲"都成了無稽之談。

這似乎是一個十分低級的錯誤。段玉裁、朱駿聲等學者，不論疑與不疑，都認爲許慎"必有所受"，大家無法接受許慎犯如此低級的錯誤。不論是從別人那裏接受的還是獨自創造的，錯誤就是錯誤。許慎爲什麼會犯如此低級的錯誤？

（二）許慎從觀念出發的文化闡釋

許慎是位經師，一方面釋字的目的是明經，通過釋字表達經學思想；另一方面其釋字又受其思想觀念的支配，有時候就會脱離文字記録語言的現實，遷就自己的思想觀念，通過漢字來表述漢代的"文化"。

陰陽數術觀念在漢代盛行。許慎以觀念闡釋漢字，以漢字闡釋觀念，構成一個自足的系統。當文字事實與觀念相左時，選擇與自己觀念相合的字形，捨棄那些時代更早的小篆，甚至不惜改造"字形"，把草書"小篆化"。許慎對"也"字形的取捨與闡釋應當是受當時天地觀念、陰陽術數思想的影響。

在《説文》中，《易》學的象數，也滲透到漢字的闡釋中。"一"是陽，是始，是天。"一，惟初太始，道立於一，造分天地，化成萬物"。"天，顛也。至高無上，从一、大"。

"二"則是陰，是地，是配合"一"的。"二，地之數也。从偶一。凡二之屬皆从二"。"二"字就像天地相配，天在上，地在下。

"地"由"土"與"也"構成："地，元氣初分，輕清陽爲天，重濁陰爲地。萬物所陳列也。从土，也聲。墬，籀文地从隊"。

古代由天地構成的陰陽系統源自男女關係的隱喻。

陰陽學盛行之後，陰陽觀念幾乎籠蓋一切，男爲陽，女爲陰；天爲陽、地爲陰，與男女關係相像的天地猶如男女夫妻。夫妻匹配交合，生育子女，天地匹配生育萬物。《説文》天地相配，天在上，地在下。《易・繫辭》曰："男女構精，萬物化生。"《禮記》："天地不合，萬物不生。"上文所引楊樹達文論證非常周詳。

陰陽、上下、施化、生育構成的"夫妻——天地"的隱喻結構在人們的認識中根深蒂固。在這種觀念的支配下，小學家對"天"與"地"兩個字予以特別的關注和特別的解釋，讓文字闡釋與經學思想一致。"地"字由"土"與"也"兩部分構成，經師們或許不甘心"从土，也聲"的簡單，便賦予了"也"特別的意義。

天地隱喻男女，大地之母主生育。《説文》將"土"解釋爲大地生育之象：

"土，地之吐生物者也。二象地之下、地之中，｜，物出形也"。（小徐本）

"也"如果是生殖器之象，那"土"與"也"合起來的"地"，就是萬物從生殖器官出生之像。把"地"字闡釋成"从土也，也亦聲"或許更符合許慎的原意。許慎的天地觀、陰陽觀、男女觀都會通過一、二、也、地等字直接表達或曲通其意。這種觀念不僅制約着文字闡釋的方向，而且對漢字字形也產生一定的影響。

許慎具有經師與文字學家雙重身份。作爲經師，基於這樣的天地宇宙的理解與觀念，選擇了漢代的"地""也"字形，杜撰了"也"字的意義，從這個角度講就不是一個低級錯誤，而是"高級"發明。許慎用漢代的字形表達了他所理解的經學思想，這是典型的背離文字學的"文化闡釋"。這種漢字闡釋對於思想史有參考價值，但對於文字學更多的是負面價值。不過，這種從觀念出發的漢字闡釋對後世影響深遠，誘導很多學者在這條路上越走越遠，終被學術界遠離。另一方面，作爲文字學家，許慎從材料、事實出發，得出了"地"是"从土，也聲"的正確結論。

四、從材料出發的文字學闡釋

（一）從材料出發的文字學闡釋

從材料出發闡釋漢字並不是説完全不受闡釋主體自身觀念的影響，而是從方法論的角度，儘量脱離自己的成見，從材料中發現規律，發現文字創造與使用過程中古人的觀念。從材料出發的基本原則是依據可靠的證據，把能夠説清楚的首先闡釋清楚；找到舊説錯誤的根源，把不可信的儘量剔除，把説不清的闕疑待問。

徐鍇是最早從材料與語言事實出發闡釋"也"字的學者。下面就以"也"與"地"爲例，談談我們對從材料出發的漢字闡釋的一些新構想。

漢字闡釋必須在全面占有材料的基礎上，把每一個字定位在歷史演變的鏈條中、記録語言的字用——字際關係中，根據不同的目的，逐層探討。對於現代漢字識字教學來説，"也"就是記號字，在"地""池""施""匜"等字中有區别功能。[1] 掌握其形音義和用法即可，無需闡釋，進行學術闡釋只會增加學習的負擔。

作爲學術研究的漢字闡釋，是在全面占有材料的基礎上，對漢字做出全面的描寫與解釋：最早的字形與所記録的音義、構形理據與構形功能、字形演變及其演變的動力、字際關係、文化内涵等等。漢字闡釋應該爲每一個漢字建立起一份詳實的檔案，對每一種現象都能作出力所能及的解釋。

漢字闡釋首先是文字學的準確把握與闡釋。包括表層結構、所記録的語言、深層結構和字際關係。

（二）字形——表層結構

表層結構是由筆畫、部件、字形和字體構成的形體層級結構系

---

[1] 地、池、施、匜等字從來源上説是形聲字，但在現代漢字系統中"也"已經喪失了表音功能，成爲一個區別符號。

統。一個字形可以分解爲若干區別特徵。目前發現的最早的"也"字產生於戰國時期,其演變軌迹清晰:

☒(繅書缶,戰國)→ ☒(郭店老甲16,戰國)→ ☒(詛楚文,戰國)→ ☒(睡虎地秦簡·秦律十八種103,秦)→ ☒(馬王堆帛書·老子·甲1,漢)→ ☒(銀雀山漢簡·孫臏163,漢)→ ☒(銀雀山漢簡·孫臏4,漢)→ ☒(居延漢簡·甲79,漢)

從表層結構看,"也"由"口"與"口"下一筆構成。上面是"口"或"口"的變形。"口"變形爲兩邊出頭,早見於戰國詛楚文,是秦漢文字通行寫法。[1] 這種寫法在古文字中並不是偶見,例如"台(以)"字:

☒(毛公鼎)→ ☒(王孫鐘)→ ☒(鄂君啓舟節)→ ☒(會朕鼎)→ ☒(新蔡簡甲1·24)

除"台(以)"之外,還有"黄""兄"等字中的"口"也都出現了類似的變形。"口"形上部的橫畫是否出頭,並不構成相對立的區別特徵。在俗體草寫中,爲了綫條的流暢,筆畫普遍由直變曲。"口"下一斜筆或直或曲,因字體不同而任意曲直。因此,《説文》小篆之外"也"字的演變,有文字學的證據。

(三)"也"所記録的語言

目前出土文獻中的"也"字用法都是虛詞,有人名後綴和句尾語氣詞兩種情況。

---

[1] 參看王輝:《秦文字編》,北京:中華書局,2015年,第1798—1802頁。

先看人名後綴"也"：

![字形]（䜌書缶，戰國）："正月季春，元日己丑。余畜孫書也擇其吉金，以作鑄缶。"

![字形]（清華簡·繫年77）："墨要也"，即《左傳》中的黑要。

再看句尾語氣詞"也"：

![字形]（郭店簡·老子甲16，戰國）："䎿（難）惕（易）之相成也，長端（短）之相型（形）也，高下之相涅（盈）也，音聖（聲）之相和也，先後之相墮（隨）也。"

![字形]（詛楚文《湫淵》，戰國）："唯是秦邦之嬴衆敝賦，輶鞼棧輿，禮使介老，將之以自救也。"

![字形]（睡虎地秦簡·秦律十八種103，秦）："入叚（假）而毋（無）久及非其官之久也，皆没入公，以齎律責之。"

![字形]（馬王堆帛書·老子·甲1，漢）："［上德不德，是以有德。下德不失德，是以無］德。上德無［爲而］無以爲也。"

![字形]（銀雀山漢簡·孫臏4，漢）："孫子曰：請南攻平陵。平陵其城小而縣大，人衆甲兵盛，東陽戰邑，難攻也。"

![字形]（居延漢簡·甲79，漢）："今可得出不（否）？今未可得出也。"

在曾國文字中還有一些加飾筆的變體，用法與古書中的"也"完全符合。[1]

---

[1] 裘錫圭、李家浩：《曾侯乙墓鐘磬銘文釋文與考釋》，湖北省博物館編：《曾侯乙墓》，北京：文物出版社，1989年，第555頁。黃德寬：《説"也"》，《第三屆國際中國古文字學研討會論文》，香港：香港中文大學，1997年，第827—828頁。

(四)"也"字構形闡釋

知道了"也"字最早的字形結構，又知道了其同時代的音義，深層結構的闡釋就有了依據。

㠯——人名後綴和語氣詞

語氣詞从"口"，符合漢字的構形規律。例如"只，語巳詞也。从口，象气下引之形。""也"與"只"形、音、義都很接近。

構形有争議的是下面一筆，學者多從表意的角度理解，前引徐鍇有"象气出口而下，斂而盡也"之説，何琳儀、黄德寛等認爲"从口从乙，(《史記·東方朔傳》："讀之止，輒乙其處。")會言語停頓之意"。[1]

爲語氣詞造專字的時代從戰國開始，"也"始見於戰國，形符表意已經基本消失，此時表意字的能產量極低。"口"下的一筆，意符、音符、記號性質不明，無論是"氣出口下"還是"从乙"，都没有充分的證據。在此情況下，不深究比深究好。不論古人造字時怎麽想的，最重要的是與"口"相區別的功能，理解爲"口"加區別符號最爲簡明。"也"與"曰""只"等字的構形大概都是在"口"的不同部位加上區別符號。

構形分析儘量避開證據不充分的推測。漢字的記號化是發展的方向，承認記號與記號化可以减少不必要的臆測成分。

隨着材料的不斷豐富，"也"字產生的過程和構形理據也可以不斷深入、漸近真相，我們可以拭目以待。

(五)"也"的構形功能

古文字中"也"作爲字符構字能力很低，僅見於《古璽彙編》4041"陽城舵"。[2]

---

[1] 何琳儀:《戰國古文字典》，北京：中華書局，1998年，第544頁。又見黄德寛主編：《古文字譜系疏證》，北京：商務印書館，2007年，第2304頁。

[2]《古璽彙編》原釋文爲"陽城舵"，見羅福頤:《古璽彙編》，北京：文物出版社，1994年，第372頁。

（《古璽彙編》4041）

（六）出土文獻中記録｛也｝這個詞的用字與"也"字的産生的過程

"也"這個字産生之前，｛也｝這個詞早已出現。秦系早期用"殹"，戰國以後"殹""也"並用，一直延續到秦二世時期：

（1）石鼓文《汧沔》："汧殹沔沔，烝皮（彼）淖淵。"又《需雨》："汧殹泪泪。"

（2）詛楚文（中吴本）《巫咸》："將之以自救殹。"《亞駝》同，《湫淵》："殹"作"也"，屬於異文。

（3）新郪虎符（秦王政時）："燔燧之事，雖母（毋）會符，行殹。"

（4）睡虎地秦簡《秦律十八種·内史雜》："有事請殹，必以書，毋口請。"

（5）秦二世元年詔書："今襲號而刻辭不稱始皇帝，其于久遠也。""也"或作"殹"，如平陽銅權："今襲號而刻辭不稱始皇帝，其于久遠殹。"

楚系文字用"也"：[1]

（欒書缶，《集成》10008，戰國）："正月季春，元日己丑。余畜孫書也擇其吉金，以作鑄缶。"

---

[1] 參看李守奎：《楚文字編》，上海：華東師範大學出版社，2003年，第691—694頁。

晉、吳用"迆（沙）"和"也"。"迆"見於中山王鼎、方壺，字作：

▦（中山王䇞鼎，《集成》2840）："與其溺於人迆（也），寧溺於淵。"

▦（中山王䇞方壺，《集成》9735）："事少如長，事愚如智，此易言而難行迆（也）。"

朱德熙、裘錫圭指出，這個字在句子中占據的是"也"字應該占據的位置，應釋爲"迆"，讀"也"。[1] 吳振武隸作"迆"，認爲是蓋從肜沙之"沙"象形初文得聲。[2]

▦（三十二年平安君鼎，《集成》2764.2）："卅三年，單父上官嗣憙所受坪安君者也，上官。"

吳國文字用"迆"，有一柄吳王光劍的劍銘爲：

"攻（攻）䱷（吳）王光▦台（以）吉金自乍（作）用劍。"魏宜輝認爲人名之後的字是中山王器上的"迆"。[3]

▦——▦

語氣詞出現得很早，早期大都假借其他字記錄，例如西周金文中

---

[1] 朱德熙、裘錫圭：《平山中山王墓銅器銘文的初步研究》，《文物》1979年第1期，第42—43頁。

[2] 吳振武：《試説平山戰國中山王墓銅器銘文中的"迆"字》，《中國文字學報》（第一輯），北京：商務印書館，2006年，第73—76頁。關於此字的討論，可參看吳振武：《"毧"字的形音義》，《紀念殷墟發現一百周年國際學術研討會論文集》，北京：社會科學文獻出版社，2003年，第141—142頁。相關討論還可參閱陳劍：《甲骨金文"毧"字補釋》，《甲骨金文考釋論集》，北京：綫裝書局，2007年，第99—106頁。

[3] 李守奎：《清華簡〈繫年〉"也"字用法與攻䱷王光劍、䜌書缶的釋讀》，《古文字研究》（第三十輯），北京：中華書局，2014年，第374—380頁。

的語氣詞"已",戰國時期造了專字"矣"表達。語氣詞"也"出現應當很早,早期假借"殹""旃"等字表達,戰國時期造出專字,逐漸在列國通行。

(七)"它"訛變爲"也"的過程

1."它"的本義與其他用法

"它"古音透母歌部,是"蛇"的初文。來源古老,用法多樣,構字能力很強。《説文》:"⟨图⟩,虫也。从虫而長,象冤曲垂尾形。上古艸居患它,故相問無它乎。凡它之屬皆从它。⟨图⟩,它或从虫。"

"它"字演變過程很明晰:

⟨图⟩(《甲骨文字典》1430頁)→ ⟨图⟩(《金文編》877頁)→ ⟨图⟩(《金文編》878頁)→ ⟨图⟩(包山簡164)→ ⟨图⟩(睡虎地秦簡·效律21)→ ⟨图⟩(張家山漢簡·奏讞書38)

"它"用法多樣,主要有:

第一,名詞,蛇。"蜎蠆=(蠆蟲)它(蛇)"。(《郭店·老子甲》33)

第二,代詞,其他。這種用法出現很早,例如甲骨文"它示(主)"。

第三,人名用字。例如西周金文沈子它簋。

第四,讀爲"匜"。詳見下文。

2."它"單向訛變爲"也"

"它"與"也"來源不同,最初字形、意義都沒有關聯。前引黃德寬文章論之甚詳,這一點早在上世紀九十年代學術界就已經達成共識。我記得30多年前讀博士期間向吳振武老師請教"也"與"它"是什麼關係,吳老師回答了六個字:"也是也,它是它。"

"它""也"相混,由來已久,自戴侗以來,學者多有指出。通過全面梳理材料,可以得知它們不是"相混"。第一,"它""也"單字從來不混。第二,訛混是單向的訛變,《説文》中從"也"得聲的字都是"它"的訛變,从"也"構形的字晚出,沒有逆轉混訛爲"它"的情況。

3. 音符"它"構成的形聲字多有音符是"也"的異體字

"它"構形中除了"蛇"字表意兼表音外,大都作音符。例如《說文》中的"佗""沱""扡"。

佗,負何也。从人,它聲。

沱,江別流也。出崏山東,別爲沱。从水,它聲。

扡,曳也。从手,它聲。

這些"它"聲字後來大部分變成"也"聲的異體字:

佗-他——《正韻》:他,與佗它通。彼之稱也,此之別也。

沱-池——大徐本《說文》:"臣鉉等曰:沱沼之沱,通用此字。今別作池,非是。"

扡-拖——《集韻》:"或作拖。又作扡。"

4. 形聲字中的音符"也"由"它"訛變而來

"也"是喻母歌部,產生於戰國,用法單一,構形能力極弱。《說文》篆文中从"也"構形的文字,全部來自"它"的訛變或換置。容庚已經指出,"迆、攼、馳、阤、柂、施六字仍讀它音",[1] 但這並不能反證這些"也"與"它"是同一個字。事實證明,"也"由"它"訛變而來。古文字中音義與《說文》"攼""施""馳""匜""弛""地""阤"相對應的文字皆从"它"聲,"也"都是"它"的訛變。

(1)攷——攼

《說文》:"攼,敷也。从攴,也聲。讀與施同。"

(《郭店簡·尊德義》37+38):"又(有)是攷(施)少(小)又(有)利。"

---

[1] 容庚編著,張振林、馬國權摹補:《金文編》,北京:1985年,第876頁。

☒（《清華一·保訓》5）："乓（厥）又（有）飮（施）於上下遠埶（邇）……"

段玉裁認爲"攸"是"施行"之"施"的本字，借字行而本字廢。[1] 古文字中"施"與"攸"皆从"它"聲，與"也"無涉，與性行爲更無涉。

（2）旎——施

《說文》："旎，旗皃。从㫃，也聲。齊欒施字子旗，知施者旗也。"出土文獻中的"施"从"它"聲，東漢訛變爲"也"聲。

☒（《集粹》503）

☒（睡虎地秦簡·爲吏之道·45）："富不施，貧毋（無）告也。"

☒（馬王堆帛書·相馬經40上）："亓（其）周施（弛）是也，而不良者何也？"

☒（馬王堆帛書·五十二病方127）："足以塗施者。"

東漢變爲从"也"：

☒（華山廟碑）："雲行雨施，既成萬物。"

☒（袁博碑）："拜鉅鹿太守，施捨廢置，莫非厥宜。"

☒（張景碑）："審如景言，施行複除，傳後子孫。"

（3）駝——馳

《說文》："馳，大驅也。从馬，也聲。"此"馳"古文字中作"駝"。

---

[1]［清］段玉裁：《說文解字注》，上海：上海古籍出版社，1988年，第123頁。

[图] （《上博五·競建》9）："公身爲無道，擁華孟子以馳於倪。"

"馳"本作"駝"。《玉篇》駱駝之"駝"與《廣韻》橐駝之"駝"都是晚出同形字。

（4）它、鉈、𤉢、䤨、䀇、柂——匜

《說文》："[图]，似羹魁，柄中有道，可以注水。从匚，也聲。"

匜是常用水器，出土實物非常多，銘文中多有自名，異體很多。西周時期最初假借"它"：

[图] （子仲匜）："魯大司徒子仲白乍（作）其庶女厲（賴）孟姬媵也（匜）。"

禮器匜用金屬製作，增加意符"金"成專用字"鉈"，自西周一直沿用到漢代。[1] 西漢後起"鉈"字所從之"它"訛變爲"也"，寫作"鉇"。

[图] （中友父匜）："中友父乍（作）鉈（匜）。其萬年，子子孫孫永寶用。"

[图] （陳伯元匜）："陳白（伯）鷃之子白元乍（作）西孟嬀嫺母塍（媵）鉈（匜）。"

[图] （包山簡266）："一鉈（匜）。"

[图] （仰天湖簡24）："一鉈（匜）。"

[图] （望山2-46）："二盤，二鉈（匜）。"

---

[1]"鉈"字見於《說文》，訓爲短矛。今天是一種金屬元素，是來源不同的同形字。

（首都師範大學博物館藏漢代銅匜）："鉈（匜），容二斗，重三斤。"

（武威漢簡《儀禮·特牲》49）："奉般（盤）東面，執鉈（匜）者西面淳沃，執巾者在鉈（匜）北。"

"匜"還有增加不同意符的異體"盇""鎝""盜"等。

"盇"：

："唯白（伯）朮乍（作）寶盇（匜）。"

："塞公孫糀父自乍（作）盥盇（匜）。"

："匽公乍爲姜乘般（盤）盇（匜）。萬年永寶用。"

"鎝"：

："陳子子乍（作）庥孟爲（媯）毃女（母）媵（媵）鎝（匜）。"

："慶弔（叔）乍朕（媵）子孟姜盥鎝（匜）。"

"盜"：

："蔡侯申之尊浣盜（匜）。"

漢代匜的材質發生變化，出現了从木的"柂"與从匚的"匜"。

"柂"：

："鬃（漆）畫柂（匜）二。"

第六講　從觀念出發與從材料出發的漢字闡釋　145

[圖]（馬王堆一號墓·遣册191）："右方膝（漆）畫般（盤）小大廿一，柂（匜）二。"

"匜"：

[圖]（陳倉成山匜）："……成山……，容一斗，重五斤七兩，名曰匜。"

這些从它聲的字與"地""鉈"一樣，到了西漢後期，開始出現从"也"的訛書：

[圖]（武威漢簡《儀禮·特牲》11）："尸浣（盥）匜水，實於般（盤）中。"

武威《儀禮》簡中凡五例"匜"字，其中四例均寫作"鉈"，从金，也聲。

"匜"字的意符多樣，金、皿、水、木、匚等等，但其聲符自西周至秦，全部爲它，至漢代，個别與"也"混訛。

（5）弛——弛

《説文》："[圖]，弓解也。从弓，从也。[圖]，弛或从虒。"

古陶文"弛"字从"它"聲：

[圖]（自12·498）　[圖]（廷12·3）

[圖]（鐵雲126·4）[1]

漢簡中"它"訛變爲"也"：

[圖]（西陲·57·9）　[圖]（西陲·48·4）

----
[1] 參看徐谷甫、王延林：《古陶字彙》，上海：上海書店，1994年，第498頁。

（6）坨——地

《説文》："地，从土，也聲。㙒，籀文地从隊。""地"从"也"聲，又有籀文"墜"。出土文獻中的"地"有清晰的演變軌迹。籀文見於西周晚期的猷簋，晋系文字沿襲了籀文的寫法。

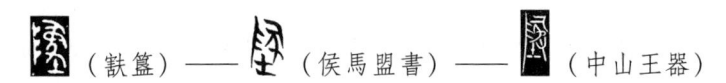

▨（猷簋）——▨（侯馬盟書）——▨（中山王器）

徐鍇認爲从彖聲。[1] 彖是豕的分化字，彖（透母元部）或豕（書母脂部）都可以是音符。

楚系與秦系文字皆从"它"聲：

楚系：▨（包山簡） ▨（包山簡），它聲，透母歌部；

秦系：▨（睡虎地秦簡）

▨（睡虎地秦簡），它聲，透母歌部；

西漢沿襲秦文字，依舊多从"它"聲，其後逐漸與"也"相亂。

▨（楊鼎） ▨（張家山漢簡・奏讞書）

▨（銀雀山漢簡104） ▨（伏地鼎蓋）

▨（武威漢簡44） ▨（居延漢簡10・25a）

到了東漢，从"也"的"地"就成了規範通用字了。

▨（石門頌）、▨（乙瑛碑）、▨（華山廟碑）、▨（曹全碑）、▨（建安廿四年買地券）

總之，西漢早期之前的"地"字或从"豕"（包括彖）聲，或从

---

[1]〔南唐〕徐鍇：《説文解字繫傳》，北京：中華書局，1987年，第261頁。

"它"聲，西漢晚期之後才出現從"也"的訛書，東漢時期訛書成了正體。"它"與"也"都是舌音歌部字，作音符功能相同。

（7）陀——阤

《説文》："阤，小崩也。从𨸏，也聲。"《集韻》："阤，或從它。"小崩義的"阤"，郭店簡寫作"坨"，從它聲：

（《郭店簡·語叢四》22）："山無褰（衰）則坨（阤）。"

古文字中"陀"字常見，從西周到秦文字，都沒有從"也"的"阤"。

（㪺簋）："用䝼（令）保我邦、朕立（位）、㪺身，陀陀（施施）降余多福。"[1]

（中山王䦦壺）："是又（有）純（純）德遺訓（訓），以陀（施）及子孫。"

（嶧山刻石）："攻戰日作，流血於野，自泰古始。世無萬數，陀（施）及五帝，莫能禁止。"

《説文》没有"坨"字，只有不見於古文字的"阤"字。《集韻》説"坨本作阤"是本末倒置。《説文》從"也"構形的字，在漢代以前，全部從"它"。《説文》"阤"是"陀"的訛變。

（八）"它"與"也"是來源、字形、音義、構字功能各不相同的兩個字

至此，我們雖然還没有對漢字中從"它"與從"也"的字進行全面梳理，從已經搜集的材料出發，對"也"字的形成過程、與"它"的訛混過程進行了比較全面的描寫，所得結論可以歸納爲：

---

[1] 張政烺隸作"阤"，並謂"阤"當讀爲"施"。參看張政烺：《周㪺王胡簋釋文》，《古文字研究》（第三輯），北京：中華書局，1980年，第104—119頁。

第一，語氣詞"也"曾假借多字記録，戰國時期造出專字。

第二，"也"字晚出，在古文字階段幾乎没有構字能力。

第三，"它"字來源古老，構字能力很強。

第四，"它"與"也"二者從甲骨文到西漢早期不存在通用的情况，一直區分嚴格。

第五，隸變、草寫使得二者字形也相近，"它"逐漸訛變成"也"。訛變的過程：

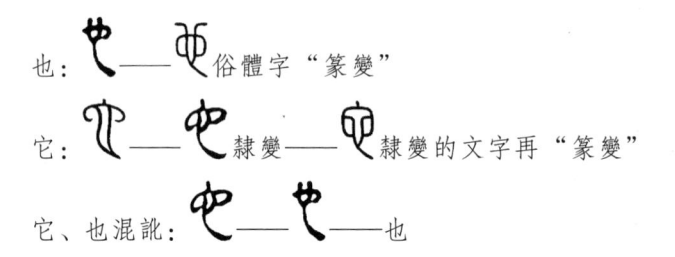

也：𠃟——𠃟 俗體字"篆變"

它：𠂇——𠃟 隸變——𠃟 隸變的文字再"篆變"

它、也混訛：𠃟——𠃟——也

"也""它"只有混訛同形的過程，没有同源分化的路徑。其混訛與秦漢小篆没有直接關係，是在隸變過程中逐漸完成的。《説文》篆文"也"字最後定形，很可能是《説文》對其加以規範的結果。

這就出現了文字學上一個很有趣的現象，古文字中的"駝""陀""坨"等字，在《説文》變成了"馳""陁""地"等，後代又出現了與古文字"駝""陀""坨"等無關的同形字。不堅持歷史性原則，就會得出相混的結論，其實只有單向訛變和異時同形。

（九）"它"訛變爲"也"的動機

"它"訛變爲"也"，符合文字演變的規律。"也"與"它"音符功能相同，但"也"比"它"字形簡單。文字演變遵從簡易律。這種訛變遵循的是文字的簡化規律。

"它"訛變爲"也"是人爲規範的結果。俗體字草寫，字形訛變，這都是非常晚的事情。在《説文》中根據隸變草寫的晚出字形對篆文進行了整齊劃一的修改和替换，是誰做的這種修改替换？

秦漢時期進行過幾次不同程度的文字規範，秦始皇、漢宣帝、漢平帝、王莽都有所作爲，這期間"它"與"也"區別分明，僅僅是西漢晚期有混訛的個例，不大可能出現系統的變更。許慎創作《説文》的目的就是袪除"是非無正，巧説邪辭，使天下學者疑"的現象，通過規範文字，表達"正確"的經學思想。出於這樣的動機，他對"篆文"做了很多改動，以期達到規範文字的目的，所以就會出現漢代的隸書比《説文》篆文更近古，更符合文字演變規律的現象。

從材料出發，"也"與"地"構形並不複雜，並沒有太多的思想文化可以闡釋。漢字闡釋首先是從文字學角度闡釋清楚文字問題，能夠上升到文化問題就進入文化闡釋的層面，不一定每一個字都有豐富的思想文化內涵。對文字應用狀況的真實描寫遠比脫離實際的理據闡釋有價值。對每一個常用字能夠儘量全面占有材料，充分闡釋，是一項浩大的工程，是有意義的基礎研究。

五、結語：漢字闡釋的新構想

（一）漢字闡釋道路走錯，結果是南轅北轍

從材料出發對"也"字加以力所能及的描寫與闡釋之後，回頭再看文章開頭所列的諸家之説，徐鍇之後，不論是懷疑、反對許慎之説，還是維護許慎之説，大部分學者沒有全面梳理材料，沒有把文字放在歷史的演變中全面觀察。即使反對女陰説的諸家，也大都沒有全面梳理相關材料，處於瞎子摸象狀態，摸到哪一塊就是哪一塊。只有占有的材料越充分，得出的結論才能越接近事實。

從觀念出發的"也"字闡釋以《説文》爲出發點，對其説法深信不疑，對其得出結論的證據不加審核，在連字形結構與所記錄的語言這些最基本的問題都沒有理清的情況下，就進入文化的闡釋層面，等同於把文化闡釋的大廈建立在沙漠之上。女陰説、匜字説、"也""它"一字説等等，不一而足，並在此基礎上不斷引申。一旦材料證明"它"與"也"字形不同、來源不同、音義不同，只是後期在構

形中產生形近訛混或置換，在此基礎上的性文化闡釋就都成了脫離事實的空論。這些脫離文字學的文化闡釋的共同特點是精通《説文》，熟悉典籍，學問很大，思路活躍；可是一旦走錯了道路，優勢就會變成劣勢，距離本真越來越遠，距離學術研究也越來越遠。連學富五車的學者對漢字的闡釋尚且如此，遑論"民科"臆説，漢字闡釋又怎麼能够爲學術界所重視！

（二）漢字闡釋的基本原則與學科化建設

漢字闡釋是對已釋字的全面描寫與解釋，首先區分爲文字學的闡釋與文化學的闡釋。脫離文字學的文化闡釋，其方法、目的與文字學無關，是一種思想的表達方式或遠古情景的幻想，不能與漢字學的漢字闡釋混爲一談。

漢字闡釋是漢字學的一個分支，是對每一個漢字的全面描寫與解釋。本文以一個"也"字的闡釋，區分了從材料出發的文字學闡釋與從觀念出發的文化學闡釋兩條不同的漢字闡釋道路，强調應該剔除從觀念出發的漢字闡釋的方法。

我們認爲，漢字闡釋的基本原則是：

第一，從材料出發，真實描寫，通過材料發現文化，不能爲了自己的思想表達肢解材料。儘量全面占有材料，理解材料，準確應用材料。

第二，從文字記錄的語言事實出發，背離文字記錄語言事實的闡釋與文字學無關。

第三，堅守歷史性原則，甄別字料，不能把晚出的文化附會到早期的構形闡釋。

對於歷史演變鏈條上的每一個漢字的闡釋，都可以從下面幾個層次着手：

第一，漢字結構的區別特徵與其所記錄的音義。對於漢字教學、古文字考釋來説，這就是目標。對於漢字闡釋來説，這是基礎和出發點。《説文》"也"字闡釋的出發點就錯了，後人沿着此路前行，距離事實越來越遠。

第二，文字構形主要是從文字記錄語言的角度探討漢字的深層結構，從文字記錄語言的方式到古人造字時的思維。文字的演變不僅受記錄語言需求的制約，也受形體符號自身發展規律的制約。漢字在每一個歷史軸綫上的一個定點呈現出的不同面貌都是多重合力導致的結果，對其構形與演變過程要儘量詳細地描寫和動態的觀察才能爲其定性。"也"在古文字階段是個從"口"的表意字或半表意字，到《說文》篆文已經是記號字，現代漢字更是記號字。記號字不經過溯源就強解理據一定不可信。

第三，漢字闡釋有其層級性，須依次進行，不經過文字學闡釋就進行文化闡釋是越位。漢字的文化闡釋處於漢字學與歷史文化學之間，在有充分文字學證據的基礎上，對其所藴含的文化信息加以揭示或成爲可能。上文所引章太炎論"天"就是有材料依據的推闡。

第四，每一個漢字都有自己獨特的運行軌迹，都形成自己的個性。從個性中歸納出共性，才能建設符合實際、具有解釋力的文字學理論。建設漢字闡釋理論十分必要。

漢字闡釋的材料日漸豐富，我們比許慎見到了更早、更多的古文字材料。立足於漢字本體研究的詳細描寫和立足於漢字系統的解釋理論都有了長足的進步。

漢字闡釋的目標日益明確，漢字闡釋是漢字學的一部分，是古文字考釋的一個環節，也是漢字文化探索與普及的重要內容。

闡釋方法堅持從材料出發，堅持歷史性原則，全面描寫，在此基礎上，結合歷史文化揭示文字所表達的文化內涵。每一個漢字都有其個性，不可能用一種固定的闡釋方法解決問題，但從宏觀上看，與古文字學一樣，每一個疑難字的破解雖然都有其獨特的路徑，但也都有其共同遵守的研究方法與模式。

古文字研究與傳統的漢字闡釋學進行了成功切割，從研究對象、研究方法與研究目的都開闢出一條與科學研究接近的道路，取得了巨大的成就。

漢字闡釋走過了兩千年，精華與糟粕並存，當務之急是讓漢字闡釋正本清源，剔除臆說，回歸學術。如果我們把"漢字闡釋"定位爲學術研究，就要逐漸形成可遵循的研究與表達的範式。

（三）漢字的文化闡釋與漢字文化普及

本講從文字學的角度闡釋了"也"字的構形及其演變，得出單純構形、訛變字形與大部分文字只能做文字學的闡釋，不能做過多的文化演繹的結論。通過對"也""地""它"等字的描寫，剔除後人強加其上的"性文化"。這個結論只是就"也"字的闡釋而言，並不表示漢字不能進行文化闡釋，也不表示我對漢字文化闡釋的排斥，也不是說漢字闡釋可以脱離觀念進行。事實上，任何闡釋都脱離不開闡釋主體自身知識、思想、文化的制約。這裏強調的是，作爲一種方法論，應當盡力避免用自己的觀念去創造漢字的文化和用文字闡釋表達自己的思想觀念。

漢字文字學的闡釋與文化學的闡釋並不是對立的，是不同層次的深入探討。許慎也給開了好頭，例如"尾"字："尾，微也。从到毛在尸後。古人或飾系尾，西南夷亦然。"《説文》結合西南夷的文化習俗解釋正確解釋了"尾"字的構形，爲文化意義的解讀提供了重要的綫索。

漢字文化闡釋同樣需要從材料出發，需要結合文獻、歷史、考古等多種證據，尋找古代的社會生活、文化習俗、思想觀念，通過證據與規律去發現古代的文化。我們也會繼續努力探討漢字的文化闡釋的可行性。

漢字闡釋的學術研究成果通俗化表達可以廣泛普及，輕描淡寫的漢字文化普及背後需要有厚實的學術基礎支撐。漢字闡釋與漢字文化普及相輔相成，學有所用，用有所學，理論與實踐相結合，相得益彰。

【延伸閲讀】

[1] 黄德寬、常森：《漢字闡釋與文化傳統》，北京：北京師範大學出版社，2014年。

第七講　漢字的文化屬性與漢字的闡釋
——以"福"字爲例

導讀：人人都愛的"福"字構形"簡單"。"福"字是使用頻率最高、最被喜愛的漢字之一。每個人心目中的"福"是清晰的，也是模糊的。

2021年年初，承蒙央視"開講啦"欄目組邀請，讓我講一次以漢字文化祝福新春爲主題的青年公開課。這正符合我目前所關注的漢字闡釋與漢字文化。節目中選擇了春節祝福用語"新年快樂，和順安康"中春、年；祝、福；樂、和（龢）、康、順等幾個字，從農耕、祭祀、禮樂等角度對其中的文化內涵進行了解讀。"福"字闡釋只是其中一部分，通過初文所像之器與尊的器型與功能的對比，揭示其構形與文化內涵，總體上看只是研究結論的陳述，通俗易懂，便於廣大聽衆接受，其背後的學術研究過程與結論的依據並沒有展示。

漢字闡釋一方面需要學術化，另一方面需要應用普及。漢字文化普及應當在漢字闡釋的學術研究基礎上展開。

漢字闡釋需要一層一層依次展開，首先解決文字學相關問題，在此基礎上才能進行跨學科的文化闡釋。有一部分字在文字學闡釋之後，無需進一步文化闡釋，例如古文字中的"也"字。[1] 大部分來

---

[1] 相關內容參見本書第六講。

源古老的漢字構形有其豐富的内涵，與中國傳統文化有密切的關係，通過深入探索，可以如抽絲剝繭般揭開深藏的文化面貌。本講以"福"字爲例，對漢字的文字學闡釋、文化闡釋和文化普及的關係進行初步的探討。

一、"福"字的文字學闡釋

"福"字的識讀，幾乎没有難度。宋人已經釋出金文中的"福"字。[1] 其形、音、義古今一脉相承，文字學的闡釋也没有走太多的彎路。作爲形聲字，其結構是典型的左形右聲。《説文》文本在流傳過程中，其釋義有所不同：

"福，備也。從示，畐聲"。[2]（小徐本）
"福，祐也。从示，畐聲"。[3]（大徐本）

段玉裁、桂馥等學者根據《玉篇》推測大徐本的"祐也"本作"祜也"。[4]"備"是聲訓，且有《禮記·祭統》"福，備也"的故訓爲證；福、祜、祐互訓，都符合《説文》釋義的體例。許慎當年的釋義究竟是"備"還是"祐"，抑或是"祜"，已經無從詳考。這些差異主要是文獻學研究的内容。其字"從示，畐聲"的結構分析向無異議。

形聲字的産生過程複雜，其中不僅有文字學的規律，也往往藴含着豐富的文化。

"福"由"示"與"畐"構成，通過梳理材料，首先可以從文字學的角度説清楚下列兩個方面的問題：一是最早用作"福"的音符

---

［1］參看［宋］吕大臨：《考古圖》，上海：上海古籍出版社，1991年，第134、365頁。
［2］［南唐］徐鍇：《説文解字繫傳》，北京：中華書局，1987年，第3頁。
［3］［漢］許慎撰，［宋］徐鉉校定：《説文解字》，北京：中華書局，1963年，第1頁。
［4］丁福保編纂：《説文解字詁林》，北京：中華書局，1988年，第1045頁。

"畐"的相關問題，二是增加示旁的"福"字產生的時間、演變等相關問題。

（一）讀作"福"的"畐"

"畐"的來源古老，確切可知的用法是氏族專名和記錄"福"這個詞。可以從下列四個方面詳加描寫。

1. 最早的畐及其構形功能與用法

"畐"字早見於商代，出現在甲骨文殘辭中，音義不明。

　　《合》30065："其畐年……"
　　《合》30948："弜畐又……"
　　《屯南》4197："乎……畐……人"

《甲骨文字詁林》姚孝遂按語云："字當釋'畐'，《合集》30065'其畐'，又《合集》30948'弜畐'，皆用爲動詞，其義不詳。"[1]

"畐"在甲骨文中作爲字符構形，有"䚄""偪""卪"等：

"䚄"字形作："䚄"，與酒祭有關：

　　《合》30947："辛丑卜，䚄酌有大……"
　　《屯南》622："……辛丑，其䚄酌有大雨"

"畐""葡"都是唇音之部，很可能與金文中加音符"北"的"福"字相同，應當是雙音符字。

"偪"與"卪"學者或視爲同字：

　　偪（《合》27991）："自可至于寧偪御……"

　　卪（《合》20652）："丁丑卜，王貞，卪……"

《甲骨文字詁林》把偪、卪二形並置字0108號下。姚孝遂按語云："文辭均殘，用義不詳。从'人'與从'卪'者是否同字，亦不

---

[1] 于省吾主編：《甲骨文字詁林》，北京：中華書局，1996年，第2135頁。

可必，暫並列於此。"[1]

甲骨文中"人"與"卩"構形對立，用法也不同，應當分爲二字。

甲骨文中的"畐"及其所構成的文字目前所知就限於此。詞義不明，這些殘辭中不排除有的詞例讀爲"福"。

商代金文畐父辛爵（《集成》8627）中的"畐"用作族名。

2. 音義明確的"畐"

西周早期，"畐"音義明確，讀爲"福"，這種用法一直沿用到漢代。

季寧尊："季盗（寧）作寶尊彝，用禱畐（福）。"（《集成》5940）

"畐"字拓本不很清晰，《金文編》摹作："畐"[2]

"畐"讀作"福"一直沿用到秦漢時期。

士父鐘："降余魯多畐（福）亡（無）彊（疆）。"（《集成》145）

上海博物館所藏叔㚸父簠蓋文字行款十分特殊：

---

[1] 于省吾主編：《甲骨文字詁林》，北京：中華書局，1996年，第187頁。

[2] 容庚編著，張振林、馬國權摹補：《金文編》，北京：中華書局，1985年，第381頁。

銘文："曾子叔㗉父（？）作行器，永古畐。"（《集成》4544）

"曾"字被離析爲"八""田""曰"，占據三個字的位置，十分罕見。"古畐"在曾子㝬簠（《集成》4528）中作"祜福"，二器都是曾器，銘文詞例非常接近。

"畐"見於戰國古璽：

（《古璽彙編》4559）

這是一方三晉吉語璽，"又畐"讀爲"有福"。

秦文字中"畐"很罕見，其中一例讀作福：[1]

（《睡虎地秦簡·日書乙》195）："賜某大畐。"

---

[1] 王輝主編的《秦文字編》收錄兩例，另外一例秦陶刻文字形與"畐"相去甚遠。見王輝主編：《秦文字編》，北京：中華書局，2015年，第847頁。

漢代"畐"還能偶爾一見：

（馬王堆帛書·養·殘70.3）："……便（蝙）畐（蝠）矢入男子……"

（吾作鏡）："至（致）畐（福）録（禄）。"[1]

除了個別假借作"蝠"外，從西周到漢代，"畐"字的音義用法與"福"相同。

3.《說文》"畐"字形來源與構形闡釋

根據出土文獻中的材料，可以梳理出一個"畐"字演變的簡譜：

1殷商	2西周	3春秋	4戰國	5秦	6西漢	7東漢

這個譜系很清晰，從商代到春秋，整體象形，像某種容器。到了戰國時期，器的頸部與腹部開始分離。當文字或者部件自身的構形理據喪失，使用頻繁，就會產生多種訛變，這是文字演變的通例。

《說文》"畐"的字形特別，與出土文獻不合。卷五"畐"部：

畐，滿也。從高省，象高厚之形。凡畐之屬皆從畐。讀若伏。

《說文》中此篆文目前僅見於東漢以後的出土文獻，其來源比較複雜。秦代以後，"畐"已經很少單獨使用，但"福"字使用頻率很高，所從的"畐"大部分傳承了古老的寫法，但也產生出一些新的訛變形體：

---

[1] 羅振玉：《古鏡圖録》卷中，上虞羅氏影印本，1906年，第二十四頁。字形見漢語大字典字形組編：《秦漢魏晉篆隸字形表》，成都：四川辭書出版社，1985年，第349頁。

第七講　漢字的文化屬性與漢字的闡釋　　159

存　古	訛變一	訛變二	訛變三	訛變四
（秦封泥）	（睡虎地·秦律 66）	（馬王堆·戰國縱橫家書 237）	（西漢印·陳福）	（吾作鏡）
（馬王堆·繫辭 42）	（馬王堆·戰國縱橫家書 237）			
（東漢印）	（熹平石經）			

其中訛變三" "字中的"畐"，寫作 ，上部與"高""言""亭""稟"等字所從訛混同形。比較下列兩個形體：

（漢印·高徐何）——

《説文》首先把"畐"字比較罕見的訛體當成了正體。《説文》篆文中，整體象建築物的一部分被離析為幾個部分：

高：　　　亭：　　　言：

許慎既然認為"畐"字"从高省，象高厚之形"，就從自己的觀念出發，把"畐"的字形臆改爲" "，以求合乎自己所理解的構形理據。[1] 但這個字形也給我們留下了漢代另外一種訛變形體的綫索。吾作鏡之" "應當是依據《説文》隸定的字形，産生在東漢之後。

---

[1] 就目前所見材料是如此，不排除許慎或許有所依據。

這就是字書"畐"字的來源。

《說文》畐部凡二字,另有一"良"字。根據古文字研究可知,"良"構形不明,與"畐"形、音、義都没有關係。

今傳《說文》"畐"字有兩種寫法:單字作"畗",在福、輻等字中作"畐",大小徐本相同,這應該是漢代"畐"字兩種不同寫法的真實反映。段玉裁一併改爲"畐",[1] 完全没有必要。

《說文》所據字形是東漢以後才出現的罕見訛變形體,據此闡釋漢字的深層結構完全不可信。"畐"之滿的釋義,文獻中未見用例,也不知所據。

總之"畐"字形與"高"無關,意義與"滿"無關,部中的"良"與部首無關,《說文》"从高省,象高厚之形"的構形闡釋完全失去依據。

4. 畐字構形的初步分析

許慎"畐"字闡釋之不可信,古人早已質疑,戴侗把字形改爲"髙",認爲是無足鬲。[2] 雖然不完全正確,但字形、釋義都比《說文》高明。

根據文字構形,學者認爲,"畐"像一種容器。孫海波認爲"畐"是"與酉、卣之器形相似,正象盛酒之器形",認爲畐"孳乳爲福"。此說得到李孝定等學者的認同。[3] 甲骨文中目前還没有見到加意符"示"的"福"字。

(二)增加意符的"福"字的出現與演變

第一,首先吸收最新研究成果,剔除與"福"字無關的誤釋。甲骨文與西周金文中的下列字形長期以來被誤釋爲"福"或作爲不識字:

---

[1] [清] 段玉裁《說文解字注》,上海:上海古籍出版社,1988年,第230頁。

[2] [元] 戴侗《六書故》,北京:中華書局,2012年,第636頁。

[3] 于省吾主編:《甲骨文詁林》,北京:中華書局,1996年,第2135頁。雖然孫氏立論的主要依據是把"祼"字中的"瓚"誤作"畐",但把"畐"定爲盛酒容器則基本可信。

甲骨文：🈳（《合》905 正）　　🈳（《合》25553）

🈳（《合》15836）[1]

金文：🈳（毓且丁卣,《集成》5396，商代晚期）

🈳（德方鼎,《集成》2661，西周早期）[2]

容庚《金文編》歸入附錄下，後一字形下注明"郭沫若釋'福'，祭祀之酒肉也"。後經學者研究，這些字應當是"祼"，已經得到學術界的普遍認同。[3]

第二，"福"字早見於西周早期，是在表意本字"畐"上增加意符"示"。

寧簋蓋（《集成》4021，西周早期）

---

[1] 中國社會科學院考古研究所編：《甲骨文編》，北京：中華書局，1965年，第6—7頁。
[2] 容庚編著，張振林、馬國權摹補：《金文編》，北京：中華書局，第1167—1168頁。
[3] 可參看賈連敏：《古文字中的"祼"和"瓚"及相關問題》，《華夏考古》1998年第3期，第96頁。張玉金：《釋甲骨文中的"祼"和"䊆"》，《中國文字研究》（第九輯），鄭州：大象出版社，2007年，第70—76頁。

銘文："寧肇諆乍（作）乙考障（尊）毀（簋），其用各百神，用妥（綏）多䘵（福），世孫子寶。"

從目前的材料可知，西周早期"畐"增加意符"示"成爲形聲字"福"，這符合形聲字的産生規律。學者很早就指出二者的孳乳關係。何琳儀、黃德寬等學者明確指出："畐，本酒罈之象形，後追加示旁孳乳爲福，畐則福之初文。"[1]

"䘵"在西周早期都用以記錄｛福｝這個詞，音義明確，是一個可以繼續討論的定點。

左右結構的"福"是主流寫法，一直延續到秦漢，也是現代漢字"福"的直接源頭。

"福"字使用頻率高，增加意符或音符，産生不少異體。

1. 增加音符"北"構成異體

▨（周乎卣，《集成》5406.2，西周中期）："用丐永䘵（福）。"

"䘵"是個雙音符字。如果按照形聲字的結構分析就是从福、北聲，部首中就得增加福部。

又有省略畐，簡化成从示、北聲的"禷"字：

▨（或者鼎，《集成》2662，西周中期）："用丐偁魯禷（福）。"

2. 增加數量不等的意符構成異體

▨（▨鼎，《集成》2280，西周中期）："▨作尊，用丐永䘵（福）。"

―――――――――
[1] 何琳儀：《戰國古文字典》，北京：中華書局，1998年，第126頁。黃德寬主編：《古文字譜系疏證》，北京：商務印書館，2007年，第310頁。

第七講　漢字的文化屬性與漢字的闡釋　　163

[圖]鼎及銘文

"[圖]"增加意符"宀""玉"，增加區別特徵，"畐"訛變得與"酉"相混；爲了結構勻稱，其中的"福"變爲上下結構。

另外，西周中晚期還出現增加意符"宀"的異體。

[圖]（王伯姜鼎，《集成》2560，西周晚期）："季姬福母。"

意符的增加，蘊含着造字者對"福"内涵的理解。作爲記錄語言的書寫符號，這些異體結構繁複，牀上架屋，生命力不強，春秋時期就逐漸被淘汰了。

"畐"與"酉"相近，從西周開始，有些"福"所從的"畐"訛變爲"酉"。上文[圖]鼎中"[圖]"字所從的"畐"，就已經和"酉"相亂。西周晚期之後，訛混情況有所增加，在楚地成爲地域特色。

[圖]（伯汈其盨，《集成》4446.2，西周晚期）："用丐眉壽多福。"

[圖]（曾子㝬簠，《集成》4528.1，春秋晚期）："曾子㝬自作行器，則永祜福。"

戰國楚文字"福"字中的"畐"普遍寫作"酉"，成爲通用寫法：

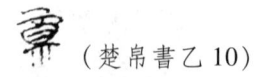

[圖] （楚帛書乙 10）

[圖] （包山簡 37）　　　　[圖] （包山簡 205）

[圖] （《郭店簡·尊德義》27）　　[圖] （《郭店簡·老子甲》38）

楚吉語璽"大畐（福）""畐（福）壽"：

[印] （《璽彙》3368）　　　　[印] （《璽彙》4684）

　　以上關於"畐"與"福"字的構形、用法、產生過程、彼此關係等諸多方面，根據材料和已有的研究成果加以歸納和描寫，是對"福"字的文字學闡釋，這些確切的知識，是進一步文化闡釋的基礎。

二、背離學術研究的"福"字文化闡釋

（一）解讀"福"的文化需求

　　"福"字在我們的語言裏、生活裏遍地開花。福祉、福利、福氣；修福、享福、惜福，福如東海等等，使用頻率極高。姓名中有來福、滿福、福貴、福旺等等，自古及今都是高頻用字。生活中有求福、祈福、迎福、祝福、貼福字，挂福聯兒無處不在。春聯的核心是福，百福圖中全部是福，可以說福字是中國人最喜歡的漢字之一。對於來源古老、流傳廣泛的文化，一方面是儀式化，大部分人只是遵行；另有一些人則是渴望對其來龍去脈和豐富的文化內涵有更多了解，這是深層的文化需求。隨着人民大眾文化水準的提高，文化需求的多樣化，希望對以漢字爲核心的"福"文化有更多的了解，公衆媒體積極滿足人民大眾的這種需求，用不同的形式傳播"福"文化，這是時代的進

步。但目前漢字文化傳播中充斥着許多與文字學無關的臆説。

（二）網絡上誤解"福"的文章

爲了在 CCTV"開講啦"節目中講祝福用語中的漢字，央視欄目組給我推薦了一篇網上文章《從甲骨走入生活——"福"字的演變》。經查此文 2017 年 4 月 18 日在網上發布，原文如下：[1]

"福"字，是我國最古老的文字之一，歷經千年演變，形態變化萬千，其不斷豐富的内涵和歷史意義，逐漸演變成人們心中最重要、最喜愛的文字之一。

甲骨文　金文　小篆　楷體

福字·甲骨文篇

"福"字，最早見於甲骨文。

早期文字具有圖畫性的特點，象形性很强。甲骨文中的"福"字爲合體會意字，與祭祀祈禱有關，在《甲骨文編》中記録有 50 種構型。

此時的"福"字爲"雙手舉酒祭天"的象形文字，創造這個字的用意在於"用美酒祭神，祈求富足安康"。

---

[1] 微信訂閲號"恭小福"2017 年 4 月 18 日文章，作者又同時將其發布在搜狐網：https://www.sohu.com/a/134767654_713595。原文爲簡體字，現轉爲繁體字。

此時的字形設計中，"示"爲"祭祀"，"酉"表"酒罈"，而類似雙手的構型，則代表巫師向祭壇獻酒。

$$\text{畐} + \text{示} = \text{福}$$

當時的人通過這一象形字，表達心中"祈禱"、"納福"之意，向天地間傳達美好心願。

福字·金文篇

與甲骨文相比，金文時期，"福"字的圖繪成分相對減弱，構字方式較爲統一。《金文編》中，"福"字的字形減爲42例。金文中大多數的構字都是左示右酉，但尚有9個字形爲左酉右示。

福

從圖中可以看出，此時的"福"字，均省去了雙手，但主要表意的"示"和"酉"仍得以保留。

$$\text{示} + \text{畐} = \text{福}$$

福字·篆字篇

篆字初期，"福"字的結構進一步簡化和穩固，筆畫也變得圓潤，"方塊字"的結構更爲明顯。

福

《説文解字》中："福，祐也。从示畐聲。方六切。"從此開始，"酉"字訛傳爲"畐"字，同時，"畐"有"滿"之意，與"示"字合起來，就是盛滿貢品供奉祖先或神靈，祈求得到庇護之意。

$$\text{礻} + \text{畐} = \text{福}$$

"福"字書面形體，自小篆之始，延續至今，形成統一規範的寫法：左邊爲"礻"，意爲"神祇"（泛指神靈），而右邊由"一"、"口"和"田"組成，"一"字按《說文》解釋爲"一，惟初太始，道立於一，造分天地，化成萬物"；"口"字《說文》解釋爲"口，人所以言食也。""田"即指耕地、打獵。

福字・隸書篇

隸書時期，相對於小篆體而言，漢隸的"福"字結構不變，在書寫方便會略有不同，字形變得方正平直。

福

在"福"字中，"畐"裏的"口"和"田"的方直化比較明顯，而"示"略有變形，同時爲楷體的"福"字奠定了基礎。

$$\text{礻} + \text{畐} = \text{福}$$

福字・楷書篇

福

楷體對漢隸的改進表現在波挑收斂、折角圓轉。楷體的

"福"字的"畐"承襲了隸書的形狀,只是將"口"和"田"原本分兩筆寫的上方一橫和右側一豎連在了一起寫,變成了橫豎勾。"示"字的變化較大,表現在上的一橫變成了一點,並且整體"福"字來說,左邊比右邊要窄,更利於書寫。

$$礻 + 畐 = 福$$

在這個"福"字上,寄托了古人祈求得到田地,以滿足溫飽需求和得到神靈保佑的願望。後世則以"貼福"、"祈福"來表達對平安、幸福的渴望,祈求生活順意安康。

(三) 網絡文章中的錯誤

該文作者熱心漢字文化,下功夫搜集了一些資料,對"福"字的演變進行了描寫,語言流暢,圖文並茂,對漢字文化的傳播也起到一定的作用。但存在的問題多多,錯誤累累,顯然不是專業學者所爲,我們無意苛責。作者可能僅僅是"戲說漢字",與專業工作者闡釋漢字的目的完全不同,本可以"大道朝天,各走兩邊",各說各話,互不相干,但沒有受過專業學習的廣大讀者不會這樣想,會把錯誤的材料、錯誤的觀念當作公共知識傳播流行。

有了本講第一節"福"字的文字學描寫,該文中的錯誤很容易發現。

第一,對已經正確識讀出的古文字還停留在錯誤的認識上。所謂甲骨文中的"福"字應當是"祼"字,目前基本上已取得學術界一致認同。甲骨文中沒有確切的"福"字,根本就不存在"從甲骨文走向生活"。用業界的話來說,就是不"識字"的人在"研究"漢字。"瓚""畐""酉"是三種不同的酒器,字形也有所不同,作者無法分辨,混同爲一。

第二,在認錯字的基礎上,歷史演變的描寫完全靠不住。到了西周金文,"福字,均省去了雙手";從《說文解字》開始,"酉字訛傳爲畐字"等等，都是錯誤硬傷。

第三，缺少文字學的漢字學理論基本知識。"畐"字由整體象形表意字離析爲"一""口""田"三個部件，成爲記號字。記號字中的部件只有形體區別功能，不能當作表意字強加闡釋。作者分別與"一""口""田"的意義進行附會，強說文化。

整體上看，作者說漢字遵循着依靠字編類工具書的字形進行臆測想象的道路前進，脫離了文字記錄語言的前提，脫離了歷史文化的事實。

作者不具備古文字與漢字學的學術功底，在沒有吸收最新研究成果，連一些基本問題還沒有理清的基礎上，就開始了文化的解讀。其廣泛的傳播，會以訛傳訛。不僅不會對漢字文化起正面作用，而且會造成混亂，降低漢字闡釋的學術性。當前這類漢字闡釋普遍流行，這是需要漢字學研究正視的一個問題。[1]

三、"福"字的文化闡釋

（一）"酉"與"畐"的構形可以認定是兩種相近的盛酒容器

前面兩個部分，在對"畐"與"福"字進行了文字學闡釋的基礎上，解析了没有學術研究的漢字文化闡釋所存在的問題。"畐"字有其文化内涵，如何闡釋？如何避免鑿空臆説，接近真實，這是需要學者共同探討的問題。

一些嚴謹的學者在漢字文化闡釋方面已經有所創獲。如何九盈對"家""室"等字的文化解讀就結合了文字學、語言學、社會學等多個學科深入探討，取得很好的成績。[2]

---

[1] 我一再申明，本文無意針對該文作者，只是藉以説明一種文化現象。也許將來此類闡釋與學術完全脱鈎，可以開發出某種類型的游戲，讓每個人都成爲倉頡、許慎，滿足另類需求。

[2] 何九盈：《漢字文化學》，瀋陽：遼寧人民出版社，2000年，第168—175頁。

"福"字的文化解讀，涉及文字、語言、器物、禮制、歷史等多個方面。本文嘗試通過與"酉"的對比，從文化的角度闡釋"畐"的原始構形及其與"福""富"的關係等問題。

"酉"的初文像酒容器是共識，"畐"形體與其相近，比較商代金文中的兩個字形：

▯ 四祀邲其卣（《集成》5413）—— ▯ 畐父辛爵（《集成》8627）

其主要差別是"酉"的腹部頎長，中間是二橫紋；"畐"字腹部粗圓，中間是十字紋。在商代銘文中，這兩個形體就互相訛混。

商代駿卣（《集成》5380）器蓋同銘，但行款字形不同。其中族徽銘文與尊彝的"尊"字分別寫作：

器：▯（族徽）、▯ "尊"

蓋：▯（族徽）、▯ "尊"

器銘所從與"酉"相近，蓋銘所從與"畐"相近，學者多將族徽銘文隸定爲"畞"。[1] 從此器蓋銘文來看，無法知道究竟是"畐"還是"酉"，但結合畞父乙觶（《集成》6230）"▯"字所從的"▯"來看，"畞"顯然應該隸定爲"畞"。

文字中"畐"與"酉"互作，可能是形近混訛，也可能是意符通用。族徽銘文大都是表意字，商代和西周早期表意字中"酉"與"畐"的混用可能是同類器物用作意符功能相同。

現在所說的尊，就是酉形器，"酉"後來孳乳出"酒"字。"畐"

----

[1] 參看中國社會科學院考古研究所編：《殷周金文集成（修訂增補本）》，北京：中華書局，2007年，第3355頁。董蓮池：《新金文編》，北京：作家出版社，2011年，第2206頁。

與"酉"很相似，字形很像現在稱之爲"瓿"的大腹圓口陶器或銅器，"畐"孳乳爲"福"。

"福"在文獻中可以指酒。《國語·晉語二》："今夕君夢齊姜，必速祠而歸福……驪姬受福，乃寘鴆於酒，寘菫於肉。"這裏的"福"包括祭品酒和肉。有學者指出，祭祀用的酒是"福"，祭祀用的肉是"胙"，後來"福"詞義擴大，連同祭祀用的肉也包括進來，這是很有道理的。關於字形與酒器和酒的關係，下文還會論及。

尊是一種盛酒器，畐也是一種盛酒器，這種推斷有其合理性。二者都是盛酒器，所表達的意義却完全不同，是什麽原因？

（二）"酉"與"尊"兩種酒器的區别

首先是這兩種酒器究竟有什麽不同？

朱鳳瀚等青銅器專家認爲："酉字字形實與商代陶質大口有肩尊，及銅大口折肩尊相近，所以學者或有認爲現在我們稱爲尊之器在商代時實應稱爲酉。酉是酒器，古文字中酒初皆作酉，亦合於尊之用途，故此説不無道理，惟文獻中無有以酉爲容器之記載（此或可能與尊在西周中期後即於北方消失有關）。"[1]

朱芳圃很早就把"畐"這種酒器與文獻中所説的"瓿"聯繫起來，有一定的合理性。[2] "瓿"字見於《方言》《説文》等，是一種盛物的器皿。"畐"與"瓿"的古音都是脣音之部。

學者多把圓口、大腹、圈足，用以盛物的一類容器稱作"瓿"。[3] 陶器可參看考古發掘報告，殷墟出土有多種類型，[4] 與下圖銅器大致相同：

---

[1] 朱鳳瀚：《中國青銅器綜論》，上海：上海古籍出版社，2009年，第177頁。
[2] 朱芳圃：《殷周文字釋叢》，北京：中華書局，1962年，第91頁。
[3] 朱鳳瀚：《中國青銅器綜論》，上海：上海古籍出版社，2009年，第218—221頁。
[4] 中國社會科學院考古研究所編著：《殷墟發掘報告1958—1961》，北京：文物出版社，1987年，圖版五二·1。

商代晚期瓿[1]

把"畐"的字形與瓿形器放在一起,可以看出其相似性。

（商代金文）——（商代黻紋瓿）[2]

與"酉"一樣,象形字中都沒有下面的圈足,可能是更古老的形態。

（西周早期金文）——（商代圓底尊）[3]

這個"畐"字與被考古學家稱作"圓底尊"的陶器很像。不論是稱作"瓿"還是稱作"尊",都是後人的定名,無法考定;但可以確定,"畐"的字形像大腹圓口的容器。

把"畐"與"瓿"聯繫起來,雖然在字形、讀音、意義諸方面都能夠得到比較合理的解釋,但進一步審核材料、審核證據就會知道,"瓿"是後人的定名,"畐"與"酉"一樣,文獻中沒有用作容器的用例,因此只能是有一定依據的推測。

---

[1] [日]林巳奈夫著,[日]廣瀨薰雄等譯:《殷周青銅器綜覽》第一卷,上海:上海古籍出版社,2017年,第1頁。
[2] 陳佩芬:《夏商周青銅器研究》,上海:上海古籍出版社,2004年,第366頁。
[3] 中國社會科學院考古研究所編著:《殷墟發掘報告1958—1961》,北京:文物出版社,1987年,圖版三四·1。

（三）"酉"與"畐"不同的構形與不同的文化意義

禮器的一個重要功能是用於祭祀祈福，從發展過程來説，大都來自實用器。成爲禮器後器有專用，配合儀節，便有了更豐富的文化意義。每一種禮器都有其特別的功能與含義。在商代的各種禮器中，酒器最爲發達，這與文獻所記録的商人好酒、淫祀鬼神等記載相吻合。文字中酒器也不少：觚（同）、觶、觵（觥）、爵、桮（杯、盃）、罍、斝、尊、壺、卣，等等。學者致力於出土禮器與文獻記載之間的對應關係，不過有些很難確定。這些酒器來源古老，有的在青銅器盛行之前就可能存在，逐漸由實用器演變爲禮器。從文字的角度觀察，就是多爲表意字；形聲字意符表示材質，多從角、從木、從缶，很少從金。今天留存的商周酒器大都是青銅器，首先是因爲其他材質容易腐朽，青銅器容易留存；第二是禮器多非實用器，代代相傳或死後隨葬，所以留存的幾率更高。

"酉"與"畐"都是酒器的象形，形體相近，時有混訛，但其文化內涵很不相同。從二字的比較出發，一方面可以發現文字的深層文化意義，另一方面也可以看到文化意義對文字構形和語義表達的制約。

"酉"字如果最初表示的就是"尊"這種酒器，作爲一種容器，器型較高，敞口，便於酌取。

（我尊，《集成》5467，商代晚期）[1]	（保尊，《集成》6003，西周早期）[2]

---

[1] 日本東京根津美術館藏品照片。
[2] 李伯謙主編：《中國出土青銅器全集（十）》，北京：龍門書局，2018年，第273頁。

"酉"與"畐"中都裝着酒，但"酉"可能是專門裝酒的容器，而且是在祭祀或宴飲時作爲盛酒器現場使用：或供奉鬼神飲酒，或從中酙取酒注灌到其他小型酒器中。

酉	酒	尊	飲
(《合》14238)	(《花東》53)	(《合》15476)	(《合》10405 反)
	(《合》28231)		

文獻中"酉"沒有酒器的用法，除了地支用字外，記錄的是{酒}這個詞：

"貞：酉弗其以"。[1]

"王卿（饗）酉（酒）"。（宰甫卣，《集成》5395，商代晚期）

"酉（酒）無敢酗"。（大盂鼎，《集成》2837，西周早期）

金文"酉"記錄{酒}這個詞，可參看《新金文編》。[2]

上表中釋作"酒"的兩個字形究竟是不是"酒"字目前還不能論定。《甲骨文合集》28231 加水旁的"酒"字甲骨文中僅此一例，用作地名，與後代酒食的"酒"很可能沒有關係。《花東》53 這個字形釋作"酒"學術界還有爭議，從用法與字形看，我贊同釋爲"酒"。

"酉"用爲{酒}這種用法一直延續到戰國時期，楚文字卜筮簡中習見的祭品"酉飤"，即"酒食"。[3] 秦文字中出現加水旁的酒

---

[1] 徐中舒：《甲骨文字典》，成都：四川辭書出版社，1989 年，第 1601 頁。

[2] 詳見董蓮池：《新金文編》，北京：作家出版社，2011 年，第 2201 頁。"酒"字頭下收錄自商至春秋九個"酉"字。

[3] 參看李守奎、賈連翔、馬楠：《包山楚墓文字全編》，上海：上海古籍出版社，2012 年，第 549 頁。

字，"酉""酒"並用。睡虎地秦簡中的"耆酉"即"嗜酒"；"酤酉""壺酉束脯"等詞例中的"酉"記録的也都是｛酒｝這個詞。"酒"字已經開始出現，但還沒有普遍應用。[1] "酒"是在表意字上增加意符構成的形聲字，與甲骨文用作水名或地名的"酒"很可能是同形字關係。

"酉"在構形中可以是意符。作爲形符，就是裝着酒的酒器。把這種酒器雙手捧起，恭敬地進獻給鬼神就是"尊"，"尊"的尊敬之義應當是由此引申：

（小臣兒卣，《集成》5351，商代晚期）

（大保方鼎，《集成》2159，西周早期）

（陶子盤，《集成》10105，西周早期）

"尊"字字形在演變過程中發生了很多變化，《説文》以"尊"爲名詞酒器，應該是後起的用法。[2]

"寏（奠、尊）"的構意與"昇"很接近，俎豆不登的"登"，金文作" "（登串父丁觶，《集成》6443，商周晚期），"尊"是供奉酒，"登"是供奉食。

甲骨文中" "字（《合》10405反）像一個人俯身伸舌飲酒之形，學者多認爲就是《説文》的"歙"字："，歠也。从欠，酓聲。凡歙之屬皆从歙。"

尊器型較大，不適合做人的飲酒器，但祭祀時可以供奉到祭臺，鬼神或可以俯身享用。《甲骨文合集》10405反、10406反都有"屮（有）出虹自北歙于河"，正是天神俯身下歙的景象。

---

[1] 詳見王輝主編：《秦文字編》，北京：中華書局，2015年，第2207—2213頁。
[2] [漢]許慎撰，[宋]徐鉉校定：《説文解字》，北京：中華書局，2013年，第315頁。

從文字構形及其應用來看，"酉"這種酒器的應用方法是裝上酒，供奉在祭臺，請神來飲用享受。鬼神來饗，就是"歆"。

甲骨文中另外有學者釋爲"配"和"饗"的兩個字：

⿰（《懷》667）　　⿰（《合》16045）[1]

從文字構形來看，酉（尊）這種酒器很可能與簋一樣，是祭祀與宴饗的場合下實際應用的禮器。

"畐"字如果最初表示的就是瓿形酒器，最大的特徵就是大腹小口，與"畐"字字形所表現出來的特徵相同。"畐"作爲一種盛酒器，主要功能以貯存爲宜。大腹可以多存，小口防止酒精揮發。這種以存儲爲主要功能的器物，直到現在也不能作爲食器出現在禮賓餐桌上，像酒罈子、醬罐子等都應該在倉庫裏。

畐	瓿	福	富
（《合》30065）	（畐父辛爵，《集成》8627）	（寧簋蓋，《集成》4022）	（中山王䁛鼎，《集成》2840）

"畐"爲什麼能够表示"福"？同音假借是最便捷的闡釋。但是根據第一節文字學的梳理，放在文化的大背景下觀察，就不能用一個"假借"了結。

第一，"畐"是儲酒器，爲什麼可以表示"福"？

"福"是什麼？首先是富有。酒罈子裏儲藏着酒是富有的象徵。"富"是經濟基礎，在生產力低下的時代，能够貯藏有豐富的酒就是"富"。《說文》："富，備也。一曰厚也。从宀，畐聲。"

---

[1] 劉釗：《新甲骨文編（增訂本）》，福州：福建人民出版社，2014年，第328、837頁。

"富"是《尚書·洪範》所説的"五福"之一,"福"與"富"同源。貯藏酒成爲"富"與"福"的象徵,是因爲酒是難得的財富,也是有特異功能的通靈之物。

人類生産力水準達到有足夠的剩餘糧食才可能産生酒。在生産力水準低下的上古時代,酒是奢侈品。

生産酒需要一定的技術,這種技術壟斷在王侯貴族之家,擁有足量的酒是權勢與地位的象徵。

第二,"畐"爲什麽變成了"福"?

有了足夠的酒,就可以獲得更多的福。在古人的心目中,酒是好東西,可以令人興奮迷狂,這種狀態下更容易見到鬼;想象着鬼喝了酒也會很高興,會給人降下更多的福。

"畐"前所加的"示"在甲骨文中有多種形體:

丁 (《合》32397)　　下 (《合》1166)　　示 (《合》36514)

從構形看,認爲是神主的象形更有道理。"示"與"主""宔""宗""宋"同源,很可能是一字分化。在文字構形中"示"與神祇、祖宗、祭祀等相關,福之所以增加"示"旁,就是因爲"福"是神與祖所降,需要人去祈求。

鼎及銘文

"福"字異體作"寴"。"用匄（丐）永寴（福）"的"寴"字增加了房子（宀）、玉，都是財富，"示"是鬼神保佑，這個字更充分地表達了古人對"福"的理解。

商周銅器銘文從總體上看，不論起因，不論詳略，最後大都會歸結到造禮器、恭祭祀、祈降福的套路上來。具體到酒文化上，就是有了富裕的糧食拿來釀酒，有了夠高的地位就造器。瓿類器物內存了很多酒，那是富；用尊類器物供奉祭祀鬼神，那是敬；鬼神來饗，心情愉快，滿足人們的願望，就是"降福"，達到祈福的目的。酒可娛神，酒可致福。酒與福之間的關係就是如此密切，福與鬼神的關係也是如此密切。"國之大事，在祀與戎"，祀之所以是大事，就是因爲事關能否獲福。

（四）福內涵的豐富與詞義的擴大

"酉"與"畐"從字形構意上看，都像某種容器，所記錄的詞都與其有關聯的意義，學者大都習慣用"引申"來解釋。裘錫圭先生說過，表達複雜或抽象的意義才是創造文字的動因。[1] 語言中有｛福｝這個詞，文化中有"福"與藏酒器之間的認知，造字的人就用藏酒器這個字形來表達｛福｝這個詞。我們並不能排除"畐"造字時就是爲了表達｛福｝這個詞，但古人對"福"的理解不可能簡單到只是與某種酒器的聯繫。造字只是選取與詞義之間有聯繫，又便於書面表達的特徵作爲構形理據，不可能是詞義的全部。

上文從字形、酒器、歷史文化等不同角度解析了福與貯存酒的酒器、酒、鬼神、祭祀等多方面的聯繫。古人對"福"的理解也在不斷豐富。

金文中經常見到祈求"多福"，[2]《尚書·洪範》將其概括爲"五福：一曰壽，二曰富，三曰康寧，四曰攸好德，五曰考終命。"[3]

---

[1] 裘錫圭：《文字學概要（修訂本）》，北京：商務印書館，2013年，第2頁。
[2] 例如默鐘（《集成》260）銘文："唯皇上帝、百神保余小子，朕猶又（有）成亡（無）競，我唯司（嗣）配皇天……先王其嚴在上……降余多福。（福，福）余順孫。"
[3] 李民、王健：《尚書譯注》，上海：上海古籍出版社，2004年，第229頁。

五福之四是"攸好德"。修行美好之德，具有美好之德，不僅是福，而且是得福的途徑。到了春秋時期，人們對獲福途徑的認識發生了變化，由祈求鬼神向修德行、敬人事轉變。

《左傳・莊公八年》："《夏書》曰：'皋陶邁種德，德乃降。'姑務修德，以待時乎！"莊公十年記載曹劌問魯莊公何以戰，莊公回答是"犧牲玉帛，弗敢加也，必以信"，這與秦公鐘（《集成》262）："余夙夕虔敬朕祀，以受多福……作氒（厥）龢鐘，以匽（宴）皇公，以受大福"的祭祀求福一脉相承。曹劌的回答是：單純虔敬鬼神，"神弗福也"。只有敬人事，"小大之獄，雖不能察，必以情"，才可以憑此一戰。獲福的途徑由敬鬼神向敬人事轉變。

關於"福"文化，不同的時代有不同的內涵。"福"由最初的貯存有富足的酒，到壽、富、安寧，受人尊敬，壽終正寢等等，最終泛化爲人們期望實現的一切美好願望。

進一步的解讀，就超出了漢字文化，進入歷史文化、思想史等領域的研究了。

四、從"福"字的研究到漢字文化普及

（一）漢字文化闡釋需要在文字正確闡釋的基礎上展開

以上三部分從學術研究的角度對"福"字及相關問題進行了描寫與分析。漢字歷史悠久，文化積累豐厚，可以從不同的側面進行觀察，很難做到全面的闡釋。即便如此，有些方面也很專業，不適合作爲漢字文化普及的內容。漢字文化的闡釋是學術研究，漢字文化的普及是大衆需求，如何在學術研究基礎上讓觀衆、聽衆、讀者對漢字文化喜聞樂見、有所收穫，是當前亟待解決的問題。

學術研究的目標就是解決疑難問題，有其專業規範。漢字文化普及是把學術研究的成果有選擇地介紹給廣大的受衆。CCTV 電視節目公開課《開講啦》是對各個學科前沿的介紹與普及，漢字文化公開課

踐行"在漢字闡釋的學術研究基礎上展開漢字文化普及"這一原則，對包括"福"字在内的擬講文字的相關材料事先進行了比較充分的搜集、整理、研究。在演播廳演講了近一個小時，在電視節目中截取播出不到 20 分鐘。從學術研究到文化普及有一個選擇與轉換的過程。

（二）漢字文化闡釋需要遵守的原則

第一，對已有的研究成果要甄别，能够合理取捨，不要把錯誤當作知識誤導讀者。

第二，要傳播一些確切的知識，以"福"字爲例，通過不同的形式讓大家明白：甲骨文中没有"福"字，最早的"福"字見於西周初期；"畐"不僅是表音的偏旁，其意義與"福"有深層關聯，與"福"是一字分化；《説文》依據訛變字形，解形與釋義都有問題，需要取捨；"酉"與"畐"從字形上看都是盛酒器，但器型不同、功能不同、文化意義不同，構成的文字也呈現系統的不同等等。

第三，有所選擇，通俗表達。每一個漢字文化的堆積都很厚重，哪些在學術討論的範圍内，哪些適合大學課堂上講解，哪些可以作爲文化普及的内容，要有所選擇。學術研究追求詳盡、嚴密，目標是解决疑難。課堂教學重在學科知識系統、學理與方法。漢字文化普及是把學術研究成果轉換爲通俗易懂、便於接受的形式廣泛傳播。

第四，漢字闡釋涉及上古文化，時代久遠，不能處處如考古發掘一樣見到實物。一些證據鏈條中斷，可以有一定程度的推測彌合。例如把"畐"釋讀爲"甂"有一定的依據，但也只是一家之説，其證據鏈並不完整。因爲：第一，稱之爲"甂""尊"的商周容器都是後人的定名，商周時代的稱謂是什麽我們並不能確切知道；第二，"畐"與"甂"兩個字的時代遠隔，證實二者記録同一個詞有很多缺環。但從字形、構形理據、文化意義等多方面考察，推斷"畐"的初文是甂類以存儲爲主要功能的容器，應當可信。把"畐"就是"甂"這種觀點吸收進來，簡便表達，便於理解。探索造字理據實際上是根據有限的綫索探求古人的造字思維，很難實證。如何拿捏好分寸，是漢字闡釋的一個難點。作爲學者，自己必須心中有數，哪些是確切的知識，哪些是有一定證據的推斷。不能空話説多了，連自己都確信"無疑"了！

總之，漢字闡釋與漢字文化普及都還在摸索的路上。在文化需求多樣化的時代，讓使用漢字的人對漢字有更多的理性認識，是專業工作者的責任。

【延伸閲讀】

［1］何九盈：《漢字文化學》，瀋陽：遼寧人民出版社，2000年。
［2］李守奎、王永昌：《説解漢字一百五十講》，西安：陝西師範大學出版社，2022年。

第八講　漢字的字際關係
——以"卿"字爲例

　　導讀：漢字的字際關係就是文字形體與所記録語言之間、文字與文字之間的關係，主要表現爲同一文字記録不同的語言和不同的文字記録相同的語言。把握字際關係是理解文字構形與演變和閱讀歷史文獻過程中準確理解文義的關鍵。漢代古文經學家在整理古文文獻的過程中已充分認識到字際關係的重要性並將其上升到理論層面，"六書"中的"假借""轉注"就是對一字記録多詞和一詞對應多字的概括。[1]

　　編碼造字、借作他用、書寫變化、關係調整，文字構形系統不斷變化會使漢字數量日益增多，彼此關係日趨複雜。這些文字處在時空交織的網絡中，彼此關聯、彼此牽制。

　　以單字爲單位的字際關係研究成果非常豐富，如乾嘉學者的因聲求義、破讀釋義，黄侃的通文研究，大型工具書中注明"某同某"等等。《字源》探索和描寫文字源流，以單字爲單位，逐一梳理，是這方面研究的重要成果。

　　文字的變化從表面上看是形體的變化，實質上是文字符號關係與記録語言關係的調整。把有關係的文字放在一個系統中進行共時和歷時的觀察與描寫，系統研究字際關係，理清其彼此的牽制與分工等方

---

[1]［清］段玉裁：《説文解字注》，北京：中華書局，2013年，第762—764頁。

面的工作，還没有充分展開。

目前，出土的漢字材料日益豐富，研究方法日臻嚴密。從豐富的材料中我們可以看到時人的實際用字情况，可以對某一階段的文字進行比較充分的共時描寫。在此基礎上，進行歷時觀察，就會看清這些文字在記録語言過程中的變化、分化、類化、合併與文字系統的調整。加强對字際關係形成的動態過程和文字系統内部調節的描寫，從字際關係的具體描寫中總結規律，提高理論水準，可以成爲一個重要的學術增長點。

本節以"卿"字爲核心，探討與其有關係的卯、卩、丌、皀、皂、饗、飨、高、亨、享、鄉、鄕、䣹、䣊、邑、向、嚮、曏、響、薌、芗、香等字之間的關係及形成過程，揭示漢語體系中字際關係的複雜性，嘗試通過關係字組探討字際關係的形成過程與相關文字發展演變歷史的可行性。

文中古文字字形根據其構字部件加以隸定或説明，相關繁體字與現代簡化字作爲異體字都是研究的對象，文字所記録的語言用 {} 標示。

一、"卿"的構形及其演變

歷時地研究字際關係，首先要溯源，探討一個字的源頭與構形，只有在明確其編碼理據，明確其本義的情况下，才能確定其基本類型以及與其他文字之間的關係。系統進行這項工作的第一人就是許慎，構形理據探討自然是以《説文》爲基礎。

"卿"在"卯"部，部中只有這兩個字。

《説文》："卿（卿），章也。六卿：天官冢宰、地官司徒、春官宗伯、夏官司馬、秋官司寇、冬官司空。从卯、皀聲。"[1]（去京切，

---

[1] ［漢］許慎撰，［宋］徐鉉等校訂，愚若注音：《注音版説文解字》，北京：中華書局，2016年，第185頁。

溪母陽部[1]）

"章"與"卿"之間韻部相同，屬於聲訓。[2] 所謂"卿，章也"是漢代學者對"卿"這一高官的期望，語言應用中並無此義。按照許慎的理解，"卿"記錄的是六卿之卿，因爲卿應該章善明理，所以意義就是章，直接構形字符是意符"卯"和音符"皀"。表意的"卯"與職官或"章"義又是什麽聯繫呢？

《說文》："卯（卯），事之制也。从卪、戼。凡卯之屬皆从卯。闕。"（去京切，溪母陽部）

所附《唐韻》"卯"的讀音與"卿"相同，（注意與干支"卯"的區別，二者是完全不同的字，但多數情况下訛混同形）什麽叫"事之制也"，究竟讀什麽音，許慎也有一些説不清楚，所以"闕"。从"卪""戼"會意爲"卯"，"卪""戼"與"卯"意義之間是什麽關係？

《說文》："卪（卪），瑞信也。守國者用玉卪，守都鄙者用角卪，使山邦者用虎卪，土邦者用人卪，澤邦者用龍卪，門關者用符卪，貨賄用璽卪，道路用旌卪。象相合之形。"（子結切）

《說文》："戼（戼），反卪也。闕。"（則候切）

"卪"從來没有符節的意義，"戼"許慎也不知道是什麽。

"皀"作爲音符，許慎用的是"又音"，即另外一個讀音：

《說文》："皀（皀），穀之馨香也。象嘉穀在裹中之形。匕，所以扱之。或説皀，一粒也。凡皀之屬皆从皀。又讀若香。"（皮及切，幫母緝部）

匕上的"白""象嘉穀在裹中之形"，與表顏色的"白"完全不同，但《說文》中並無此字，這個孤立的象形没有任何佐證。

《說文》："匕（匕），相與比叙也。从反人。匕，亦所以用比取

---

[1] 陳復華、何九盈：《古韻通曉》，北京：中國社會科學出版社，1987年，第279頁。（下文所引古音皆出自此書）

[2] 段玉裁注引《白虎通》云："卿之爲言章也，章善明理也。"

飯，一名椰。"（卑履切）

"皀"有兩個意義，兩個讀音。但文獻中這個字從來都不見應用，《説文》所説的"讀若香"來源不明。

按照《説文》"文"與"字"的構成方式層層分析構形，"卿"共兩個直接構字字符，四個基礎字符：

$$卿\begin{cases}卯\begin{cases}卩\\卪\end{cases}\\皀\begin{cases}白\\匕\end{cases}\end{cases}$$

文字轉化爲字符，表現爲文字在構形中彼此的關係與功能。《説文》構建了一個闡釋系統，但是我們從"卿"字來看，越詳細越牽強，越説不清楚。釋義不是語言實際存在的意義，字形是不見文獻應用的文字，除了引文顯示"卿"的語義是職官之外，幾乎没有一個確切的知識定點。有些地方許慎實事求是地"闕"。從總體上看，相關七個字的闡釋以及彼此組合構成"卿"字的關係無一可信。

《説文》之後，歷代學者對"卿"字續有研究。在没有新材料、新方法的情況下，附會演繹、强不知以爲知比比皆是。種種説法參看《説文解字詁林》，不具引。在缺少新材料、新方法的情況下，傳統文字學的構形説解陷入繁瑣考證、主觀臆説的歧途。

在紛紜衆説中，段玉裁等學者能够避開構形臆測，在文字所記録的語言方面着力。雖然能有所質疑，但依舊是尋求更多的内證、外證，彌合許説的罅漏。取卩卪讀爲節奏之説，同樣是謬解。[1]

黄侃非常注重文字之間關係的研究，黄焯整理其《説文》批注，其中有"卯同卿、鄉。卿同卯。古文或以卿爲鄉"等。[2]

傳統《説文》學之外，古文字研究帶來新的突破。

---

[1]［清］段玉裁：《説文解字注》，北京：中華書局，2013年，第432頁。
[2] 黄侃箋識，黄焯編次：《説文箋識四種》，上海：上海古籍出版社，1983年，第49頁。

金文研究在宋代就取得很高成就，金文中的"卿"讀爲"嚮""饗"等已是常識。清末羅振玉對甲骨文中"卿"字的構形有如下分析：

此字从𠨍，从𠁡，或从𠨍从𠁡，皆象饗食時賓主相向之狀，即饗字也。古公卿之卿，鄉黨之鄉，饗食之饗皆爲一字。[1]

裘錫圭對"卿"字的構形及部分字際關係做了簡要的概括，限於著作體例，對"卿"的討論分置多處：

（甲）　（金）　卿：饗（饗）的初文，字形表示二人相向而食，也有可能表示主人請對方飲食。用它來表示卿大夫的{卿}，當是引申或假借的用法。古代還用"卿"來表示方向的"向"。[2]

又論及向、卯、卿、饗、鄉的關係：

方向之{向}，甲骨、金文都用"饗"（饗）的初文"卿"字表示，古書多用"鄉"（乡）字表示。"卿"字篆文作𠨍，是由"卿"分化出來的一個字（後人又造"嚮"字專用來表示方向之{向}，現在已併入"向"字）。"卿"本象二人相向對食，但是方向之義也不像是由相向對食之義引申出來的。《説文》有𠨍字，訓爲"事之制"。近人多認爲𠨍象二人相向，是方向之{向}的本字，説當可信。{饗}、{鄉}和當北出牖講的{向}，都應該是由方向之{向}派生出來的詞（鄉里之{鄉}跟方向之{向}在意義上的聯繫也很明顯。古代的鄉多以方位爲名，如一個邑靠東的地區就是東鄉）。由於方向之{向}的本字𠨍後來廢棄不用，借用"向"字來表示這個意義，人們就誤以爲方向之義是北出牖之義的引申義了。[3]

---

[1] 羅振玉：《殷虛書契考釋三種》，北京：中華書局，2006年，第417頁。
[2] 裘錫圭：《文字學概要（修訂本）》，北京：商務印書館，2013年，第125頁。
[3] 裘錫圭：《文字學概要（修訂本）》，北京：商務印書館，2013年，第146頁。

我曾經拜訪裘先生，談到文字學理論，裘先生特別叮囑，要加强字例的研究，要對每一個例證有深入的研究。下面我們就按照時間的綫索，描寫各個時代以"卿"爲核心的字際關係的形成與發展。

（一）商代的"卿"與"𨚓"

"卿"字在甲骨文中是個常用字，大部分用法明確。

1. 記録｛饗｝

　　（《集成》2709）："王卿（饗）酉（酒）……"

《新甲骨文編》從文字的深層理據出發，將"卿"全部放在了"饗"字頭下。[1] "卿"在甲骨文中或許並不全部用爲"饗"。

2. 記録｛享｝

　　（《合》19851 反）："且（祖）乙允卿（享）……"

　　（《合》23003）："庚子，王卿（享）于且（祖）辛。"

卿（饗）是生人之饗，也可以是"卿于祖辛""祖乙允卿"等先祖之享。[2]

3. 記録｛向｝

　　（《合》28190）："東方西卿（嚮）。"還有"東卿""南卿""北卿"，學者多讀爲"嚮"。

　　（《合》6095）："貞，舌方出……王自卿。十一月。"姚

---

[1] 劉釗等編纂：《新甲骨文編（增訂本）》，福州：福建人民出版社，2014 年，第 327—328 頁。

[2] 參看徐中舒主編：《甲骨文字典》，成都：四川辭書出版社，1989 年，第 1015 頁。姚孝遂主編：《殷墟甲骨刻辭摹釋總集》，北京：中華書局，1988 年，第 511 頁。

孝遂先生讀爲"向",意爲面對。[1]

(二)"卿"的構形分析

〓（《合》5245）　　〓（《合》16050）

"卿"由相向的兩個跪坐的人形與食器中盛裝食物的"皀"構成,記錄的語言是宴饗的｛饗｝;向鬼神進獻或鬼神享用的｛享｝;方向、面對的｛向｝。編碼造字爲哪一個或幾個意義構造字形?

首先,這是一個平面圖畫式表意字。二人相向面對食器跪坐,像享用食物之形,也就是學者所說的"饗"的本字,這一點學術界很早就達成共識。

其次,字形中二人相向,與｛嚮｝也有聯繫。

(三)字符的來源與字符的功能

早期表意字的字符由文字轉化而來。"卿"的直接字符有兩個,與《説文》相對應就是"卯"與"皀"。

甲骨文中"卿"所從的"卯"有兩種寫法,"〓"與"〓"。"〓"即《説文》的"卯","〓"見於甲骨文。

羅振玉認爲"〓"即"卯",是"人心向背"之"嚮"字,得到了裘先生的認同:"近人多認爲〓象二人相向,是方向之｛向｝的本字,説當可信。"[2]

《説文》的"卯"不見於古書應用,也不見於出土文獻。甲骨文中釋爲"嚮"的"〓",其構形與詞例都還不能充分證明就是"嚮"的本字。首先,从詞例看,"〓"與"卿"都可以讀爲"饗":

《合》21069:"癸子(巳)卜,令牧〓。"

《合》376:"貞乎昇〓〓六人。"或讀爲"饗"。

---

[1] 于省吾主編:《甲骨文字詁林》,北京:中華書局,1996年,第378頁。

[2] 裘錫圭:《文字學概要(增訂本)》,北京:商務印書館,2013年,第146頁。

"㼌"像二人相向，可能是"人心向背"的"嚮"的本字；張口相向，也不能排除就是表示衆人會食的"饗"，甲骨文殘辭中的㼌，相向二人的口側開，對着食物，作爲形符表意尤其貼切。《新甲骨文編》把㼌、㼌、㼌放在同一字頭下，從構形上看，視作一字異體也有其道理。

由於"卯"字不見於古文字，也不見於古書應用，它來自"㼌"的省略，還是"卿"的截除，目前還難以準確判斷。其功能與這個時期"卿"的音義似乎沒有區別。

"皀"是食器中盛裝食物。甲骨文中有下列字形，學者或讀爲饗：[1]

㼌（《懷》1633）："貞：余有夢，佳皀有蔑。"

㼌（《屯南》2626）："乙亥陷。擒七百麋。用皀……"

《説文》又音"讀若香"。《正字通》："皀，古香字。"這是釋讀爲"饗"的主要證據。從簋類銅器銘文自名"㲃"來看，"簋"的初文可能性更大。不論是什麽，作爲意符表意明確。"皀"的構字功能比較強大，我們熟悉的"即""既""食"等都以此爲形符表意。

由於詞例有限，還無法論定"㼌"與"㼌"是分別記錄"嚮"與"饗"兩個字，還是都可以記錄"嚮"與"饗"的異體。從文字構形與用法上看，後者的可能性更大。把表達的焦點放在二人坐食就是"饗"的本字；把焦點放在二人相向，就是"嚮"的本字。一個字形表達與字形相關的多個意義，不一定是都是語義引申所致，有些可能在造字編碼時就已然如此了。

"卿"字構形還涉及早期形聲字與構形多重理據的問題。

如果説㼌是㼌的簡化，"卯"是㼌的簡化也就順理成章了，也就是説"卯"這個字應當存在，《唐韻》所附與"卿"相同的讀音也

---

[1] 黄德寛等：《古文字譜系疏證》，北京：商務印書館，2007年，第1713頁。

是有依據的。"卯"不僅是形符表意，而且兼作音符。早期意音字大都是通過這種表意字選擇兼具表音功能的字符的方法產生。

如果《說文》"皀"讀若"香"的說法屬實，那"卯""皀"兩個字符就都成了既表音又表意的雙形符會意與雙音符表音了，如此奇巧的構形很罕見。

根據字形及其所記錄的音義可知，"卿"是平面圖畫結構表意字，由"卯"與"皀"兩個字符構成，按照《說文》的體例，🈺的構形分析可能會出現四種表述方式：

（1）从卯，从皀，二人相向而食。
（2）从卯，从皀，卯亦聲。
（3）从卯，从皀，皀亦聲。
（4）从卯，从皀，卯、皀雙聲。

目前"皀"見於甲骨文和早期金文，"卯"形只見於甲骨文中的繁體，與《說文》之間頭尾相距很遠，可能傳承失載。"卿"字中"皀"的功能還有不同理解，是否爲雙音符字也就不能確定。可以確定的是，"卿"是表意字，也是"卯"亦聲的兼類字。商代🈺、卯、皀、卿之間的關係基本清晰。

確定編碼構形所表達的本義有兩種途徑：一是根據字形與所記錄語言之間的關係，做出合理的判斷，例如"卿"字有大量詞例記錄了{饗}與{嚮}，字形與這兩個意義都有聯繫，可能就是一字表多義；二是根據文字構形規律進行推測，例如"卯"並沒有記錄{嚮}的證據，但文字學上可以與"北"互證。我們認爲前者是比較確定的知識，後者是有道理的推斷。

商代"卿"字及相關的字際關係可以確知的是如下幾點：

第一，"卿"所記錄的語言是{饗}或{嚮}。

第二，"卿"字的構形是形符組成的平面圖畫式結構的表意字，同時是形符兼音符的意音字。

第三，"🈺"與"卿"可能互爲異體。

第八講　漢字的字際關係　191

第四，"卯"在"卿"字中是相向就食，與"饗"的音、義聯繫密切。

第五，"皀"像食器中盛滿食物，與"饗"的意義聯繫密切。

第六，"卯"與"皀"都是不能進一步拆分的基礎字符，拆出來的"卩"與"白"不具有獨立的表達功能。

根據甲骨文及其他商代文字，對"卿"字的構形得出與《說文》完全不同的闡釋。商代的文字材料有限，目前所知基本上就是這些。這些比較確定的知識成爲進一步探討"卿"相關字際關係的出發點。

（四）西周至戰國"卿"字的歷史演變

西周金文"卿"字直接承襲商代而來，使用頻率極高，出現了異體或異寫，例如：

（欮簋，《集成》3745）："其萬年用卿（卿-饗）賓。"

中間"皀"類化爲"食"。從"食"的異體，《新金文編》收錄有21例。

（邿公鈺鐘，《集成》102）："及我正卿。"

這種不僅"皀"類化爲"食"，而且相向跪坐的人形變成了相向站立的人形，僅此一例。

"卿"字所記錄的語言不僅承襲了商代的用法，而且出現了新的變化。

饗：（史獸鼎，《集成》2655）："用朝夕卿（饗）氒多朋友。"

享：（中山王方壺，《集成》9735）："以卿（享）上帝。"

嚮：（南宮柳鼎，《集成》2805）："即立中廷，北卿（嚮）。"

（《睡虎地秦簡·日甲》99正）："毋起北卿（嚮）室。"

以上用例沿襲商代的用法。出現了職官與行政區劃等新的用法，記錄職官與行政區劃：

　　　　（毛公鼎，《集成》2841）："卿事（士）寮。"

　　　　（商鞅方量，《集成》10372）："卿大夫。"

　　　　（《睡虎地秦簡·語書》3）："卿（鄉）俗淫失（佚）之民不止。"這是行政區劃"鄉"。

　　另外故訓讀爲"慶"。《尚書大傳》卷二："舜爲賓客而禹爲主人……於時卿雲聚，俊乂集，百工相和而歌《卿雲》，帝乃倡之曰：'卿雲爛兮，糾縵縵兮，日月光華，旦復旦兮。'"鄭玄注："卿，當爲'慶'。""卿雲聚""俊乂集""百工相和而歌"結構相同，把"卿雲""俊乂""百工"理解爲三個層級的臣僚似更合理，若此，這裏讀爲"慶"的"卿"也可能是指職官。

　　職官與行政區劃相應。《周禮·地官·司徒》："鄉大夫，每鄉卿一人。"這裏的"鄉大夫"對應的就是"卿大夫"。

　　到戰國時期，一個卿字已經承擔了記錄{饗}、{嚮}、{卿}、{鄉}四個常用詞的重任，雖然很符合節約原則，但記錄語言的明晰度不夠了。

（五）秦漢時期卿的分化

　　秦分化出"鄉"例如　　（《秦印編》125"咸陽右鄉"）。表示行政區域的字大都從邑。"卿"產生了鄉里之區域的意義之後，所從的"卯"義化爲"㔿"，"卿"分化出"鄉"。

　　職官"卿"與區劃"鄉"同源，都是常用詞，卿的理據已經喪失，爲了區別職官與行政區劃，語音會有一些差別（溪母與曉母），文字也產生了分化，分化的方式是"變形義化"——把"卯"變成了"㔿"，"鄉"就成了專表行政區劃的後起本字。

《説文》："，國離邑，民所封鄉也。嗇夫别治。封圻之内六鄉，六鄉治之。从䢾、皀聲。"

正如裘錫圭先生所説，"鄉"是通過改造母字"卿"分化出來的。[1]"䢾"就應當是從"鄉"字上截除下來的部件。"䢾"部只有"鄉""䢼"兩個字。"䢼"的篆文"巷"即現在通行的"巷"，見於秦文字：

（《睡虎地·封診式》79）

古文字材料中的｛巷｝多見，秦文字又作：

（《秦封泥匯考》）

楚文字作：

（包山簡142）　（包山簡144）

《説文》字頭"䢼"目前不見於出土文獻。

"䢾"是从"鄉"字中分解、重構出來的字符。與"卿"字一樣，許慎不知其來源，無法解釋，相關部件的解釋多"闕"。

《説文》："，里中道。从䢾，从共，皆在邑中所共也。"

《説文》："，鄰道也。从邑从𨙨。凡䢾之屬皆从䢾。闕。"

《説文》："𨙨，从反邑。䢾字从此。闕。"

"䢾"與"𨙨"是文字應用系統中本來就不存在的兩個字，《説文》對"鄉"字的分析與"卿"字一樣，因爲不知其來源，分解出文字中不存在、構形中没有獨立功能的部件，闡釋不得不"闕"。

戰國璽印姓名私璽中有"䢾"字（《古璽彙編》2090—2095），字形是二邑，用法是姓氏，釋作"䢾"並不可信，與甲骨文的"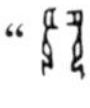"

[1] 裘錫圭：《文字學概要（修訂本）》，北京：商務印書館，2013年，第218頁。

相聯繫更不可信。後代字書《五音篇海》"畀同巷"不知所據。

總之，到目前爲止，出土文獻中只有"鄉"字从"畀"，是"卯"的變形表義。

"鄉"目前僅見於秦文字，很快成爲常用字，"卿"與"鄉"進行了文字系統內部的調整，讀曉母的用法轉移給了"鄉"，還產生了一些新的用法。"咸陽右鄉"等行政區劃的"鄉"是後起本字，其他用法就是借音表意的假借字。

宴饗：《漢書·文帝紀》："夫以朕之不德，而專鄉獨美其福，百姓不與焉，是重吾不德也。"

祭享或鬼神享用：《墨子·耕柱》："鼎成四足而方，不炊而自烹，不舉而自臧，不遷而自行，以祭於昆吾之虛，上鄉。"

面嚮：𗈓（《睡虎地秦簡·日甲》140 背）："夏三月毋起南鄉室"。

方嚮：《荀子·成相》："武王怒，師牧野，紂卒易鄉啓乃下。"

迴響：《漢書·董仲舒傳》："夫善惡之相從，如景鄉之應形聲也。"顏師古注："鄉，讀曰響。"

北向的窗戶：《儀禮·士虞禮》："祝從，啓牖鄉如初。"鄭玄注："鄉，牖一名也。"《詩經》作"塞向墐户"。

方才：漢劉向《列女傳·鄒孟軻母》："鄉見子有憂色，曰：'不也。'今擁楹而嘆，何也？"（向/曏，方才）

借爲"香"：𗈓（《睡虎地秦簡·日甲》158 背）："鼻能糗鄉（香/薌）"

"卿"字除了職官意義之外，其他意義與功能全部轉移給了"鄉"。一字多用，符合經濟原則，但不符合表達精確原則。爲了精確表意，文字系統分化出"饗""響""曏""薌""嚮"等字，方法一致，在假借字上加注意符：

(1)《說文》："饗，鄉人飲酒也。从食，从鄉，鄉亦聲。"

𩜙（《武威簡·特牲》2）　饗（范式碑）

饗（史晨碑）

"饗"字分化經過兩個階段，"卿"上加意符和"鄉"上加意符。"饗"與"饗"字都早見於漢代。

（2）《説文》："響，聲也。从音，鄉聲。"

（3）《説文》："曏，不久也。从日，鄉聲。《春秋傳》曰：'曏役之三月。'《儀禮·士相見禮》：'曏者，吾子辱使某見，請還摯於將命者。'鄭玄注：'曏，曩也。'"

（4）《説文》："薌，穀气也。从艸，鄉聲。"

（5）嚮：《廣韻》："與向通用。"《集韻》："面也，對也。"《尚書·盤庚》："若火之燎于原，不可嚮邇。""嚮"是雙音符字。造字時代，"鄉"與"向"都可以表達相同的音義。

"鄉"取代"卿"的大部分用法和產生大量分化字發生在秦漢時代。至此，我們縱向梳理了"卿"的演變與分化，"卯""卿""饗""響""曏""薌""嚮"在字形、意義或讀音上有關聯，是一個字形不同用法的分化。

二、卿與其他文字之間的關係

"卿""㐭（享）""向"三個來源古老，構形不同，記錄語言各異的不同的字，因爲讀音相近，在不同的歷史時期可以記錄相同的意義。

（一）卿與㐭的關係

古文字中"㐭"像某種建築，可能是祭祀鬼神的宗教建築。

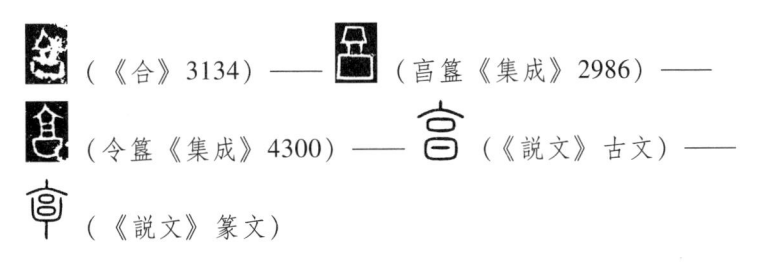

㐭（《合》3134）—— 㐭（㐭簋《集成》2986）——

㐭（令簋《集成》4300）—— 㐭（《説文》古文）——

㐭（《説文》篆文）

祭祀的建築與祭祀的方式、目的都有聯繫：祭祀的方式——進獻，祭祀的目的——鬼神來饗。[1]

《說文》："㐭，獻也。从高省，曰象進孰物形。《孝經》曰：'祭則鬼亯之。'凡亯之屬皆从亯。𠅁，篆文亯。"

《說文》雖然構形分析不對，但指出"亯"有進獻和鬼神享用兩個意義，是常用義，驗之出土文獻，高度吻合。"亯"在出土文獻與傳世文獻中的詞義主要是與鬼神先祖的祭享與享用有關。

《尚書·盤庚上》："茲予大享於先王。"孔穎達疏云："《周禮·大宗伯》祭祀之名：天神曰祀，地祇曰祭，人鬼曰享。此大享於先王，謂天子祭宗廟也。"

🅐（《合》32227）："壬申卜：如有🅑伐亯妣己。茲用。"

🅒（追簋，《集成》4222）："用亯孝于前文人。"

🅓（楚帛書）"群神是亯。"

先秦出土文獻中"亯"比較常用，與"卿"的區別很明顯，其對象主要是鬼神先祖，但也可用於生人。

🅔（戍方鼎，《集成》2824）："𠂤復亯于天子。"

🅕（㠱季良父壺，《集成》9713）："用亯孝于兄弟婚媾諸老。"

《春秋》莊公四年："夫人姜氏享齊侯於祝丘。"

從構形上看，卿（饗）的對象是宴請的賓客朋友，甲骨文"王卿多子"，金文"用卿賓客"等用的都是本義。"卿"與"亯"雖然人、鬼有別，但界限並不始終清晰，"卿"很早就與"亯"通用：

---

[1] 㐭、亨、享、烹之間的分化關係參看裘錫圭：《文字學概要（修訂本）》，北京：商務印書館，2013年，第215頁。

[圖] （《合》23003）："庚子，王卿于且（祖）辛。"

[圖] （仲枏父鬲，《集成》746）："用敢卿孝于皇且（祖）丂（考）。"

《詩·小雅·楚茨》："先祖是皇，神保是饗。"鄭玄箋："其鬼神又安而饗其祭祀。"

在出土文獻中，"亯"與"卿"兩個字所記錄的語言不同，都不止一個意義，只有在"饗"這個意義上可以通用。"亯（享）"分化爲"亨""烹"等，與"饗"都沒有直接關係。

構形不同，所記錄的詞的讀音相同或相近，所記錄的語義一部分相近或相同。這種部分同義的字不是異體字，也很難說是假借字，用一種理論模式很難準確描寫。

(二)"卿"與"向"的關係

"卿"與"向"的關係，裘錫圭先生論之甚詳，參見前文所引。

先秦文字中"卿"與"亯""向"之間的分工比較明確，"卿"所記錄的詞義最多，"亯"次之，"向"很單純，不與其他文字發生關係。在進獻、享用等意義上，有時會模糊生人與死人的界限，"卿""亯"通用，其他用法並不見通用。

"卿"分化出"鄉"之後，職官的意義留在"卿"上，其他意義都轉移到"鄉"上，有過短暫的"卿""鄉"異體並用階段，秦漢時期產生了大量的分化字如"饗""響""曏"等。這些字形體複雜，在應用中或借用讀音相同、字形簡單的"向"，並在此基礎上產生了雙音符字"嚮"。

先秦文獻在漢代經過系統的整理，把古文都轉換爲通行的今文，也就是用漢代的文字系統轉換先秦的文字系統，就出現了出土文獻與傳世文獻之間的巨大反差。

秦漢時期"卿"分化出"鄉、饗、嚮、曏、薌"等文字，从記錄語言上說是成功的分化,從文字系統上說是繁化,但字形複雜,字數繁多,這又違背了文字的經濟原則。文字不斷簡化、合併、淘汰,通用規範漢字是成功的簡化與合併。

(1)"鄉"截除省略爲"乡"。

(2)"饗"或借用"享",或簡化爲"飨"。

(3)"嚮""曏"都合併簡化爲"向"。

(4)"響"簡化爲"响"。

(5)《說文》:"香,芳也。从黍,从甘。""薌,穀气也。从艸,鄉聲。"

"香""薌"音義全同,後者晚出,文獻中很少使用,沒有流行起來。[1]

把一字多形、一字多義,一字多音義、一詞多形等各種字用關係全部理清,是個浩大的工程。

一字記錄多詞與一詞有多種書面形式普遍存在,在語篇中根據具體語境確定,是閱讀文獻最大的障礙之一。形成這種現象的原因複雜,需要進行共時分析與歷時分析。

卯、卿、鄉、嚮、鄊、饗、響、嚮、曏、薌、向、亯、享、乡、飨、响這些文字放在一起看,彼此糾纏,關係混亂;但如果把它們放在共時與歷時的系統中觀察,各個時期的關係明確,歷時發展的脈絡也清晰可見。

三、以"卿"爲核心的字際關係

(一)累增的複雜字際關係與實際應用的字際關係

編碼造字、文字應用、歷史演變與文本轉化等各種原因會導致兩種普遍現象:同一個字形記錄不同的語言,同一個詞由不同的字記

---

[1] 出土漢代文獻中偶見此字,如居延新簡、海昏侯墓出土木楬等。

錄。工具書是歷史的堆積，不論是古代的《説文》還是現行的《漢語大字典》，都是文字"大全"，如果再加上出土文獻，文字系統會更加龐大，字際關係更加複雜。根據不同的需求，字際關係可以做不同的處理。

把這兩種關係可以籠統地概括爲"異體"與"通用"。"卿"有衆多意義，每一個意義與其他記錄同一個意義的文字構成"通用"的關係。記錄｛饗｝的各種字形彼此構成"異體"關係。二者彼此相關，構成一個龐大而複雜的關係網絡。例如同一個字形"卿"記錄不同的語言：

卿1——｛饗｝——饗

卿2——｛亯｝——亨——享

卿3——｛嚮｝——向

卿4——｛卿｝——卿

卿5——｛向｝——向[1]

卿6——｛鄉｝——鄉——鄉

又如同一個字形"鄉"：

鄉1——｛鄉｝——饗——飨

鄉2——｛嚮｝——嚮——向

鄉3——｛香｝——薌——芗

鄉4——｛響｝——響——响

鄉5——｛向｝——曏——向

另一方面，同一個詞可以用不同的語言記錄，例如｛饗｝這個音義，文獻中有許多文字記錄，除了最常見的"饗（饗/飨）"字外，還有：

卿：🖾（史獸鼎，《集成》2655）："用朝夕卿（饗）氒

---

[1] 指北出牖之"向"。

（厥）多朋友。"

亯：[图] （戜方鼎，《集成》2824）："旂復亯于天子。"

亨：《周易·大有》："公用亨於天子，小人弗克。"

享：《春秋》莊公四年："夫人姜氏享齊侯於祝丘。"

鄉：《漢書·文帝紀》："夫以朕之不德，而專鄉獨美其福，百姓不與焉，是重吾不德也。"

嚮：《史記·白起王翦列傳》："王翦曰：'爲大王將，有功終不得封侯，故及大王之嚮臣，臣亦及時以請園池爲子孫業耳。'"

餉（飷）：《孟子·滕文公下》："有童子以黍肉餉，殺而奪之。"

如果"卯""皀"詞例可以確證其可讀爲｛饗｝，也可以增入其中。

如果我們把《漢語大字典》《漢語大詞典》《故訓匯纂》等工具書及文獻中卯、卿、鄉、鄉（乡）、饗（飨）、嚮、皀、薌、亯（享）、向、餉、響每一個字所記錄的語言全部列出，｛卯｝｛卿｝｛鄉｝｛嚮｝｛鄉（乡）｝｛饗（飨）｝｛嚮｝｛皀｝｛薌｝｛亯（享）｝｛向｝｛餉｝ 所使用的每一個字全部列出，再以意義爲單位詳加區別與系聯，將會出現一個龐大的字際關係系統。這對於研究來說是深入系統，對文字應用來說，不勝其煩。一個應用的文字系統也不允許如此複雜。我們得從文字的應用系統中去確定字際關係，而不是把累積形成的關係當作實際存在的關係。

（二）理清字際關係

把文字放在歷時與共時的框架下描寫，關係並沒有那麼複雜。

首先清除文字系統中不存在的字際關係。有些字符是從文字中離析出來的構字單位。"卯"字中的"丣"，"皀"中的"白"，"鄉"字中的"皀"，"皀"中的"㠯"等都是文字系統中尚未發現實際應用的形體，有些可以確定是構成文字形符的一部分，本身既沒有固定的音、義，也沒有獨立的構形功能，是從所構成文字中截除下來的部件。這部分在文字系統中並不存在，只有構形功能在字際關係討論中應當淘汰。

理清文字演變的歷史層級。每一個共時的系統中，異體與通用的現象都受到控制。每一個時代的文字系統都會對字形加以選擇、淘汰、規範，記錄語言重新分工，對字際關係重新調整。"卿"字的發展大致可以分爲四段：以甲骨文爲代表的商代、西周至戰國、秦漢至民國、現代漢字。

甲骨文中"󰂀"與"卿"兩個字形記錄了後世｛嚮｝、｛饗｝兩個詞。記錄｛饗｝的"卿"與"亯"通用。"卿"的構形單位有"󰂀"（或其簡體"卯"）、"皀"兩個，相向對食可能與｛嚮｝或｛饗｝都有關係。這個時期只有"󰂀"或"󰂁""皀""卿"和"亯"字存在相關字際關係。

西周至戰國文字時期，"󰂀"或"󰂁"與"皀"逐漸不再作爲文字出現。"卿"除了沿襲商代的用法，產生了職官｛卿｝與區劃｛鄉｝兩種新的用法[1]，讀音也發生了分化。秦文字中產生了分化字"鄉"。這是一個轉折點。"鄉"分擔了"卿"字讀曉母的音義，"卿"所記錄的語言和構字功能大部分轉移給"鄉"字。

這個時期只有"卿""亯""鄉"之間存在相關字際關係。

秦漢時期與"卿"相關的字際關係發生了第一次突變，從母字"卿"分化出大量形聲字，"卿"成爲職官的專字、"鄉"成爲區劃單位的專字，過去由"卿"或"鄉"記載的其他意義逐漸分化出"饗""響""曏""薌""嚮"，各有專職。由於這些專字形體複雜，或假借"向"，並在此基礎上滋生出"嚮""餉"等。這個時期字際關係最爲複雜。

秦漢時代，漢字基本定型，作爲正體字長期通行。這些複雜的文字在俗體應用過程中不斷簡化、分化、合併，逐漸發生變化。各種俗

---

[1] 目前所見材料如此，並不排除商代已有的可能性。

體簡化字經過長期的發展，成爲規範用字，現行通用字系統對文字進行簡化，異體字、通用字加以合併，實際常用的一級字只有"卿""鄉""享""向""响"五個，彼此分工明確，不構成異體或通用關係。另有二級字"亯""飨""芎""饷"等，主要用於出版印刷、辭書編纂等。

歷時描寫可以看到文字孳生、繁化、簡化的演變過程和文字系統的調整狀況。共時描寫讓我們看清楚每一個時期文字實際應用的狀況。

（三）文獻用字的存古與轉寫

文獻用字與工具書收字一樣，可以系統替換，可以仿古，缺少歷史的層級性。前面說過，在出土文獻中，"向"與其他文字之間很少發生關係，但在傳世文獻中，關係極其複雜。

"向"字甲骨文、金文多見。《說文》："𦥑，北出牖也。從宀，從口。《詩》曰：'塞向墐戶。'"構形分析也能說通，在沒有更多詞例證明的情況下，把"向"的理據理解爲"響（响）"，不一定比"北出牖"更有道理。

"向"在出土文獻中僅用作人名或地名，《古文字譜系疏證》中從甲骨文到戰國文字所有字形給出的詞例（18 例）沒有例外。但在傳世文獻中，"向"與"嚮""曏""饗""享""響"等都能夠通用。

{嚮}：《莊子·秋水》：河伯"望洋向若而歎"。

{曏}：《穀梁傳·成公二年》："今之屈，向之驕也。"

{享}：《荀子·正名》："心憂恐則口銜芻豢而不知其味……故向萬物之美而不能嗛也。"楊倞注："向讀爲享。"

{饗}：《漢書·宣帝紀》："上帝嘉向，海內承福。"顏師古注："向讀曰饗。"當爲"讀曰享"。漢代學者"享"與"饗"已經不甚分別。

{響}：《莊子·在宥》："大人之教，若形之於影，聲之於向。"專字作"響"，指回聲、聲音。

傳世文獻與出土文獻用字上的這種巨大反差，不能用文字自身的發展規律或文獻存留數量等來解釋，而是文字轉寫導致文字系統之間的轉換。

《尚書·盤庚》："若火之燎于原，不可嚮邇。""嚮"字《説文》未收，出現得更晚，但《盤庚》是《商書》，是商代遺存下來的文獻，傳世文獻作"嚮"是文字轉寫的典型例證。

如果轉換未盡或轉換不當，就會引起誤解。比如《莊子·逍遥游》："故夫知效一官，行比一鄉，德合一君，而徵一國者，其自視也亦若此矣。"成玄英疏："鄉是萬二千五百家也。""鄉"當讀爲"卿"，一官、一卿、一君當是職官遞升。

文獻中保留過去寫法，不加轉換以存古更是普遍存在。文字記録語言的系統如此複雜，使得讀古書成了專業。每一個時代都有其用字習慣，一旦有人用字隨便，不按習慣寫，就成了讀古書的障礙。研究漢字也成了專業。

文字系統不斷自然調節。任何時代的應用文字都有一定的限量，音義關係比較穩定，字際關係要分清歷史的層級。例如"向"記録{嚮}{饗}都很晚，它所構成的"嚮""餉""響"等就更晚。文字政策的强制性使得字際關係得到規範。"卿"相關文字的系統性分化發生在秦代書同文前後，系統性合併發生在推廣簡化字的過程中，都是政策干預的結果。

四、字際關係話語系統的建立

（一）解釋字際關係的話語系統

如何建立一套話語系統，精確描寫現象，準確揭示規律，學者們不懈努力。從《漢書·藝文志》《説文》等漢人著述開始，就開始探討"假借""轉注"等字際關係。同文、異寫、古今字、累增字、區別字、同形字，異形字與異體字，本字與借字，母字與分化字等等，都揭示了字際之間的某一種關係。《文字學概要》中《假借》《異體字、同形字、同義換讀》《文字的分化和合併》《字形跟音義的錯綜關係》《漢字的整理和簡化》五節内容主要是討論字際關係，已經建立起一套準確的話語系統。

按照我們的理解，文字彼此之間的關係可以簡單概括爲不同、相同、相關三種。完全不同的可以不予討論，字形完全相同的同形字，音義完全相同的異體字都非常少，大部分是相關。文字是記錄語言的符號，或者説文字是對語言再編碼的符號；有形體、所記錄的音義、編碼理據等多重屬性，多種關係。

（二）本字與借字

首先從編碼造字與用字記錄語言的角度可以區分爲本字與借字。

本字就是書寫符號對語言符號的再編碼，本字與所記錄的語言符號之間有明顯的聯繫。一個語言符號可以有多個本字，例如｛饗｝在甲骨文時期可能有"𩰬"與"卿"兩個本字。一個字可以有多個本義，例如商周時期的"卿"可能有｛饗｝與｛嚮｝兩個本義，這兩個意義都與字形有明顯聯繫。

確定本字本義，然後才能確定借用關係。例如商周文字中"言"從構形與應用上看都與"卿"不同，但是由於二者讀音相同，意義相近，彼此通用。當"言"用於活人時，可以説："言"假借爲"卿"；當"卿"用於鬼神時，我們可以説是"卿"假借爲"言"。假借是以明確字的本義與用法爲前提的，當本形、本義消失，借用關係也就不存在，只剩下籠統的"通用"關係。

早期漢字主要表現爲文字捨棄編碼理據，僅僅用作表音符號記錄語言中讀音相同的語言單位。

（三）異形字與異體字

從字形的角度觀察，主要有兩種情況：不同形體記錄相同的語言和相同的形體記錄不同的語言。

不同形體記錄相同的語言就是異形字和異體字。比如：

▧（《合》5245）　▧（《合》5239）　▧（《合》31044）
▧（《合》16050）　▧（《集成》3745）

理論上説，在手寫體中没有任何兩個字完全相同，或多或少會有所差别。"卿"字在商周文字中有多種變體，前三個是相同字符的形體變化，就是異形字。異形字選定一個常用形體爲代表，稱作"字位"。後兩個字構形字符不同，理據也有所不同，一般來説叫做異體字。異形字差異到什麼程度就成爲異體字，就應當通過隸定加以表現其結構差異，由於目的不同，寬嚴標準並不相同。如果從文字學構形研究的角度，把上列商代的文字分别隸定爲"卿""𦣻""卿"三個異體，可以充分表現構形的不同。

異體字最好在共時系統中研究。

以字形的繁與簡爲標準區分異體字，可分爲繁體字與簡體字，同一個字筆畫多就是繁體，筆畫少就是簡體。"▧"（《合》16050）是繁體，"▧"就是簡體。繁簡字自來就存在。

訛書、錯字也是一種"異體"，這是規範字系統不容納的個别現象，例如"▧"，兩個跪坐的人形訛變成兩個站立的人形。

異體字要麼分化，要麼被淘汰。

"▧"（《合》31044）、"▧"（《合》21069）、"▧"（《合》16050）、"▧"（《集成》3745）這些異體記録語言的功能相同，後三個都被淘汰，文字系統更經濟。

"卿"與"鄉"有一段異體共存階段，由於合理分工，完成了異體分化。

（四）同形字

相同的形體記録不同的語言就是同形字，廣義的同形字是字形相同，所記録的語言不同，有多種情況。

借用字的讀音記録另外一個詞，例如職官"卿"如果與"卿"的意義之間沒有聯繫，就是一個假借字。

　　文字合併導致一字多詞。"嚮"合併爲"向"，在簡化字排印的古籍中，"塞向墐戶"的"向"與"若火之燎于原，不可嚮邇"的"嚮（向）"就成了同形字。

　　狹義的同形字，字形相同，所記錄的音與義都不相同。偶爾造字巧合，例如"体"字，从人、本聲，是"笨"的異體；从人、本會意，是"体"或"骵"，是"體"的簡化字。這種同形字數量很少，而且大都不屬於同一個共時應用系統。

　　從字形與意義之間的關係看，一個字可以有多個意義，多個意義之間有聯繫就是引申義，各意義之間沒有聯繫就是同形字。

　　從歷史演變關係的角度看，字形處於不斷演變的過程中。分化是一個動態的連續的過程，但也是有層級的。距離編碼本字越來越遠，記號化程度越來越高，本字分化、引申義分化，同形字分化，分化產生後起本字。"卿"分化出"鄉"，"鄉"分化爲嚮、饗、曏、嚮、曏等。"向"假借爲"饗""響"等，分化爲"餉""响"等。分化的過程受文字求區別、記錄語言求準確的動力支配。一個母字可能對應幾個分化字。分化字剛產生的時候與母字處於共時異體，一旦分化完成，就成爲形義有別的不同的字，文字符號與所記錄的語言之間重新調整，明確分工。

五、結　語

　　文字是一套彼此區別的視覺符號系統，是記錄語言的符號，漢字形體符號與語言符號之間從來就不可能是一對一的關係。符號也只能在系統中發揮作用。在漢字古文字階段，由於時空和地域的不同，導致漢字形體與所記錄的語言之間的對應關係出現非確定性，一字往往可以對應多詞，一詞往往又可以對應多字。在發展過程中，文字與所記錄語言的關係不斷調整。

字際關係的探討不能局限在單字演變的"字譜",要根據形音義之間的關係確定關係組,一組一組地研究。我曾經提出"系統釋字法"[1]的基本理論依據就是文字是符號的系統,文字符號與語言符號之間的關係可以重新約定,文字與文字之間會形成錯綜複雜的關係,文字是在彼此作用的系統中發揮作用的。

在共時系統中,字際關係相對穩定。在歷時系統中,字際關係不斷變化。在字書系統中,各種關係累增堆積。在目前各歷史時期應用文字材料日益豐富的條件下,字際關係的探討可以通過文獻用字和字書混雜材料歸納系聯的方法,根據文字自身的發展,首先分期共時描寫,在此基礎上理清歷時發展演變。

在一套理論框架下,用一套嚴密的話語系統準確描寫字際關係,裘錫圭先生爲我們做出了表率。

我們要盡力描寫真實的字際關係,與根據間接材料和理論推衍的"備一説"保持一定的距離。

如果探討"字源",以關係組爲單位會更加有效。例如本文所討論的以"卿"爲核心的諸字可以分爲三個相鄰的關係組:

一、卯、皀、卿、鄉、嚮、饗、鐈、皀、蒴,乡、飨、芗。

二、亯、亨、享、烹。

三、向、嚮、餉、响。

通過共時與歷時的梳理,確定它們彼此發生關係的交匯點和發生的時間,不僅要看到它們之間的關係,還要看到直接關係和間接關係,例如先秦的"卿"與漢代的"卿"是間接關係,幾乎失去聯繫。不僅要看到相關部分的有關係,也要看清不相關部分的没關係。在先秦時代,"向"與第一組和第二組都没有關係,到了秦漢"鄉、嚮、饗、鐈、皀、蒴"等字産生之後才與這些繁複的字發生關係。

---

[1] 李守奎:《系統釋字法與古文字考釋——以"厂"、"石"構形功能的分析爲例》,《漢字學論稿》,北京:人民美術出版社,2016年,第122—124頁。

【延伸閱讀】

［1］裘錫圭：《文字學概要（修訂本）》，北京：商務印書館，2013年。
［2］王寧：《漢字構形學導論》，北京：商務印書館，2015年。

第九講　漢字闡釋與考釋
——以"俞"字爲例

導讀：漢字闡釋需要以漢字考釋爲前提，只有在正確考釋漢字的基礎上，才能有正確的漢字闡釋和文化闡釋。另一方面，漢字闡釋也能够彌補漢字考釋的不足，有助於我們探索文字的構形理據及其文化内涵，這些信息反過來又能够推動疑難字的考釋。從《說文》開始，漢字的闡釋與考釋走過了漫長的道路。就以"俞"字爲例，經過三千多年的嬗變，兩千多年的闡釋，其文化積累之厚重，確實可以寫出一部學術史來。今天我們立足於目前的漢字闡釋理論和立場，梳理以往對"俞"字分析的得失。在全面占有文字材料和研究成果的基礎上，堅持從"文字記録語言"這一角度入手，對"俞"字進行新的闡釋與考釋。

漢字闡釋的核心内容是構形理據。正確闡釋理據的前提有三個：第一，確知文字所記録的與構形相關的音義；第二，追溯到漢字早期未經訛變的字形；第三，符合實際的文字學理論。理據闡釋是在這些條件具備的前提下，結合其他歷史文化知識，推測古人造字時的思維。對於形、音、義不明的漢字，首先是疑難問題的考釋，在正確考釋前提下才會有正確的闡釋。《說文解字》從總體上看是一部闡釋構字理據的書，[1]

---

[1] 由於《說文》的體例未展現考釋的過程，許慎對一些字在闡釋之前是否有過考釋，不得而知。

形聲字占多數，形聲字的理據相對簡單，從這個角度看《說文》的闡釋大部分是正確的。但對於表意字系統的漢字而言，表意字是其基礎，這部分《說文》的闡釋大都存在不同程度的問題。

第一，文字所記錄的音義明確，但字形已經訛變，據訛變字形闡釋構形理據，不能確切或有錯誤。例如《說文》卷首一部的"天、示、王、士"等字，古今都是常用字，文獻中音義明確，但小篆字形去古已遠，哪個意義是其本義無法確知，某個意義與字形之間的聯繫完全是臆測。例如"示"字：

示，天垂象，見吉凶，所以示人也。从二（古文上）。三垂，日月星也。觀乎天文，以察時變。示，神事也。凡示之屬皆从示。

就小篆來說，"示"之字形正確。"示"的常用意義是顯現出某種指示性言行或徵兆等讓人看並知曉其義。《禮記·禮運》："刑仁講讓，示民有常。"《史記·廉頗藺相如列傳》："相如奉璧奏秦王，秦王大喜，傳以示美人及左右。"《說文》把這些意義與字形聯繫起來，闡釋爲天上垂下日、月、星以示人。許慎的闡釋，音、義皆有依據，但這是漢代思想的闡發，而不是漢字造字時的理據。如果探討漢代經學思想對文字闡釋的影響，這是絕好的材料；如果討論漢字構形，就必須回到更原始的字形與意義。許慎無緣見到，我們也不能苛責《說文》。

第二，有些字既不見於漢代文字，也不見於文獻使用，文字來源不明，構形不明，音義不明。例如《說文》："丙，舌皃。从谷省。象形。丙，古文丙。讀若三年導服之導。一曰竹上皮，讀若沾。一曰讀若誓。弼字从此。"這些字如果不藉助古文字的考釋成果，就無從推究真相。[1]

第三，字形訛變，本義已經失傳，爲了解字，不惜杜撰未曾出現過的意義。這是極端之惡例。例如《說文》："也，女陰也。象形。

---

[1] 參見本書第四講第四節相關內容。

ㄟ，秦刻石也字。"古文字與秦漢文字中"也"無作㐭形，此外，古今文獻"也"字沒有女陰意義。[1]

第四，理論系統性問題。"六書"理論中沒有裝飾字和記號字，凡是裝飾性構字部件或由裝飾性構字部件演變來的區別部件全部被當作表意部件。例如，"元、丕、吏、帝、旁、示"等字中，一些裝飾性筆畫規範化，或演變爲區別符號，《説文》都當作意符了。這些錯誤受制於其理論，是系統性錯誤。

《説文》根據當時所見到的材料給我們構建起漢字構形與闡釋的理論系統，開創了漢字學，成就卓越，千古不朽，至今都是漢字研究的寶庫。但也必須看到，《説文》依據的材料和理論都有其局限性，其個别文字闡釋開啓了脱離語言臆説漢字的惡例，影響至今。

乾嘉學者，在《説文》的音義訓詁研究上取得突破，成就輝煌，開闢了另外一條以音義關係爲核心的研究大道，後繼有人。但在文字構形研究方面因循守舊，成就有限。

今天，無論是材料、理論，都遠勝於漢代學者所見與所知，研究成果非常豐富，具備了"科學"地闡釋漢字的條件。需要的是有人能夠耐下心來去做，一點一點積累，小溪匯大河，相信漢字闡釋會有整體突破。

《説文解字》舟部有兩個字："俞"和"肜"。前者構形不明，後者意義來源與構形皆不明，二者之間的關係更無人涉及。下面就以此二字的考釋過程爲例，談談文字闡釋的方法以及漢字考釋與闡釋的關係。

一、"俞"字闡釋的歷程

"俞"是常用字，構字能力很強，《古韻通曉》舌音侯部收録 33 個

---

[1] 參見本書第六講。

俞聲字。[1] 對於"俞"字的闡釋歷經了初創、疏證和新證三個階段。

(一) 初創階段

目前我們所見最早闡釋"俞"字的構形在《說文》，卷八舟部：

　　俞，空中木爲舟也。从亼从舟从巜。巜，水也。

第一，《說文》依據的小篆字形，驗之秦、漢文字，準確無誤。戰國文字已然如此，清華簡作：

　　　（《皇門》8）　　　（《繫年》113）

第二，其釋義"空中木爲舟"不見於文獻，不知所據。

第三，其字形外部結構分析爲亼、舟、巜三部分。這三部分"會意"，如何能會出"空中木爲舟"？莫名其妙。

《說文》之闡釋，字形依據是小篆，意義依據不明，構形分析讀不懂。

(二) 音義疏證階段

這裏說的疏證是指通過文獻來疏證音義。以段注爲例：

　　俞，空中木爲舟也。《淮南·氾論訓》："古者爲窬木方版以爲舟航。"高曰："窬，空也。方，並也。舟相連爲航也。"按窬同俞。空中木者，舟之始。並板者，航之始。如椎輪爲大路之始。其始見本空之木用爲舟。其後因刳木以爲舟。凡穿窬、廥牏皆取義於俞。《中孚》傳曰："利涉大川，乘木舟虛也。"**从亼，从舟，从巜**。合三字會意。羊朱切。古音在四部。**巜，水也**。巜下曰："水流澮澮也。"說从巜之意。

段氏的貢獻在於突破字形，通過對"窬""牏"等字音、義間的聯繫，驗證"空中木爲舟"中"空"義的來源。學者是否認同，另

---

[1] 參見陳復華、何九盈：《古韻通曉》，北京：中國社會科學出版社，1987年，第156—160頁。字形重出者不計入。

當別論，但就詞源研究的深入來說，着實難以逾越。但其"从亼，从舟，从巜。合三字會意"的構形闡釋未見任何進展。同時期學者基本上都在《說文》給定的思路中深入、細化。把《說文解字詁林》相關内容全部讀完，其構形闡釋方面的收穫也不會太多。[1]

疏證派以古音爲途徑，以文獻用例爲證據，在《說文》音、義研究方面取得很高成就，但在字形方面，以《說文》給定的字形爲基礎，以"六書"爲理論，揣度許慎的意圖，彌合闡釋的矛盾，成就不大。

（三）以古文字新證階段

清末學者開始對《說文》補證。《說文古籀補》《補補》《三補》等補充了一部分古文字字形。此後逐漸有學者利用古文字新材料，重新闡釋漢字。《說文》的權威性被推翻了，這是應該的，但矯枉過正，不免走偏。尤其是一些對古文字材料還没有很好消化的學者，用錯誤的材料來論證《說文》的錯誤，形成錯誤之上的錯誤。這不是個别現象，在某種程度上説，曾經一度具有普遍性。其中做得比較好的有林義光的《文源》，很值得一讀，不僅在字形上利用新材料提出很多新見，而且在文字理論上也有突破，提出了一些"六書"涵括不了的漢字類型。他認爲"俞，从舟，余省聲"[2]這一説法得到很多學者的認同。

臺灣的季旭昇是謹嚴的文字學家，可以説是"新證派"的代表，他的《説文新證》對"俞"字詳加闡釋，多有新見，我們迻録於下：

![字形]	![字形]	![字形]	![字形]
1 商.合 10405	2 商.小臣俞犀尊	3 周中.豆閉簋《金》	4 周晚.不嬰簋《金》

---

[1] 參見丁福保編纂：《說文解字詁林》，北京：中華書局，1988年，第 8580—8582 頁。
[2] 林義光：《文源》，上海：中西書局，2012年，第 397 頁。

續表

5 春戰·侯 179：20	6 春戰·侯 156：20	7 春戰·侯 185：8	8 春戰·侯 75：8
9 戰·晉·璽彙 2108	10 戰·晉·璽彙 3316	11 戰·晉·古幣 208	12 戰·晉·古幣 208
13 戰·晉·古幣 208	14 戰·楚·郭 忠3《張》	15 漢印徵	16 西漢·馬· 戰93《陳》

釋義：疑爲以舟渡河之意，引申爲"逾越"。《說文》釋爲"空中木爲舟也"。

釋形：甲骨文△字，王襄疑爲"俞"字（《類纂·存疑》第八43頁）。字从"凡"，其右旁从"☆"，與甲骨文"余"形不同，構字本義待考。金文△2字，林義光《文源》釋爲从舟，余省聲，方稚松《甲骨文字考釋四則》以爲不从"余"。旭昇案：西周以下均从"舟"，"☆"形漸訛與"余"相近，從形體學來看，似可釋爲"从舟、从水，余聲"，水形作一撇筆，如"沖"字甲骨文《金璋所藏甲骨卜辭》14作"👤"，而《京都大學人文科學研究所藏甲骨文字》2146作"👤"（參見于省吾《甲骨文字釋林·釋沖》93~94頁）。據此，"俞"字疑爲以舟渡河之意，義近於"逾"或"渝"。

戰國文字"余"形與"舟"形結合，漢文字"余"形下半斷開，與"水"形並立，《說文》遂釋爲"从巜"，雖不正確，但"巜"爲"水"類，至少還保留了"俞"字从水的說法。

六書：形聲。[1]

季旭昇的貢獻可以歸納爲如下幾點：

第一，按時代列出自甲骨文到漢代的代表字形，相當於"俞"字演變的字譜。

第二，充分吸收已有的研究成果，對其構形進行了新的闡釋。"从舟、从水，余聲"，渡河之意，義近"逾"或"渝"，這些結論融通了形、音、義，顯然要合理得多。

第三，對甲骨文"俞"的構形闕疑。

第四，指出《説文》中的有價值信息。

這是實事求是的學術研究。不掩前人之美，有什麼材料説什麼話。但也不是就没有任何問題了。

2010年，陳劍發表長文《釋"屮"》，[2] 其中一節網羅了甲骨文和西周金文中的23個"俞"，分爲三類：

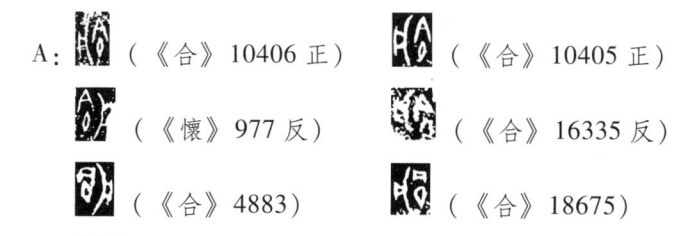

A：　■（《合》10406 正）　■（《合》10405 正）

　　■（《懷》977 反）　■（《合》16335 反）

　　■（《合》4883）　■（《合》18675）

B：　■（俞伯尊，《集成》5849）

　　■（俞伯卣，《集成》5222.2）

　　■（俞伯器，《集成》10566）

　　■（俞舌盤，《集成》10035）

---

[1] 季旭昇：《説文新證》，福州：福建人民出版社，2010年，第707—708頁。

[2] 參見陳劍：《釋"屮"》，《出土文獻與古文字研究》（第三輯），上海：復旦大學出版社，2010年，第1—89頁。

（亞俞⬚作祖己鼎，《集成》2245）

（䵄作又母辛鬲，《集成》0688）

（小臣俞犀尊，《集成》5990）

（亞俞父乙觶，《集成》6379）

（亞俞父乙卣，《集成》5054.1）

C：（亞父庚祖辛鼎，《集成》2363）

（亞保祖辛簋，《集成》3683）

（林亞俞卣，《集成》5013）

（父辛亞俞觶，《集成》6411）

（俞玉戈[1]）　、　（師俞尊，《集成》5995；師俞鼎同，略）

（豆閉簋，《集成》4276）

通過大量的例證主要證明了兩點：

第一，在肯定了魏宜輝等關於"俞"字較早字形所從"个"像箭鏃的基礎上，進一步證明"俞"從"鏃"聲。

第二，C形中的⬚是"俞"字更原始的形體，⬚演變為⬚與屮演變為⬚是平行之演變。[2]

---

[1] 李學勤：《論美澳收藏的幾件商周文物》，《文物》1979年第12期，第72—76頁。

[2] 參見陳劍：《釋"屮"》，《出土文獻與古文字研究》（第三輯），上海：復旦大學出版社，2010年，第72頁。

二、"俞"字新考

闡釋是以正確的考釋結果爲基礎來展開的。如果考釋出了問題，闡釋一定會有問題。

（一）"俞"字字形之考定

首先我們通過考證來確定一下字形。

季旭昇先生對甲骨文"俞"字構形闕疑，實際上已經把問題擺出來了。所列的甲骨文"俞"字爲什麼是"俞"呢？王襄只是"疑俞字"。[1] 沒有提出什麼證據。後來學者多隸作"俞"，也沒有什麼證據。如果說"證據"，唯一的就是形體之間的相似性。這是早期古文字考釋的重要"方法"。李學勤證實甲骨文中的"㕥"即《虞夏書》中的"俞"。[2]

"王占曰：㕥。有祟有夢。"（《合》10405）

"王占曰：㕥。不吉在兹。"（《合》16335）

"俞，予聞如何"（《堯典》）

"俞，師汝昌言"（《皋陶謨》）

我最初的思路是信從林義光"俞"从余聲的傳統說法，在此基礎上，證明"㕥"不从余聲，進而證明它不是"俞"字。這樣就可以把《說文新證》中的字形割裂開來，如下圖：

1 㕥 —— 2 㕥 —— 3 㕥 —— 4 㕥

以第三例爲界，前後差異明顯。如果能够割裂開來，就可以集中討論第四例以後字形中 ⚏ 形與"俞"之間的關係。經陳劍提醒，這

---

[1] 參見于省吾主編：《甲骨文字詁林》，北京：中華書局，1996年，第3169頁。
[2] 參見李學勤：《〈堯典〉與甲骨卜辭的歎詞"俞"》，《湖南大學學報》（社會科學版）2008年第3期，第5—7頁。

種割裂不能成立。目前對於"俞"字構形中的音符"䤔"及其演變過程已經清晰,但對"俞"字構形依舊有兩點不明:

第一,甲骨文與商代金文中皆从凡,功能不明。

第二,西周開始出現从舟的形體,古文字中"凡"與"舟"混訛,例如"盤"中的"舟"即"凡"之訛變,"服"字或从凡、或从舟。"俞"中的"舟"是"凡"之訛變的可能性確實存在,但第 4 字形右側多出一撇,學者或認爲是"加弧筆爲飾"。[1] 就目前所知,還沒有這種類型的構件是羨符的證據。西周金文中"安""保"等字有類似部件,但都是表意部件的變形。

㕧與䚔皆从䤔聲,這一點陳劍先生已經證實,但二者是否是同一個字,目前還不能完全説死。

季旭昇"'俞'字疑爲以舟渡河之意,義近於'逾'或'渝'"的觀點很有啓發性,但如果用 㕧 或 䚔 字作爲闡釋的對象,根本不可能得出這樣的結論。

無論是從字形還是意義上,䚔都是"俞"的直接源頭。

䚔(西周)——俞(戰國)——俞(小篆)

在楚文字和小篆中,雖然 㕧 形訛變,但其嬗變的軌迹一目瞭然。

從文義上説,這種形體的"俞"與後代从"俞"得聲的字有直接關係。

"獫狁廣伐西俞(隃)"。(不嬰簋,《集成》4328)

"敢俞(偷)出入于趙弧之所……"(侯馬盟書 156:20)

"大舊(久)而不俞(渝),忠之至也"。(《郭店簡・忠信之道》3)

總之,漢字闡釋之前對字形要經過考釋,必須以確切可信的字形

---

[1] 參見黃德寬主編:《古文字譜系疏證》,北京:商務印書館,2007 年,第 1017 頁。

爲前提。對"俞"字的闡釋，我們就從形、音、義都能夠落實的"𦨵"字開始。其表層結構有三部分：亼、舟和一撇。對其深層結構的闡釋有賴對"俞"語義的全面把握和理解。

(二)"逾"與"渝"等字失落的古義

我們先從从俞諸字一個失傳了的古義說起。

从"俞"得聲的"逾"最早見於鄂君啓舟節：

> 自鄂市，逾油，上漢，就屓，就鄖陽，逾漢，就邥，逾夏，入㲻（湏），逾江，就彭射（澤），就松陽，入廬江，就爰陵，上江，入湘，就䑠，就洮陽，入耒，就郴，入資、沅、澧、油。上江。就木關，就郢。

經過學者的不懈努力，基本上已經清楚了行舟路綫。其中的"逾"與"辻（上）"是反義詞，"逾"是舟順流而下，"辻（上）"則是泝流而上。[1]

上博簡第六輯《莊王既成》：

> 莊王既成無射，以問沈尹子桱曰：吾既果成無射，以供春秋之嘗，以【1】待四鄰之賓客（?），後之人幾何保之？沈尹固辭，王固問之。沈尹子桱答【2】曰：四與五之間乎？王曰：如四與五之間，載之傳車以上乎？抑四航以【3】逾乎？沈尹子桱曰：四航以逾。【4上】

簡文中楚莊王向沈尹子桱詢問無射之鐘可以保有幾代及其去向。共有兩種可能：載傳車以上，爲中原強國所獲；船載以下，被運送到吳越之地。這裏"逾"的確切含義是載物之舟船順流而下。這也透漏出當年吳人撤離楚國是順長江而下。

清華簡第二輯《繫年》：

---

[1] 參看陳偉：《〈鄂君啓節〉之"鄂"地探討》，《江漢考古》1986年第2期，第88—90頁。湯餘惠：《戰國銘文選》，長春：吉林大學出版社，1993年，第46—47頁。

>楚師圍之於蔑，盡逾鄭師與其四將軍，以歸於郢。（簡 131）

這是一場戰國初年楚圍鄭之戰，簡文所記是楚獲勝，將鄭之戰俘運送到郢。這時的郢，據《楚居》記載，是鄩郢，多數學者認爲在漢水流域，由鄭地蔑到郢，正可以沿水順流而下。

這個古義也見於傳世文獻，《國語·吳語》：

>於是吳王起師，軍於江北，越王軍於江南。越王乃中分其師，以爲左右軍。以其私卒君子六千人爲中軍。明日將舟戰於江，及昏，乃命左軍銜枚泝江五里以須，亦令右軍銜枚踰江五里以須。夜中，乃命左軍、右軍涉江鳴鼓中水以須。吳師聞之，大駭，曰："越人分爲二師，將以夾攻我師。"乃不待旦，亦中分其師，將以禦越。越王乃令其中軍銜枚潛涉，不鼓不譟以襲攻之，吳師大北。越之左軍、右軍乃遂涉而從之，又大敗之於没，又郊敗之，三戰三北，乃至於吳。

韋昭注："踰，度也。"其古義漢代學者已經不解。陳偉指出："'踰'與'溯'相對而言，並且左右軍是在後來（夜中）才'涉江'到'中水'（韋昭注："中水，水中央也。"），可見'踰'指沿'江'而下，與'泝'指溯'江'而上對應。"并進一步指出"此義未見於字書，但于鬯《香草校書·國語三》已經指出"。[1]

這一段記事見於清華簡第七輯《越公其事》：

>若明日，將舟戰於江。及昏，乃命左軍銜枚穌（泝）江五【64】里以須。亦命右軍銜枚渝江五里以須。夜中乃命左軍、右軍涉江，鳴鼓中水以須。【65】

《吳語》中的"踰"字簡文作"渝"，記錄的是同一個詞。此戰作戰過程敘述得十分明確。越軍兵分三路，左軍沿江上行五里，右軍沿江下行五里，半夜二軍擊鼓渡江，造成夾擊的假象，吳軍分兵抵

---

[1] 陳偉：《楚簡冊概論》，武漢：湖北教育出版社，2012 年，第 87 頁。

擋，越軍精銳的中軍潛渡襲擊，吳軍大敗。"踰"或"渝"相對應的是"泝"或"溯"，二字同音，記錄的是同一個詞無疑。

《説文》："泝（溯），逆流而上曰泝洄。泝，向也。水欲下違之而上也。从水，斥聲。遡，泝或从朔。""踰"或"渝"顯然是與"泝"相對應的反義詞，意義應當是順流而下。但"踰"與"渝"都是常用字，文獻中並沒有這個意義。

逾、踰、渝是常用字，結構清楚，音義明晰，均見於《説文》：

"逾，遮進也。从辵，俞聲。《周書》曰：'無敢昏逾。'"

"踰，越也。从足，俞聲。"

"渝，變汙也。从水，俞聲。一曰渝水，在遼西臨俞，東出塞。"

"逾"之舟船順流而下的這個古義，漢代就已經湮滅不聞了。

(三) 古文字中"舩"字的破解

《説文》中記錄逾、渝、踰等字古義的就是"舩"字。

"舩，船行也。从舟，㣎聲。"

這個字最近在古文字中得到破解。西周金文中有"逆△"連語，其中"△"字有多種寫法：

⿰舟彡（麥方尊，《集成》6015）："作册麥賜金于辟侯，麥揚，用作寶尊彝，用鬳侯逆舩，將明命。"

⿰舟彡（保員簋[1]）："用卿公，逆舩。"舟下有一短丿。此字又見於啓作祖丁尊（《集成》5983）："啓從王南征，□山谷，在⿰舟彡水上。"

⿰舟彡（伯者父簋，《集成》3748）"伯者父作寶簋，用卿王，逆舩。"

---

[1] 張光裕：《新見保員簋銘試釋》，《考古》1991年第7期，第650頁。

🖼（叔趞父卣,《集成》5428.2）:"汝其用卿乃辟軝侯,逆㝮,出入使人。"

🖼（作册夨令簋,《集成》4301）:"用尊事于皇宗,用卿王,逆逜。"

🖼（中再簋《集成》3747）:"中再作氒寶彝,用卿王,逆彤。"

舊多釋讀爲"逆造",李學勤把"逆造"理解爲往返,認爲和"出入"是同義詞。[1] 何景成認爲"舠"當釋爲《説文》的"彤",表示舟行水上有所憑藉之意"逆△"讀爲"逆送"。[2]

何景成的主要目的不是闡釋字形,而是考釋文義,文中對相關字形的文義都做了很好的疏通,可以參看原文。此處對字形再略作補充。

《説文》:"彤,船行也。从舟,彡聲。"既然這個字源自"舠（舟）""彡"可能就是水的變形。

中再簋之"🖼",郭沫若以爲"从从,彤省聲",可隸作"彤","从"是"舟"的變形音化,"彡"就是"水"的變形音化,成爲一個雙音符字。从,從母東部;彤,喻母冬部;送,心母冬部。三者讀音相近,後文還會論及。從這個字的形與音來看,將"逆△"看作反義詞,讀爲"逆送"應該是正確的。

"🖼"即"舠",亦即《説文》的"彤",是船行水上。甲骨文由"舟"和"水"兩個形符構成,舟在水上,水在舟下,形位具有表意功能。增加義符"水"就是"🖼"（啓作祖丁尊,《集成》5983）,或省形爲"🖼"（所从"洀"）;增加義符"辵"就是"🖼",或省形爲"🖼"（逜）;變形音化就是"🖼",皆一字之異寫。

---

[1] 參見李學勤:《釋"出入"和"逆造"》,《通向文明之路》,北京:商務印書館,2010年,第180—182頁。

[2] 參見何景成:《釋金文詞語"逆送"》,《中國文字研究》（第二十二輯）,上海:上海書店出版社,2015年,第22—26頁。此點蒙王永昌博士提示。

三、"俞"及从俞字新釋

確定了字形，得知了"逾""渝"的古義，了解了"彤"字在古文字中的寫法與用法，"俞"字的構形以及與"彤"的關係基本上就可以確定了。

如果我們承認陳劍所説"**朌**"字中的"**亇**"是鏃聲的説法，也承認何景成"**朌**"爲"彤"字的説法，"**朌**"（不嬰簋，《集成》4328）、"**朌**"（魯伯俞父瑚，《集成》4568）等字可以分析爲从彤，亇（鏃）聲。本義是舟船順流而下。產生的過程是在"舟"上加注音符"亇"，音符發生訛變，中間一撇與人斷開，與水形並列，舟旁移位至人下，就成了楚文字的"**俞**"或小篆中的"俞"。

意符分割，音符居中，古文字中有其例。例如散氏盤之"道"作"**㣛**"，"行"是意符，被拆成彳亍，"首"是音符，位於中間。"**朌**"與"**㣛**"的結構方式類同。

仿照《説文》的體例，就是：俞，从舟，亇（鏃）聲。船行，順流而下也。

"逾""渝"皆从"俞"得聲，其古義都是船順流而下，最初應當是一字異體。"舟""俞""渝""逾"很可能是不同時代同一個詞的不同寫法，它們與古文字之間的對應關係是：

舟	俞	渝	逾
![舟]	![俞]	![渝]	![逾]

《越公其事》中的"泝"與"渝"是反義詞，泝是逆流而上，渝是順流而下。西周金文的"逆彤"與簡文"泝渝"讀音相近，是路

徑相同的隱喻結構。"逆"與"泝"都是鐸部字,讀音相近,語義相通。"俞"是喻母侯部字,"送"是心母東部字,韻部陰陽對轉;"俞"本從"鏃"聲,古書中還保留着與齒音相通之例。例如《公羊傳》文公四年:"衛侯使甯俞來聘。"徐彥疏曰:"俞,正本作速字。""速"即心母屋部字。陳劍的大作中也有詳細論證,可以參看。

《集韻·沁韻》:"肜,吳楚謂船行曰肜。"這大概是有方言依據的。目前"逾""渝"等字表示船順流而下的古義都集中在記錄吳、楚之事的文獻中,可以相印證。

西周以後"俞"之初文由義符"舟"與"𠄞"兩部分構成,其意義與船行有關,本義是舟船順流而下,在吳楚方言中一直沿用,這幾點基本上是可以確定的。

四、"俞"字闡釋之後的古文字考釋

如果說以上的闡釋可信的話,一系列古文字需要重新考釋或重新認定。

(一)一些出土文獻中的辭例可以考慮改讀

"惟敢用🔲🔲,于之,若?戋叡方,不雉衆"。(《合》27996)

《甲骨文字詁林》將"🔲"字列爲3139號,未做隸定。姚孝遂按語:"用爲動詞,與軍事行動有關。"[1]

"🔲"是水名,"肜🔲"與楚文字中的"逾漢""逾江(又作渝江)"等相同。契文是問説微乘船沿🔲水而行,前往目的地,是否順利?

"啓從王南征,囗山谷,在🔲水上"。(啓作祖丁尊,《集成》5983)

"🔲"如果是水名,即渝,具體位置待考。

---

[1] 于省吾主編:《甲骨文字詁林》,北京:中華書局,1996年,第3174頁。

（二）分辨甲骨文中船行之"舟"與逾越之"逾""踰"

《甲骨文字詁林》第 3171 頁 3133 號列有下列字形：

𣱶、洀、洀、舟

（1）"甲戌卜，争貞，來辛巳其毛⚑"。（《合》11477）

（2）"……王……⚑……若"。（《合》11478）

姚孝遂認爲這些字均从水，从舟，並當釋爲"洀"，讀作"汎"，像泛舟於水之形，並引《説文》"汎，浮皃"、《詩》"汎彼柏舟"等爲證。[1] 單從字形上説，有多種可能性。泛舟、行舟、渡水等皆無不可。

《新甲骨文編》將《詁林》中的"⚑"與這一組字合併，全部釋作"洀"。[2]

按照前文所論，這些字就是楚文字中順流而下的"逾""渝"諸字的表意初文。如果以上觀點可以成立，又會出現另外一個問題："逾""踰"等最常用的渡過、逾越等意義從何而來？

上列字形中的"舟"，雖然也是舟與水的組合，但水不在舟的底部，而是舟橫絶水。把此字與"⚑"字釋爲一字是楊樹達的見解，見《積微居甲文説·釋舟》：

《殷契粹編》八四三片云："辛未卜，今日王舟，不鳳（風）。"……今按郭君釋字爲般，其説至確。余謂𠄎字象水形，乃水字，甲文恒見。水字多在字旁，而此水字横截舟上者，示舟浮行水上之形也。後世字作洀，見於《管子·小問》篇，其文云："意者君乘駿馬而洀桓，迎日而馳乎。"尹知章注云："洀古盤字。"是也。[3]

---

[1] 于省吾主编：《甲骨文字詁林》，北京：中華書局，1996 年，第 3172—3173 頁。

[2] 劉釗主编：《新甲骨文編》（增訂本），福州：福建人民出版社，2014 年，第 640 頁。

[3] 轉引自于省吾主编：《甲骨文字詁林》，北京：中華書局，1996 年，第 3172 頁。

此字與"盤"無涉，姚孝遂先生按語已經闡明。[1] 把"⚁"與"⚂"釋爲同一個字的依據就是二者的構字部件都是水和舟，這完全忽略了形符位置的表意功能。

"舟"字所從的"丿"是"水"，得到學界的認同，其初文位於舟的底部，義符化爲水以後，才變成左水右舟的結構。

舟橫絕水上，正是渡過。渡水與逾越路徑相似。

"辛未卜，今日王⚁，不鳳（風）"。（《合》20273）

大概卜問王渡越某水，是否會遇到風。

若此，甲骨文中的"⚂"是舟船順流而下，後來繁化爲"俞、渝、逾、踰"等。這個古義一直到戰國時期的楚地還普遍使用。

甲骨文的"⚁"是舟船橫渡。

石小力博士指出，古文字中還有裘錫圭先生釋爲"踰"字的"⚃"，字像"止（趾）"在"𠂤"上，似應是《詩經》"無踰我牆""終踰絕險"之"踰"的表意初文。[2]"踰越"之"踰"，另有來源，這是非常正確的意見。山與水都是路徑中的險阻，都需要逾越，但其方式與通過的途徑有很大的不同，所以古人造了不同的字，逾越水是舟絕水，逾越山是止在𠂤上：

"文公躬擐甲冑，跋履山川，踰越險阻，征東之諸侯"。（《左傳·成公十三年》）

"深淵是濟，高山是逾"。（清華簡伍《湯處於湯丘》18）

這些文字最初讀音相同或相近，義各有別，由於字形中都有舟和水，合併爲"俞"字。"順流而下"與"逾越"等義都用"逾""踰"等後起形聲字表達，"俞"的構字理據喪失，"逾、渝"等字順

---

[1] 于省吾主編：《甲骨文字詁林》北京：中華書局，1996 年，第 3173 頁。
[2] 裘錫圭：《說从"省"聲的从"貝"與从"乏"之字》，《文史》（總第一〇〇輯），北京：中華書局，2012 年，第 9—27 頁。

流而下的古義也消失了。從這個角度上説，把"▨""▨"當作一字也不能説完全不對。

（三）理清肜、泑、俞、逾、渝、踰諸字之間的關係

（1）▨——→肜

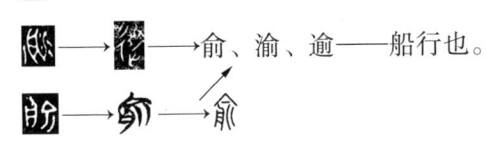

　　▨——→▨——→俞、渝、逾——船行也。

　　▨——→▨——→▨

（2）▨——→逾——舟船横渡，逾越。

（3）▨——→踰——逾越險阻。

這組字的發展歷程很可能是舟船順流而下的字形吞併了舟船横渡的▨，秦漢以後，舟船横渡的引申義掩蓋了順流而下義。"踰"字晚出，但來源甚古。《國語》中的"踰"可能是用後代文字轉寫所致。

（四）俞與降

"俞"及"俞"聲字有降義：

　　（1）"魯天子俞厥瀕福"。（井侯簋，《集成》4241）石小力指出，此處之"俞福"即金文常見之"降福"。[1]

　　（2）"天地相合，以逾甘露"。（《郭店簡·老子甲》19）

馬王堆帛書本作"俞"，學者循其文意，或讀爲"雨"、或讀爲"賈"、或讀爲"輸"，或讀爲"降"。[2]

"俞"或"逾"的本義就是順流而下，這些文例中的"俞"及"俞"聲字字意都是降下，但不一定讀爲降，很可能是順流而下義的引申。"俞"的這個古義到了戰國時期集中在楚地流行，很可能成爲楚地方言。

---

[1] 石小力博士還指出"逆△"可以考慮與禮書中"逆降"的關係。
[2] 參見武漢大學簡帛研究中心、荆門市博物館：《楚地出土戰國簡册合集（一）·郭店楚墓竹書》，北京：文物出版社，2011年，第9頁。

五、結　　論

　　古文字考釋與漢字闡釋雖然各有分野，但二者彼此相依。考釋雖然以漢字所記録的音義爲核心，但只有對漢字構形合理闡釋之後，才算是"完全釋字"。漢字闡釋則必須以正確的考釋爲前提，對考釋成果不能合理取捨，闡釋就成了無根之學或猜謎臆説。

　　正確的闡釋爲古文字考釋提供材料與文字學上的依據，有助於解決疑難問題。

　　《説文》是漢字研究的寶庫，即使由於歷史條件的限制，有這樣那樣的不足，但保留了有價值的信息，依舊需要高度重視、充分利用。我們要避免時時使用《説文》，一有不合己見就罵《説文》的不良傾向。例如《説文》以"俞"所從部件中有"水"、"彡"爲"船行也"，都是非常重要的信息。

　　本講希望能够藉助"俞"字的具體闡釋過程，表達對文字闡釋方法的理解。二○一六年四月中旬，我曾以"漢字的考釋與闡釋——以'俞'字爲例"爲題在北京師範大學文學院做講座，李運富先生的點評讓我受益良多，事後還惠寄十年前所發表的大作《論出土文本字詞關係的考證與表述》。我所提出的"完全釋字"與李先生的"完全考釋"雖然角度不盡相同，但基本思路一致，旨趣也一致。不論是漢字的考釋還是闡釋，都需要充分的材料和理論的支撑，都要盡力避免盲人摸象式的臆測，這是學人的共識，也是我們漢字闡釋努力的方向。

【延伸閲讀】

［1］陳劍:《甲骨金文考釋論集》，北京：綫裝書局，2007 年。
［2］李運富:《漢字學新論》，北京：北京師範大學出版社，2012 年。

第十講　古文字考釋與完全釋字
——以"釁"字爲例[*]

導讀：陳寅恪先生的名言"依照今日訓詁學之標準，凡解釋一字即是作一部文化史"[1]影響很大，但踐行的很少。

吴振武先生説："我希望將來有人來寫一部古文字或古文字資料發明史，看看那些成功的、半成功的以及失敗的經驗，是如何促進了這門學科的成長並不斷豐富着我們的知識，更可藉此昭示古文字學者的智慧——也就是人類的智慧——所能達到的高度。"[2]

一部发明史，难度很大；一個字一個字地做文化史，難度也很大。對於一些歷史悠久、多源多流、關係複雜、内涵豐富的文字來説，一方面如陳寅恪先生所説，一個字即是一部文化史，另一方面就是吴老師所説，是不斷豐富的發明史。梳理材料，用一定的方法深入研究，一個字一個字地做起，雖然還算不得"史"，但可以顯現出今天不同於以"六書"爲理論，以《説文》爲根本的古文字考釋與漢字闡釋的新進展。

古文字中讀作"眉壽"的"眉"有多種寫法，宋代學者就已經正確釋讀並指出與"釁""釁"的同字關係。其後學者在文字構形、字

---

[*] 此稿曾呈汪維輝先生審閲，多有匡正，深表感謝！
[1] 沈兼士：《沈兼士學術論文集》，北京：中華書局，1986年，第202頁。
[2] 吴振武：《上海博物館藏戰國楚竹書（一——五）文字編·序》，李守奎等著：《上海博物館藏戰國楚竹書（一——五）文字編》，北京：作家出版社，2007年，第3—4頁。

際關係等方面續有研究，成果豐富，從不同的角度各有突破，但在部分學者那裏還會出現嚴重的倒退。本文利用系統釋字法對"釁""釁"及相關的"頿""頿""頰""頿""湏""沫""沬"等字的表層結構、所記錄的語言、深層理據，以及與"眉""美"等字的關係詳細分析、描寫和解釋，追求"完全釋字"的目標，期望達到現今所能達到的高度。

一、出土文獻中的"釁壽"與古書中的"眉壽"

（追簋，《集成》4223，西周中期）："用祈匄釁壽、永命。"

（頌簋蓋，《集成》4338，西周晚期）："頌其萬年釁壽無疆。"

（子璋鐘，《集成》116.2，春秋晚期）："釁壽無期。"

（王孫鐘，《集成》261，春秋晚期）："用祈釁壽。"

"眉壽"習見於古書：
《詩·豳風·七月》："爲此春酒，以介眉壽。"
《詩·周頌·雝》："綏我眉壽，介以繁祉。"
《詩·周頌·載見》："以介眉壽，永言保之，思皇多祜。"
《詩·魯頌·閟宮》："萬有千歲，眉壽無有害。"
《詩·魯頌·閟宮》："天錫公純嘏，眉壽保魯。"
《詩·小雅·南山有臺》："樂只君子，遐不眉壽。"
《儀禮·士冠禮》："敬爾威儀，淑慎爾德。眉壽萬年，永受胡福。"
《儀禮·少牢饋食禮》："使女受禄於天，宜稼于田，眉壽萬年，勿替引之。"

宋代學者對他們所見古文字材料與文獻進行比勘，已經知道"釁壽"即"眉壽"。在明確其音義的基礎上，進一步討論"釁"爲什麼是"眉"。從研究方法上宋代就分爲兩條道路：第一類是以楊南仲、歐陽脩爲代表的假借説。

歐陽脩《集古録》中引楊南仲説，從文字與所記録的語言的角度着眼，釋爲"釁"，讀爲"眉"：

"釁，疑釁字，讀爲眉。"

"釁"，今幡爲許刃，而薑芑之"薑"（音門）用之爲聲。《詩》'鳧鷖在釁'又省爲"亹"。《易·繫辭》"亹"又讀如"尾"。"釁（門）""尾""眉"聲相近，又古者字音多與今異（徐鉉所謂如皂亦音香，釁亦音門，乃亦音仍，它皆仿此是也）豈"釁""眉"古亦同音歟？秦鐘銘亦有釁壽字，故"釁"疑爲"眉"。[1]

宋人的研究極有見地：

首先是對字形的敏感，隸定作"釁"，認識到古文字與已知的"釁"之間的相似性。

第二，對古音已經有了歷史發展的認識，"古者之音多與今異"，推測"釁"與"眉"是"同音"關係，放在宋代"叶音説"盛行的背景下看，意義重大。

第三，能够從文字記録語言的角度思考問題。

第四，利用文獻異文，指出"亹"是"釁"之省。

今天看來，楊南仲、歐陽脩等人的認識大都是正確的，不僅遠遠高於同時代的學者，也高於後代的很多大學者。

吕大臨是從字形出發的另外一路古文字闡釋的代表。其《考古圖釋文》可以説是最早的出土文字的"古文字字編"，在"眉"字頭下

---

[1]［宋］歐陽脩：《四部叢刊初編集部 152 歐陽文忠公集 5 集古録跋尾、書簡、附録 附廬陵歐陽文忠公年譜》，上海：上海書店，1989 年，第 20 頁。

收錄十二個"釁"之後加以闡釋：

《說文》"眉"作🮰，象目上毛，古文皆从"臼"，亦象目上毛也。从🮰，象鼻；从"首"，義與"目"同；又有从"火"、从"分"、从🮰，恐象須，🮰恐象喉，🮰、🮰未詳。亦有傳摹筆畫易轉也。[1]

呂氏爲了遷就字形與"眉"之間的聯繫，把字形分析得支離破碎，全不可信，開啓了看圖釋字，謬解古文字字形的先例。

宋代之後，學者繼續關注，不斷深入。晚清民國古文字大家幾乎都觸及此字的構形研究，主要有如下幾個方面：

第一，該字究竟是"釁"還是"眉"？

第二，各種寫法不同的字中哪些是來源相同的同一個字？

第三，"釁"的構形與演變。

第四，"眉壽"究竟該作何解？

第五，在理清諸字關係基礎上的古書新解。

經過千餘年衆多學者的不懈努力，不斷取得突破。

第一，呂大臨等人的"看圖釋字"法雖然還在進一步延續，但已經是末流。例如強運開"若🮰，則🮰象兩鬢，🮰象額理，🮰即二眉，🮰爲人面與須之形，其爲古眉字可以無疑。蓋人老則有長眉，故《豳風》《小雅》皆言眉壽"。[2] 這種不講文字學依據的臆說怪論，隨着科學的古文字學研究方法的確立，在學術界影響越來越小。

第二，剔除了與"釁"無關的字形。

容庚先生的《金文編》吸收當時的研究成果，八五年版"眉"字頭下收錄大量字樣，其中237頁如下：[3]

---

[1] [宋]呂大臨等著，廖蓮婷整理校點：《考古圖：外五種》，上海：上海書店出版社，2016年，第169頁。其中的🮰當是傳刻有誤。

[2] 轉引自周法高主編：《金文詁林》，香港：香港中文大學，1974年，第2159頁。

[3] 容庚編著，張振林、馬國權摹補：《金文編》，北京：中華書局，1985年，第237頁。

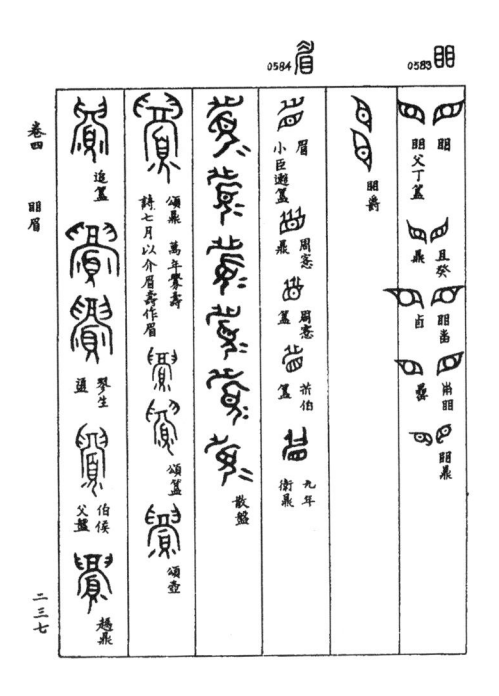

字形爲三類，分欄排列，形體、用法都不相同。"眉"字頭下第一欄是"眉"，銘文中是人名或地名用字。第二欄是散盤諸字，全部是勘測田界的動詞。第三欄之後是讀爲"眉"或"沫"的各種字形，《金文編》收録這類字形 123 個。

到了《新金文編》，董蓮池吸收各家研究成果，將字形分屬於"眉""履""頾""沫"等字之下。一方面把不同的字各歸其位，另一方面同一個字異部重出，以工具書的形式表明了對釋字與字際關係研究成果的取捨與認同。[1]

第三，"𩔁"與"𩔰""𩔁"等字爲一字分化的關係成爲共識。

第四，確定了"𩔁"與"沫""湏""頾""頰""䪻"等字的同字關係。

---

[1] 董蓮池：《新金文編》，北京：作家出版社，2011 年，第 416、1205、1251—1261、1519 頁。

各種研究成果不斷累積，如果從學術史的角度梳理發明的過程，內容會很豐富。一方面不斷取得突破，取得很大成就；另一方面對文字的字形結構、構形理據、歷時演變、字際關係還有誤解、紛爭。成果積累很厚，我們無意一一評判。在此我們綜合諸家之說，嘗試以系統釋字法去完全釋字。

二、表層結構分析

任何文字，我們首先觀察到的是其視覺形體。字形的表層結構是指文字的構字部件與組織形式。

讀爲"眉壽"的"釁"出現在西周中期之後，有很多繁簡不同的字形。從構字部件和字形結構上首先可以分爲西周中期就存在的完全不同的兩個系列：一類由"倒皿"與"頁"或"首"構成，"倒皿"在上，"頁"或"首"在下，我們稱作"倒皿型"；另外一類由"倒頁"與下部的"皿"構成，倒頁在上，"皿"在下，我們稱之爲"倒頁型"。

（一）倒皿型"釁"的各種類型

倒皿型的基本結構是上部有"倒皿"，下部有"頁"，變化複雜，分爲西周中期、西周晚期至春秋與戰國三個階段。

倒皿型在西周中期有三種形式：

第一式，簡體型：▨（畢鮮簋，《銘圖》5050）▨（毳盤，《銘圖》14452）▨（應侯視工簋，《銘圖》5231），上部是倒皿，下部是"頁"。

第二式，倒皿兩側加"臼"型：▨（史牆盤[1]），上部倒皿兩側有"臼"，與"鑄"的表意字所從相同。臼，曾被曲解爲"眉"的象形，或"貴"字的上部"臾"。倒皿或簡化訛變爲"宀"：

▨（仲爯父簋，《集成》4188）："用易（錫）釁（眉）壽。"

---

[1] 史牆盤此字不讀眉壽之"眉"，詳見下文。

第十講　古文字考釋與完全釋字　　235

　　極端的個例把倒皿全部省略，只剩下兩旁的手"臼"，這種異體很罕見。

　　[字形]（仲師父鼎，《集成》2743）："用易（錫）釁（眉）壽無疆（疆）。"

　　第三式，"頁"兩側加點的繁體形：[字形]（追簋，《集成》4223），倒皿兩側有"臼"，頁旁兩側各有一點，隸作"釁"。自西周中期至春秋末年，各種異體中以"釁"形最常見。[1] 本文如果不特別強調各種字形之間的差別，就以"釁"形作爲這類異體字的代表。

　　"頁"由上下兩部分構成，也有不同的異體。上面可以帶髮，也可以不帶髮，例如史牆盤从"首"，追簋从"頁"。下面有跪人"卩"和立人"人"的區別，例如：應侯視工簋的"[字形]"下面从"卩"，追簋的"[字形]"下面从"人"，第一種類型下部全部从"卩"，帶"臼"形的下部或从"人"。

　　第二階段出現了"頁"側各加兩點，"頁"側加水、"頁"下加皿，倒皿頂部加飾筆等多種繁體。

　　這個時期"頁"旁各加一點的形體還占主流，在各地普遍存在。

　　[字形]（兮甲盤，《集成》10174，西周晚期）："眉壽萬年無疆。"

　　[字形]（摹本）（秦公簋，《集成》4315，春秋秦國）："釁壽無疆。"

　　[字形]（邵黛鐘，《集成》0235，春秋晉國）："以祈釁壽。"

　　[字形]（䜌書缶，《集成》10008，戰國楚國）："以祈釁壽。"

----

[1]《新金文編》"顯"字頭下收錄的一百多字中，"釁"出現的時代更早，使用頻率更高。

這個時期，有各種新的字形出現。

第一，中間是"百（首）"，這種情況很罕見。

（晋侯對鼎，《銘圖》02232，西周晚期）[1]

第二，"頁"旁各加兩點的字形西周晚期開始出現，出現時代略晚，主要流行於春秋時期，楚文字中這種字形常見。[2]

（交君子☒簠，《集成》4565，西周晚期）："其釁壽萬年。"

（摹本）（王子申盞，《集成》4643，春秋楚國）："釁壽無期。"

（摹本）（王孫遺者鐘，《集成》0261，春秋楚國）："用祈釁壽。"

"頁"旁各加兩點的還有一些變形：

（王孫壽甗，《集成》0946，春秋早期）："其釁壽無疆，萬年無期。"

左側是水流形，右側是兩點。

第三，字形上部加飾筆短橫。

（伯公父簠，《集成》4628，西周晚期）："用祈釁壽。"

（伯勇父簠，《集成》4554，西周晚期）："其萬年釁壽。"

---

[1] 從"首"的字形目前僅見此一例，可能比從"頁"的字形晚出。
[2] 我們在《清華簡〈繫年〉文字考釋與構形研究》中曾經以"釁"爲代表，可以將其視作楚文字的特徵。參見李守奎、肖攀：《清華簡〈繫年〉文字考釋與構形研究》第五節《倒皿與眉壽》，上海：中西書局，2015年，第240—247頁。

第四，"頁"旁加"水"。

［圖］（伯康簋，《集成》4161，西周晚期）："康其萬年瀕壽。"[1]

［圖］（摹本）（國差𦉜，《集成》10361，春秋齊國）："侯氏受福瀕壽。"

"頁"旁加水，中間成爲"湏"。

第五，下部加皿。

［圖］（薛侯盤，《集成》10133，西周晚期）："其盨壽萬年。"

［圖］（毛叔盤，《集成》10145，春秋時期）："盨壽無疆。"[2]

［圖］（齊縈姬盤，《集成》10147，春秋時期）："其盨壽萬年無疆。"

毛叔盤、齊縈姬盤是最複雜字形的代表，字形分爲上、中、下三部分。上部"［圖］"與"鑄"的表意字所從相同，都是傾倒容器中的液體；中部是"湏"，即見於《說文》"沫"字的古文，下部是"皿"，是層累增繁的結果。

宋代學者就已經認識到銅器銘文的"顳"就是《說文》的"䫉"與不見於《說文》的"盨"。從表層結構上基本可以解釋清楚其變化的過程。

［圖］—［圖］ 顳 — 䫉

因爲頁加兩點不成字，分解並類化爲"酉"和"分"。

---

[1] 字形特別，倒皿下有"又"，與胡叔胡姬簋（《集成》4067）相類。
[2] 由於上下兩部分間距比較大，工具書中"皿"經常被割裂。

[图] （晋侯對鼎）——亶

"亶"字有可能是先秦古文字的隸定。下面的"百"與"且"相近而訛變。西周晚期之後，上部加飾筆短横的字形逐漸增多，如乙鼎（《銘圖》2159）、樂子簠（《集成》4618）等，"亶"上部當是由這類飾筆而來。這個字形在戰國時期或許還存在，《説文》可能失收，但在其他古書中保存下來。

"亶"也可能由隸書從"頁"的"籑"直接省略訛變而來。

[图] 《魏王基殘碑》——亶

魏碑時代太晚，解釋先秦古籍屢屢出現的"亶"還不夠順暢。

第三階段：截除省略爲"沬"。

由於倒皿下部的"頁"增加了"水"，"沬"就具備了與其他文字區別開來的特徵，可以將其他部分全部截除省略，這就是《説文》沬的古文"湏"，見於戰國齊文字：

[图] （陳逆簠，《集成》4096，戰國齊國）："永命湏壽。"

(二) 倒頁型"䀇"

"頁"的上部如果沒有倒皿等部件，下部一定有區別於"頁"的其他特徵，例如上文所列從倒頁的"䀇"。通過對《金文編》《新金文編》所收字形仔細觀察，可以斷定，這些字形中全部有倒寫的"頁"。可以分爲倒頁與倒頁之側有水兩種類型，例如毳盉作"[图]"，毳簠作"[图]"，同一人之器，用字不同。其中無水旁的"䀇"出現頻率更高，如果不特別區分，就以此形作爲這一類型的代表。如果把字形倒轉180度，可以清楚看出就是上文所説倒皿類型第一式的倒寫。

下部有皿而讀爲"眉"的字形，"頁"全部都是倒寫，帶有規律性：

字形/隸定	出　　處	辭　例	180度旋轉
（盄）	（毳盂，《集成》9442，西周中期）	其盄壽萬年	
（盄）	（毳簋，《集成》3932.1，西周中期）	盄壽萬年	
（盄）	（仲柟父鬲，《銘圖》03033，西周中期）	用祈盄壽	
（盄）	（舀壺蓋，《集成》9728，西周中期）	萬年盄壽	
（盄）	（對罍，《銘圖》13829，西周中期）	匃盄壽敬冬（終）	
（盄）	（陽飤生匜，《集成》10227，西周晚期）	用易（賜）盄壽	
（盄）	（沰伯寺簋，《集成》4007，西周晚期）	用易（賜）盄壽	
（盄）	（曾伯文簋，《集成》4052.1，西周晚期）	用易（賜）盄壽	
（盄）	（鼒兌簋，《集成》4168，西周晚期）	用祈盄壽	
（盄）	（無叀鼎，《集成》2814，西周晚期）	用割（匃）盄壽萬年	
（盄）	（陽飤生簋蓋，《集成》3985，西周晚期）	用易（賜）盄壽萬年	
（盄）	（曾仲大父螇簋，《集成》4203，春秋）	用易（賜）盄壽	
（盄）	（伯其父簋，《集成》4581，春秋）	用易（賜）盄壽	

《銘圖》收錄九件仲柟父鬲，其中一件作"㊣"（《銘圖》3026），其他八件都从倒頁。"䁖"與"䀠"用法完全相同。倒頁的腿部，曾被誤解爲眉形。[1]

倒寫隸定很難看，隸定一樣，對於書寫來説，就很不方便。古文字中的倒寫構形，有時會倒過來書寫。如果不倒過來書寫，就會筆畫走樣，這些倒頁也大都變化詭異。古人之所以倒寫構形，大都有特殊的意義表達。

就目前的材料看，倒皿型和倒頁形所記録的是同一個詞。如果他們是同一個字的繁簡變化，就是一字異寫。如果是來源不同的文字記録同一個詞，就是異寫詞。這些字與"眉"究竟是什麼關係？它們彼此之間是什麼關係？下文將進一步探討。

三、"䁖"與"䀠"所記録的語言與深層結構

"䁖""䀠"及其變體除了記録眉壽之"眉"外，還有一些其他用法。第一，讀爲"亹"，這種用法也出現得很早。

㊣（墻盤，《集成》10175）："天子䁖無匄（害）。"

銘文中讀爲"亹"或"勉"。[2]

㊣（蔡侯紳盤，《集成》10171）："類文王母，穆穆亹亹。"

"亹亹"古書常見，是對人贊美之詞。《詩·大雅·文王》："亹亹文王，令聞不已"，《詩·大雅·崧高》："亹亹申伯，王纘之事。"

---

[1] 參看周法高主編：《金文詁林》，香港：香港中文大學，1974年，第2167—2169頁。《銘圖》將這類型的字隸定爲"䀠"，就是受此説的影響。
[2] 裘錫圭：《史墻盤銘解釋》，《裘錫圭學術文集·金文及其他古文字卷》，上海：復旦大學出版社，2012年，第12頁。

毛傳："亹亹，勉也。"

此外還作爲人名用字："子亹壽"在清華簡《繫年》中兩見，是同一個人：

　　　（《繫年》11）　　　（《繫年》12）

字形與春秋時期楚銅器銘文完全相同。清華簡"子亹壽"即文獻中的"公子亹"。

第二，讀爲"沬（頮）"。

　　　（䚄伯盤，《集成》10149，西周晚期）："䚄伯媵嬴尹母亹（沬）盤。"

"亹"用在水器盤前，即《説文》之"沬"。

吴式芬等學者根據齊侯鎛等中部作"湏"的字形，推斷出"湏，沬之古文，沬、眉聲同，故爲眉也"。[1] 其後，郭沫若論之甚詳：

古文沬字，䚄伯盤"䚄伯媵（媵）嬴尹母沬盤"（《貞》十、廿九），沬字作 ，象傾盆浴洒之形，下承以皿。（古文皿血字頗相混）字形最爲詳備。其他或省 ，或省皿，或省水，多叚爲眉壽之眉字……又《説文》" ，古文沬"，《顧命》沬作頮，均亹之省文。[2]

雖然省文之説與事實不完全相符，但對"亹"字構形的理解無疑是正確的。

在分析清楚字形表層結構和確知其所記録語言的基礎上，可以進一步分析深層結構與字際關係。

---

[1] 周法高主編：《金文詁林》，香港：香港中文大學，1974年，第2153頁。

[2] 郭沫若：《郭沫若全集·考古編》第五卷《金文叢考》，北京：科學出版社，2002年，第462頁。

"䀉""盨"等釋爲《説文》的洗面的"沫"證據很充分。

第一，從表層結構的組合方式看，"▨"是平面圖畫式，很像從上部倒水澆頭，類似現在的淋浴。在各種異體中，表示頭部的字符不可或缺，表明洗的部位當在頭部。《説文》："沫，洒面也。从水，未聲。▨，古文沫从頁。"古文字字形的表意與《説文》"沫"的意義大致吻合。

第二，"盨"用在水器之前，與"盥盤"中的"盥"一樣，表示器的功用。讀作"沫盤"，表示洗臉用的盤，也很順暢。

第三，"沫"的古文"湏"，即"▨"的省形。

第四，上述字形都可以讀爲"眉"，"眉"與"沫"古音相近。

通過對"䀉""䀉""盨"表層結構與其所記錄的語言的分析可以得出結論：

字形"▨"像雙手持倒過來的皿，表示傾倒盂、匜之類水器中的水，向着人的頭部澆下，水流或水滴灑落人體兩旁。水滴變成水流形，後來又變成了"水"旁。這個本來表示清洗頭部的字假借爲"眉"，循着讀音的綫索可以斷定，應該就是洗臉義"沫"的本字。本義明而借義明，"䀉（沫）"假借爲眉壽的"眉"或亹亹的"亹"。至此"䀉"的字形結構、所記錄的語言、深層結構、字際關係等似乎都已經清晰，已經達到"完全釋字"。

"盨"的字形是没首於器皿，銘文中用法與"䀉"相同。

但認真思考，還有如下幾個問題並不很清楚。

第一，"䀉""盨"二字部件不同，結構不同，是否爲一字異體？

第二，依照《説文》，"沫"是洗面，"沐"是洗頭，二字形音義有別。從"䀉""盨"及其各種變體的字形看，更像是洗頭，起碼是頭、臉並洗。古文字中"沐"與"沫"有什麼區別？

第三，出土文獻中"䀉"的另外一個常用意義是"亹"，"亹"與銘文中的"眉"讀音相近，其意義究竟是什麼？

第四，"䀉"源自"䀉"，文獻中"䀉"的音義與"沫"是否有關？

古文字研究與漢字闡釋常常是解決了一部分問題，又會滋生出更多新的問題，研究是一個不斷推進的過程。

四、與洗頭、洗臉相關的其他古文字構形

古人洗浴很講究，根據洗浴的部位，各有專稱。漢代王充《論衡·譏日》："洗去足垢，盥去手垢，浴去身垢。"上文討論了讀爲"眉"的"釁"就是洗臉的"沫"的表意初文，這似乎久已是常識。頭部清洗可分爲以頭髮爲主的洗頭和以面部爲主的洗臉。《說文》中"沐"是我們現在所說的洗頭："沐，濯髮也。从水，木聲。""沫"相當於現在的洗臉："沫，洒面也。从水，未聲。"二者形音義各不相同，區分井然。"沐"早見於秦文字，文獻中也經常"沐浴"連言。

☰ (《睡虎地·日書甲》104)："毋以卯沐浴。"

☰ (《馬王堆·五十二病方》437)："沐浴爲蠱者。"

《儀禮·士昏禮》："夙興，婦沐浴纚笄，宵衣以俟見。"

"沫"出現偏晚，與"沐"糾纏不清，《馬王堆漢墓簡帛文字全編》"沫"字頭下收錄六例：[1]

☰ (談·7.3)："如水沫淫，如春秋氣。"陳劍以爲"沫"通"昧"。[2]

☰ (二·1.61)："下淪窮深瀟之瀟〈淵〉而不沫（昧）。"

☰ (談·20.11)："一曰致氣，二曰致沫。""沫"即"唾沫"。[3]

---

[1] 劉釗主編：《馬王堆漢墓簡帛文字全編》，北京：中華書局，2020年，第1168頁。

[2] 裘錫圭主編：《長沙馬王堆漢墓簡帛集成》（第六冊），北京：中華書局，2014年，第165頁。

[3] 裘錫圭主編：《長沙馬王堆漢墓簡帛集成》（第六冊），北京：中華書局，2014年，第166頁。

［圖］（談·20.23）："五日和沫，六日竊氣。""沫"即"唾沫"。

　　［圖］（談·22.34）："通氣焉，曰致沫。"

　　［圖］（談·23.33）："出入和致，曰和沫。"

　　意義如果是唾沫，就應當是"沫"字。即使全部是"沫"，也沒有一例用作洗面義。在秦漢以後的語言應用中，表示頭部清洗的字詞是"沐"，表示洗臉的各種形體和用法幾乎消失了，只有特殊的個別用例，成了當時的"古詞彙"。到了《說文》，有的失收，例如"頮"；[1]有的不知其來源，例如"䀁"；有的意義不明，例如"湏"；有的來源不明，例如"沫"。我們看到了先秦與秦漢之間表達洗頭與洗臉的字與詞之間的不協調。先秦傳世典籍中"沐"遠遠比表達洗臉的"頮"應用廣泛，但出土文獻中有大量表達的"沫"的各種異體，却很少有確切的"沐"。到了秦漢時代，文字中出現了"沐"並常用構詞，表達洗臉的各種字形在實際應用中幾乎消失，語言文字中洗臉與洗頭似乎發生了更替。

　　在先秦古文字構形中，洗頭、洗臉可以分辨。

　　古文字中有表示洗臉的字形。《說文》中與"沫"同音的有"湏"：

　　［圖］（湏），眛前也。从頁，㫃聲。讀若眛。

　　所從音符"㫃"也見於《說文》，在川部：

　　［圖］，水流也。从川，日聲。（匣母質部）

　　這兩個字在古書不見使用，釋義也不很明確。古文字材料充分證明，這個字是洗面之"沫"的表意字。

　　宋代吕大臨等已經把伯戔盤中的"［圖］"正確釋爲"頮"，指出即

---

[1]"頮"見於先秦文獻應用，也可能是一個失收的"古文"。

《説文》的"沬"。[1] 此字在古文字中有繁簡不同的字形：

⬚（麤盤，《銘圖》14452）："麤作皇母媿氏顯（沬）盤。"

⬚（魯伯俞父盤，《銘圖》14448）："魯伯愈作邾姬仁媵盥（沬）盤。"

⬚（殷穀盤，《銘圖》14469）："僑孫殷穀作盥（沬）盤。"

⬚（太師盤，《銘圖》14513）："大（太）師乍（作）爲子中（仲）姜盥（沬）盤。"

字形中的"㐭"上部或从"自"，或从"口"，我過去贊同是倒首"㐭"，現在看來缺少文字學的證據。學者認爲與"須"相類，更加合理。口下或自（鼻子）下面有鬍鬚，表示面的下部，其下面是盛水的水器，表示洗臉之意。

不見於今本《説文》的"頮"字來源古老，表示捧水洗臉。甲骨文有下列字形：

⬚（《合集》31951）："其……⬚……我……。"

羅振玉釋作"頮"。從字形上看，確實很像從盛水器捧水洗臉。
《集韻》："頮，洗面也。同靧。"《書‧顧命》："王乃洮頮水"。其古文字形見《汗簡》：

⬚，沬。呼妹切，并《尚書》。

《清華簡一‧保訓》簡1"戊子，自演=（靧水）"，寫作合文：

⬚

---

[1]［宋］吕大臨等著，廖蓮婷整理校點：《考古圖：外五種》，上海：上海書店出版社，2016年，第187頁。

用法與《顧命》高度吻合，字形下部的"臾"可能是《説文》古文"賁"。[1]

"䫔"不見於《説文》，《玉篇》"洗面也，與頮同"，用例見於《禮記》等先秦古籍，从面，表洗面義更加顯豁。

上述幾種字形表達洗臉相應的詞，無論是構形還是詞例都没有挂礙。如果把見於先秦古文字的"䀑（䀑、䀀）""湏""盬""顥""頮"等全部釋爲洗面的"沬"，古文字中就没有了"沐"，古人不能只洗臉，不洗頭。

學者很早就開始致力於尋找出土文獻中的"沐"。

清末學者認識到了字形與音義之間的矛盾，吴大澂就提出了"沐""沬"一字説，[2] 這種説法得到羅振玉等學者的認同，有一定影響。林澐先生認爲"古代沬、沐兩字通用"。[3]

蔣玉斌等學者找到了古文字中可能是"沐"的字。

金文有"▨"字（《集成》6428），其中的"▨"像洗頭之沐的表意字加上音符構成的形聲字。[4] 因爲有音符"▨"，於是把古文字中从其得聲的"▨"字也釋爲"沐"，這樣就找到了先秦古文字中可能是"沐"的字：

　　郰竇尹朁鼎（《集成》2766）："▨（勺）洗▨（沐）俗。"
　　信陽簡2-08："二▨（沐）盤。"

郰竇尹朁鼎中的辭例侯瑞華讀爲"濯洗沐浴"，很順暢，是一個確知的音義定點。另外，清華簡《五紀》簡33有"盬（蠲）衈濯汽（漑）浴▨"一句，其中的"衈"字，侯瑞華認爲是訓爲血祭的

---

[1]"臾"來源不明，不排除是"賁"的省形，二者有聯繫的可能。
[2] 參看周法高主編：《金文詁林》，香港：香港中文大學，1974年，第6465頁。吴氏的證據是"▨"形爲倒首垂髮形，實際是不可靠的。
[3] 林澐：《古文字學簡論》，北京：中華書局，2012年，第56頁。
[4] 蔣玉斌：《説與戰國"沐"字有關的殷商金文字形》，復旦大學出土文獻與古文字研究中心編：《戰國文字研究的回顧與展望》，上海：中西書局，2017年，第46—49頁。

"釁"的異體，可讀爲"沬"，能够排除同句中"㵢"字讀"沬"的可能。[1] 但這並不能證明从"木"的字一定都要讀"木"聲。

"木"構形不明，如果完全等同於"木"聲，古人選擇音符爲什麼捨易求難？

而且从"木"聲的字並不能全部讀爲"木"聲：

魚鼎匕（《集成》980）："㮮入㮮出，毋處其所。"

"㮮"字有很多考釋意見，應當是在"冎"字上追加音符"木"。"㮮"與見母物部的"骨"讀音相同或相近，讀音應當與"沬"是一系。有學者讀作"忽入忽出"，讀爲"没入没出"似亦可通。

《安大簡·甬（鄘）風》簡85"髧彼兩㸚"，簡文將此字與文獻中的"髦"相對應，爲明母宵部字；異文或从"矛"聲，是明母幽部字。

《清華簡六·子儀》簡3"以貝（視）楚子義（儀）於杏㮮"，整理者讀爲"會"，學者或讀爲"末"，皆可備一説。

另外金文中"木"上呈尖刺狀，楚簡諸字則帶有團塊形，形體有别，音義不明，是否爲同一個字還需要更多的材料證明。[2]

總之，這些字有些可以確定爲"木"，還存在一些疑難。我們認爲，"沬"可能不是單源頭，"㵢"字很可能有"沐""沬"兩讀。銅器中"顥盤"習見，讀爲"沬盤"是大家一致的意見；目前還没有確切可以讀爲"沐盤"的例證，把"㵢盤"讀爲"沬盤"前後相承，並無不適，無需改讀。説這個字可以讀爲"沐"是有這種可能，但説是"沐"的專字，則還有很多矛盾之處需要解釋。大概不能根據字形像洗頭就一定釋爲"沐"，也不能根據字形像洗臉就一定都是"沬"。

先秦清洗頭部的字形，通過文字構形可以看出多種方式，可以分

---

[1] 侯瑞華：《釋徐鼒尹晉鼎銘文的"濯洗沐浴"》，第二届簡牘學與出土文獻語言文字研討會論文集，蘭州：西北師範大學，2023年。

[2] 上述諸字學者有很多討論，未成共識，不具引。

爲以洗頭爲主和以洗臉爲主兩類。

洗臉式：

第一種：雙手從水器中捧水洗面，清洗部位主要是面部。讀音是曉母微部。

☒——☒——頮

第二種：由鼻子下或口下的鬍鬚對着水器中的水，清洗部位主要是面部。讀音是曉母物部。

☒——☒

洗頭式：

第一種：向皿俯首垂髮，雙手弄髮，洗髮之象。讀音當是"沐"。

☒（"☒"字部件）

第二種：沒首於水器，清洗部位首先是頭髮。讀音是曉母微部。

☒——盢

从倒寫的"頁"，雖然從表層結構上看是"☒"的倒寫形式；從深層結構上看，應當是表達沒首於水器以洗頭，與"頮"構意相同。

第三種：從上倒水澆頭，淋浴。清洗的部位是頭部，出土文獻中的讀音是曉母脂部。《唐韻》虛振切，曉母文部。

☒☒☒——釁（䘮）

上面所列五種平面構形表意字既有像洗臉的，也有像洗頭的，除了洗頭第一式不能確定之外，其餘全部可以讀爲與洗臉的"沬"音近的"眉"。

字　形	字書音	出土文獻讀音
沬、湏	沬，明母物部 湏，曉母物部	眉，明母脂部
頮	曉母物部	頮，曉母微部
頮、䫇	曉母微部	眉，明母脂部 頮，曉母微部
鬢	曉母文部	眉，曉母脂部 沐，明母屋部
亹	明母微部	眉，明母微部
沐	明母屋部	
▨		沐，明母屋部

　　表中的"鬢"可以讀爲"沐"，詳見下文。不論字形像洗頭還是像洗臉，也無論是出土文獻中的用法還是韻書讀音，大都指明這些字是"沬"的方向。即使"▨"或"▨"是"沐"，也不成比例，好像古人重視洗臉而輕視洗頭。學者或認爲全部是"沬"，或認爲全部是"沐"，[1] 可能都犯了以偏概全的錯。這種現象有多種可能：

　　第一，如吳大澂所說，語言中洗頭、洗臉不甚分別，這些文字分別表現詞義的一個側面。到了秦漢時期，才各有專字。

　　第二，本來有洗臉、洗頭的區別，後來合併爲一個詞。"頮""䫇"等是往臉上塗抹水以清潔，讀音在喉音曉母或匣母，"▨"是洗頭的專字，後來成爲從"▨"的形聲字。

　　第三，"鬢（鬢、亹）""▨""湏""亹""䫇""頮"等字最初互爲異體，每個字都記錄了"沐"與"沬"兩讀兩義，與古文字中的"月與夕""坐與跪"等相類。

---

[1] 張亞初：《殷周金文集成引得·序言》，北京：中華書局，2001年，第9—12頁。

這三種情況雖然都符合文字演變的"規律",但需要充分考慮語言事實——洗頭、洗臉在語言中古今都應當有區別。我個人傾向於第三種情況:是多種異體,一字兩讀。理由如下:

除了從"󰀀"聲的諸字之外,這些字就是曉母物部的"沫",前文已經詳論。下面討論其也是"沐"的理由。

第一,從字形上看,"䰖""湏""𥁕"等所表意都更近於洗頭,與"沐"意義接近。

第二,"䰖"在出土文獻中借讀爲"眉"或"𤯒",是明母字,演變爲"䰖",是曉母字,説明"䰖"有明母、曉母兩讀,明母與"沐"的聲母相同。

第三,"沫"有兩讀,一是荒内切,音䫨,是曉母字;一是莫貝切,音昧,是明母字。

第四,源自古文字"䰖"字的"䰖",在出土文獻中大都讀爲"眉",在古書中"䰖浴"應當就是"沐浴",可證"䰖"有"沐""沫"兩讀,詳見下文。

第五,"沐"在先秦文獻中經常使用。《詩·小雅·采緑》:"予髮曲局,薄言歸沐。"秦漢之後是常用詞。古書中洗臉的"頮"使用頻率極低。出土文獻中文字極其多樣而古籍中用例極其少見,這種矛盾很突出。即使把從"󰀀"聲的幾個字釋爲"沫",還是不成比例。

第六,目前所見文獻語言中,單音詞中洗臉與洗頭明確對立的用例比較少。經過隸變轉寫的傳世先秦典籍中"沐"常見,而表示洗臉的"頮"非常罕見,其他異體只是作爲古董躺在字書中,這種情況很可能是漢代學者認定"沐"字並加以文本轉寫的結果。秦漢開始,表示洗臉的專詞、專字幾乎全部消失,就連《説文》所説的洗臉是本義的"沫",在秦漢時代也極少用作洗面義,大都是水名。

第七,如果"䰖(䰖、𤯒)""湏""𥁕""頮""頮"全部只是洗臉的"頮",秦漢之後全部消失,"沐"突然取代,且表示頭部的清洗,也不容易解釋。

第八，古文字中一字兩讀，表示意義相近或相關的兩個詞的現象很常見。

總之，先秦的洗頭、洗臉，涉及文字、語言、文化等多個層面，不論是哪一種説法，有很多環節還有闕失，還有待更多的材料加以證實，這個問題還没有完全解決。

五、文獻中"釁浴""釁面""眉壽"解詁[1]

"釁"在《説文》釁部："釁，血祭也。象祭竈也。从爨省，从酉。酉，所以祭也。从分，分亦聲。"

《説文》歸部與構形分析全部錯誤。"釁"的上部應當是"鬲"的省形，與倒皿無關。下部與"酉"與"分"也没有任何關係，是"頁"與兩側水滴的訛變。漢代的隸書比《説文》小篆近古，例如《馬王堆帛書·養生方》149號簡藥名"釁冬"中的"釁"字作"釁"，下部的"頁"與兩側水滴尚可得見。

西漢的學者大概還知道"釁"的古義，能够正確應用，到了東漢，已經不甚了了，多有誤解。

（一）"釁浴"與沐浴

沐浴是生活和禮制中重要的内容，古書中很常見：

《儀禮·士昏禮》："夙興，婦沐浴纚笄，宵衣以俟見。"

《周禮·天官·宫人》："宫人掌……共王之沐浴。"

出土文獻用例已見上文所列。古書中還有"釁浴"，當即"沐浴"。

《周禮·春官·女巫》："女巫，掌歲時祓除釁浴。"鄭玄注："釁浴，謂以香薰草藥沐浴。"不知其依據。

《國語·齊語》："比至，三釁、三浴之。"韋昭注："以香塗身曰釁。"韋注源自《周禮注》，但是作了進一步的曲解。鄭玄"以香薰

---

[1] 張亞初：《殷周金文集成引得·序言》，北京：中華書局，2001年，第9—12頁。

草藥沐浴"所說的是"釁浴",是一種沐浴的方式,並沒有把"釁"與以香薰草藥或以香塗身等同起來。根據我們前面所論,"釁"有"沐""沫"兩讀,"釁浴"即"沐浴"。洗頭與泡澡古今都是分開進行。"三釁(沐)、三浴"比不同形式多次洗浴要合理。把"釁"讀作"沐",與字形所表意義也吻合。如果"釁浴"可以讀作"沐浴",也就反證"㳄"不一定是"沐"的專字。

(二)"釁面"與"沫血"

《漢書·賈誼傳》:"及趙滅智伯,豫讓釁面吞炭,必報襄子,五起而不中。"顏師古注曰:"鄭氏曰:'釁,漆面以易貌;吞炭,以變聲也。'師古曰:釁,熏也,以毒藥熏之。"[1]

鄭氏所說"漆面"大致不誤,顏師古所說的"以毒藥熏之",顯然是依據"以香薰草藥沐浴"這類說法所做的進一步推衍。

《漢書·司馬遷傳》:"沫血飲泣。"《文選》卷四一《報任少卿書》:"躬自流涕,沫血飲泣。"李善注曰:"孟康曰:沫音頮。善曰:頮,古沫字,言流血在面如盥頮也。《說文》曰:頮,洗面也。"[2]

"釁面"或可讀爲"頮面",如甲骨文"🖐"所示:把水塗抹在臉上就是洗面,把血塗抹在臉上就是"沫(頮)血"。豫讓爲了讓自己不被辨認出來,在自己的臉上塗上漆以變形毀容,就是以漆頮面。頮的目的不同,但過程有相似之處,引申的可能性是有的。

把血塗抹在器物上是某些祭祀中的一個環節,"釁鼓"等都是在器物上面塗上牲血。

《左傳·僖公三十三年》:"孟明稽首曰:君之惠,不以纍臣釁鼓,使歸就戮於秦。"杜預注:"殺人以血塗鼓,謂之釁鼓。"《左傳·定公四年》:"君以軍行,祓社釁鼓,祝奉以從。"杜預注:"師出,先事祓禱於社,謂之宜社;於是殺牲以血塗鼓鼙爲釁鼓。"

---

[1] [漢]班固:《漢書》,北京:中華書局,1962年,第2258頁。

[2] [梁]蕭統:《文選》,北京:中華書局,1977年,第578頁。

不僅鼓可以釁，禮器、龜策、宗廟都可以釁：

《周禮·春官·天府》："上春釁寶鎮及寶器。"鄭玄注："釁，謂殺牲以血血之。"

《禮記·月令》："是月也，命大史釁龜筴。"孔穎達疏："謂殺牲以血塗釁其龜及筴。"

《禮記·雜記》："成廟則釁之。"孔穎達疏："謂宗廟初成，則殺羊取血以釁之，尊而神之也。"

這大概就是《說文》訓"釁"爲"血祭"之所據。把血塗在鼓鼙上與洗臉時把水塗在臉上相似，釁鼓之"釁"是釁面之"釁"的進一步引申，《說文》所說的"血祭"是其再引申。

（三）"亹亹"

"亹亹"一詞古書常見：

《詩·大雅·文王》："亹亹文王，令聞不已。"

《詩·大雅·崧高》："亹亹申伯，王纘之事。"

《易·繫辭》："成天下之亹亹。"

蔡侯紳盤（《集成》10171）："類文王母，穆穆亹亹。"

"亹""亹亹"故訓多解釋爲"勉"。

"亹"或訓爲"美"：晉孫綽《游天台山賦》："彤雲斐亹以翼櫺，曒日烱晃於綺疏。"《廣韻·尾韻》："亹，美也。"把上列詩文中的"亹亹"讀爲"美美"似更加順暢。"美美"一詞雖然晚見於《樂府詩集》，但很可能遠有所自。"亹亹"又作"娓娓"。"娓"亦可訓爲美。《詩·陳風·防有鵲巢》："誰侜予美"，唐陸德明《釋文》："予美，《韓詩》作娓……娓，美也。"

（四）"眉壽"讀爲"美壽"

《漢語大詞典》吸取前人研究成果，對"眉壽"的解釋爲：[1]

---

[1] 羅竹風主編：《漢語大詞典·第 7 卷》，上海：漢語大詞典出版社，2001 年，第 1195 頁。

【眉壽】長壽。《詩·豳風·七月》："爲此春酒，以介眉壽。"毛傳："眉壽，豪眉也。"孔穎達疏："人年老者必有豪眉秀出者。"高亨注："眉壽，長壽也。"

出土文獻中"眉壽"出現頻率很高，無一例作"眉"。漢代學者"壽眉"之説恐不可信。出土文獻可以充分證明"釁""亹"一字，可以讀爲"眉"。

"眉壽"之"眉"也當讀爲"美"。

清華簡《繫年》中的"子釁壽"即文獻中的"子亹"，其字形與西周金文之"釁"一脈相承。古人用嘏辭爲名，眉壽即亹壽，亹不好訓爲勉，當訓爲美。《古璽彙編》收録有姓名私璽"善壽"：

（《璽彙》4541）　　（《璽彙》4542）

"善壽""美壽"都是指"長壽"。回頭再看故訓將"亹"或"亹亹"訓爲勉，可能是"釁"讀音轉爲陽聲，與勉更近的緣故。這些贊美之詞訓爲美，或許更接近事實。

六、文字系統的調整：分化、合併、替換

文字是記録語言的符號系統，在早期的文字系統中，就存在着同一個字（包括各種異體）記録不同詞的狀態。坐與跪、沐與沬這類比較接近的動作，在當時語言中應當有所區分，但表意字難以區分，就會出現一字記録多詞的現象。商周文字一直到戰國之前，表達洗臉的"沬"這個詞的字形很多，表達洗頭的除了一個文字部件疑似之外，

就没有了確切的例證，這與現實生活不符合，與文獻記載也不吻合。通過上文的分析，我們推斷戰國以前，"沬"與"沐"用"同一個字（包括各種異體）"記錄。

當一個字記錄多個音義，又有多個異體，爲了準確記錄語言，異體分化是普遍的規律。例如月與夕、母與毋、元與兀等等。

"頮"與"頯"都是表達洗頭和洗臉，但在春秋時期就已經發生了分化，用"頮"記錄"眉壽"的"眉（美）"，用"頯"表示洗臉的"沬"。我們在《清華簡〈繫年〉文字考釋與構形研究》的《倒皿與眉壽》一節中，曾列舉了大宰歸父盤（《集成》10151）、伯游父盤（《銘圖》14510）、大師盤（《銘圖》14513）、伯戔盤（《銘圖》14517）四器中"頮"與"頯"對舉的情況，下面再舉幾例：

（毳盤，《銘圖》14452）："毳作皇母媿氏▆（頯-沬）盤，▆（沬-美）壽萬年。"

（毳盃，《集成》9442）："毳作皇母媿氏▆（頯-沬）盃，▆（沬-美）壽萬年。"

表示器物功用的"頯"與借作"眉壽"的"頮"彼此區別，呈現出分化的特徵。隨着這些文字在應用中的消失或被其他文字取代，最終分化失敗。

到了戰國以後，"沐"字廣泛見於秦文字，他系文字目前没有見到確切的"沐"字。有學者認爲《上博簡四·采風曲目》中的"王音▆浴"中的"▆"字从"沐"聲，"沐浴"連讀。此説不可信。仔細觀察，"▆"字所从與同篇簡文"木"旁有别，是"又"側加點，釋"深"無誤。文義上"王音深谷"似也比"王音沐浴"順暢。語言中有空谷回音，"音"與"谷"有聯繫。[1]

到了秦漢時期，表意字被形聲字取代，洗面的單音節詞和文字也

---

[1] 從用字上説，楚文字系統中以"浴"爲山谷之"谷"，與後世洗浴之"浴"僅僅是同形。

趨於消失，"沐"成爲通用詞語，完成了常用字與常用詞的交替。

到了許慎創作《說文》的時候，語言文字系統中洗頭、洗臉諸字的分合變化久已完成，許慎已完全不知表示洗面、洗頭諸字的構形與本義。

"釁"，"血祭"是其引申義。本與"分"聲無關，是假形聲字。

"頮"，"昧前也"，表意不明。昧是聲訓，保留了語音的綫索。

"㕣"，釋義"水流也"是根據字形杜撰。本與"曰"聲無關，也是"假形聲字"。"㕣"，當是"頮"的截除式省略。

"沫"，文獻中用作"頮"，更多情況是用作水名或借作"昧"。

目前所見文獻語言中，淘汰了一些字形，剩下的"釁""䵼""頮（靧）""沐""沫"等義各有當，是文字系統重新調整的結果。

七、結語：系統釋字法與完全釋字

文字是一套彼此區別的視覺符號系統，是記錄語言的符號。形體符號與語言符號之間從來就不是完全一對一的關係。從孫詒讓的偏旁識字法開始，學者們就有意無意利用文字的系統性識字。所謂系統釋字法就是"以漢字構形的系統性爲基礎，將具有某種關係的若干組文字放置在靜態的構形系統和動態的演變過程中進行全方位考察、全面識字的方法"，[1] 運用這種方法釋字的結果就是"完全釋字"，是對一個字的表層結構、所記錄的語言、深層結構以及字際關係的全面認識。

西周金文中讀作"眉壽無疆"的"釁"字，早在宋代人們就運用文獻比勘法釋讀出等同於文獻中的"眉"，運用字形比較和語音系聯確定下來與"釁""䵼"等字之間的關係。由於表層結構、深層結構、所記錄的語言的意義以及更全面的字際關係都不很清楚，後代研究不斷推進，但是更加紛紜，有時甚至出現嚴重的倒退。我們根據目

[1] 李守奎：《漢字學論稿》，北京：人民美術出版社，2016年，第122頁。

前所見到的材料系統釋字，目前能夠達到的認識水準如下：

（一）表層結構

文獻中讀爲"眉"的古文字分爲兩大類，倒皿型和倒頁形。倒頁型的發現不僅糾正了像眉形的謬説，而且爲下文"釁"字可讀爲"沐"提供字形構意的佐證。

《説文》小篆的"釁"是"釁"形的訛變，字書中的"𦥑"是上面加飾筆的"釁"的省略。

[圖]（秦公簋）—[圖]（《馬王堆帛書·養生方》149）

[圖]（《説文》小篆）—釁

[圖]—𦥑

（二）所記録的語言

這一組字所記録的語言可以分爲三個系列：

第一，用在水器前，表示水器的功用。釁盤、顯盤都可讀爲"頮盤"。釁鼓、釁面中的"釁"都是"頮"義的引申。"頮"與"釁"在這裏是洗臉。

第二，出土文獻中的"[圖]浴"與古書中的"釁浴"讀爲"沐浴"。"[圖]"與"釁"在這裏是洗頭。

第三，用作修飾語，"釁壽""𦥑𦥑文王"都是頌美的嘏辭，與"美"音義並近。可能是在秦漢時期被轉寫爲"眉"。"釁（釁）""𦥑""眉"都是假借字。

（三）深層結構

有多種平面圖畫式表意字，頭部有多種清洗的方式，有自上倒水澆淋式，没頭於水器中式，抹水於臉部式，雙手洗垂髮式等等。

（四）字際關係

本義明而借義明，字際關係明。

"嚳""顥""頮"等泛指頭部清洗，在語言中可能隨語境換讀爲"沐"或者"頮"。秦漢以後，實際應用中"沐"普遍使用，"頮"的詞義被其他形式取代。

　　結合文獻、考古等學科，還可以進一步探討古代的洗浴文化，那就超出了文字學的範圍，進入漢字文化的範圍了。

　　從材料出發，在事實全面描寫的基礎上做出盡可能合理的解釋，這是古文字考釋遵循的基本道路。在證據不夠充分的情況下，不可能有唯一的解釋。綜合考察古文字中描寫洗頭、洗臉的字形與其所記錄的音義，會發現一系列的問題，我們之所以不同意把三種像洗頭的字形釋爲"沐"，把兩種像洗臉的字形釋爲"頮"，是因爲這兩組字所記錄的音義彼此錯綜，目前還難以明確區分。用一字多音義、隨文換讀解釋起來相對更融通一些，應該說與"完全釋字"還有一定距離。

　　隨着新材料的發現，從文字學、語言學、文化學等多個角度綜合考察，"沐"與"沬"可能會分辨得更加清晰。

【延伸閱讀】

[1] 中國社會科學院考古研究所編：《殷周金文集成》（修訂增補版），北京：中華書局，2007年。

[2] 董蓮池：《新金文編》，北京：作家出版社，2011年。

第十一講　漢字文化的分類闡釋
——以書寫、典册相關的文字爲例

導讀：中國文化涉及方方面面，有物質形態、文獻記載、民間流傳等多種表現形式，文字構形也能反映文化，這是由表意字的特徵決定的。把與社會生活某一方面或某種文化現象相關的漢字匯聚在一起，通過文化探討解讀漢字，通過漢字解讀古代文化，二者互相求，相得益彰。而且很多文化要素以不同的方式存在於我們的語言與現實中，成爲文化的基因，例如現在的著作有的分上下册、有的分上下編、有的分上下篇、有的分上下卷，"册""編""篇""卷"的來源與區別，通過文字溯源可以發現古人的書籍文化與傳承，這種探討也饒有文化趣味。漢字中的祭祀、漢字中的建築、漢字中的飲食等等這種漢字文化講解是最常見的方式之一，也是比較容易接受的漢字文化傳播形式，尤其適應以了解漢字與中國古代文化爲目的通識課、公選課。這種學習或講授的內容是開放性的，對什麽感興趣就搜集哪一方面的文字，溯源觀流，結合文獻記載與語言中的遺存綜合探討，形成對某種文化有一定歷史厚重感的認識。我們在這裏以漢字中與書寫、書籍有關的文字爲例，談一談漢字中的書寫與書籍文化。

用書寫工具在載體上書寫，形成文字；文字記錄語言，形成書籍。自此人類的知識不再限於口耳相傳，可以穿越時空，大量、快速記錄，形成第一次"知識爆炸"，人類就這樣邁進了文明的大門。漢字起源於何時，最初是用什麼書寫，載體有哪些，形成的書籍是什麼樣等一系列問題，我們目前還很難給出準確答案，但結合考古發現和文字構形，我們可以得到一些確切的知識，對現代漢語中"著作""編寫""規劃""相等""削除""篇章""經典""書畫"等詞語也會有更深入的理解。

一、書寫工具

書寫工具主要包括：筆、墨、硯、削刀。

（一）筆，所以書也

筆由兩部分構成，手持的部分是筆杆，大都由竹子製成；蘸墨書寫的部分是筆頭，大都由各種動物的毛組成，古今一致。目前考古發現最早的筆見於戰國時期：

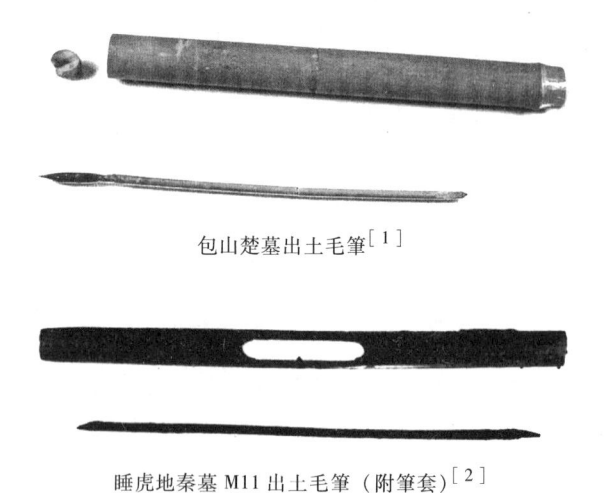

包山楚墓出土毛筆[1]

睡虎地秦墓 M11 出土毛筆（附筆套）[2]

---

[1] 湖北省荊沙鐵路考古隊編：《包山楚墓（下冊）》，北京：文物出版社，1991年，彩版一五。

[2]《雲夢睡虎地秦墓》編寫組：《雲夢睡虎地秦墓》，北京：文物出版社，1981年，圖版一〇。

可以看出楚的筆頭很長，秦筆相對較短，楚文字的飄逸與秦文字的整飭與筆有一定關係。

筆與文字共生。我們今天看到的商代文字主要是甲骨文和青銅器銘文，這說明當時一定有刀刻工具，廣義地說也是書寫工具，但只是在特殊場合使用。商人書寫誥命典冊不會用刀在骨頭上刻，應當是用筆書寫。由於竹與毛很容易朽爛，我們很難有機會再見戰國以前的筆，但筆字的構形給我們留下了綫索。

《說文》："筆，秦謂之筆。从聿，从竹。"

《莊子·田子方》："宋元君將畫圖。衆史皆至，受揖而立；舐筆和墨，在外者半。"

筆杆是竹製的，所以从竹，下面的"聿"是筆的初文。《說文》："聿，所以書也。楚謂之聿，吳謂之不律，燕謂之弗。从聿，一聲。"

"所以書"用今天的話來說就是"書寫的工具"。"筆"字晚出，是在"聿"上加意符構成的形聲字。

聿（筆）：

商代甲骨文	商周金文	戰國楚系文字	小篆
（《合》28169） （《合》32791） （《合》22063）	（《集成》10763） （《集成》7444） （《集成》5391）	（《上博簡三·周易》7"帀（師）出以～（律）"）	

我們雖然不能見到商代的筆，但根據各種材料推斷，商代有筆，而且與後代的筆差別不大，理由如下：

第一，文獻記載與商人的歷史記載。《尚書·多士》："惟殷先人，有冊有典。"像《尚書》中有《商書·盤庚》，這樣的長篇當在簡冊上書寫。

第二，文字構形。商代文字中"聿"就是筆，在書、畫等字中作意符，就是書畫的工具。

第三，筆迹。

我們今天雖然已經無法看到用毛筆書寫的商代簡冊，但是還能在商代後期留下來的甲骨和玉石、陶等類器物上看到少量毛筆字。

殷墟出土白陶殘片[1]

陶片上有以軟筆書寫的黑色字迹"祀"。另外，著名的宰豐骨刻與一般的甲骨文不同，有意模仿毛筆書寫的筆迹，筆畫有粗細變化，有筆鋒，應是先用毛筆書寫，後用刀刻。

在商代，毛筆是主要的書寫工具。甲骨文"聿"字，正像手執毛筆形。執卣（《集成》5391）記載，"聿（筆）"還可用於賞賜。

筆字雖然歷經變化，但表意一直很清晰：

聿——筆——笔

從手裏握着一管筆，到加上筆的材質，到上竹下毛的"會義"，都是對筆不同角度的認知與反映。

---

[1] 李永迪編：《殷墟出土器物選粹》，臺北：中研院史語所，2009年，第278頁。

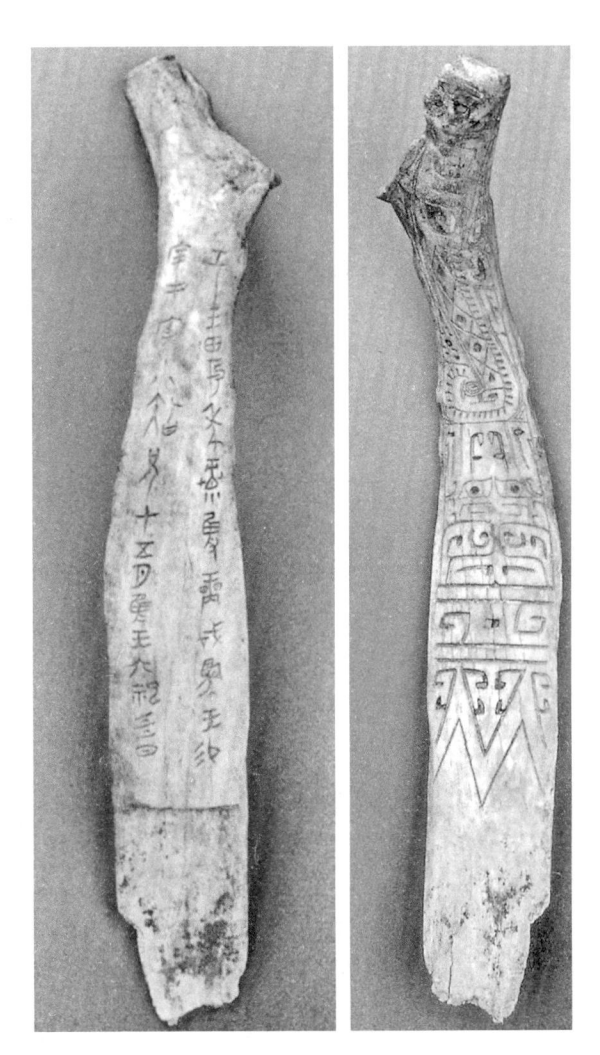

第十一講　漢字文化的分類闡釋　　263

商代宰豐骨（國家博物館藏）[1]

（二）墨與硯

筆蘸上墨才能書寫，墨經過研磨才能蘸上，磨墨的工具就是硯。

---

[1] 中國國家博物館編：《中華文明：古代中國陳列文物精萃》，北京：中國社會科學出版社，2010年，第138頁。

左：墨；右：石硯、研墨石（睡虎地秦墓 M4 出土）[1]

墨：

戰國楚系文字	戰國秦系文字	小篆
（《集成》11214） （《上博簡六·用曰》3）	（《秦封泥集》二二 30·1）	墨

《說文》："墨，書墨也。从土，从黑，黑亦聲。"

《韓詩外傳·卷七》："趙簡子有臣曰周舍，立於門下，三日三夜，簡子使問之，曰：'子欲見寡人何事？'周舍對曰：'願爲諤諤之臣，<u>墨</u>筆操牘，從君之過，而日有記也，月有成也，歲有效也。'"

墨爲黑色，"黑"與"墨"古音相近，意義相通，最初就是一個字。墨迹留在簡册上是文字，浸入人臉的皮膚中就是刑罰——墨刑。

（墉伯簋，《集成》4169）

---

[1]《雲夢睡虎地秦墓》編寫組：《雲夢睡虎地秦墓》，北京：文物出版社，1981 年，圖版一〇。

（鑄子弔黑臣簠，《集成》4570.1）

"黑"在甲骨文時代就已經有了。

在特別場合，除了墨書之外，還有丹書：《大戴禮記·武王踐阼》："師尚父曰：'在丹書，王欲聞之，則齊矣！'"《史記·陳涉世家》："乃丹書帛曰'陳勝王'"，這與甲骨文刻在甲骨上一樣，都是特別的場合的特別用例。

硯大都是石頭製作。《說文》："硯，石滑也。從石，見聲。"《釋名·釋書契》："硯，研也，研墨使和濡也。"

硯是用於研墨的，"硯"與"研"讀音相近，語義相通，是同源字。但這兩個字都很晚出現。商周時代有筆有墨，自然應當有硯，石質的硯更容易保存，但目前還沒有實物發見，也沒有文字。說不定藏在哪個角落等待我們發現呢。

（三）可用於修改的"削"

寫字就會有寫錯的時候，今天用橡皮擦，用膠帶粘，古人就用削刀削。

《說文》："削，鞞也。一曰析也。從刀，肖聲。"

睡虎地秦墓M11出土銅削（附木鞘）[1]

---

[1]《雲夢睡虎地秦墓》編寫組：《雲夢睡虎地秦墓》，北京：文物出版社，1981年，圖版一〇。

戰國楚系文字	戰國秦系文字	小篆
		
（曾侯乙簡3）	（《睡虎地秦簡·雜抄》5）	
（曾侯乙簡61）	（里耶秦簡8-70背）	

《史記·孔子世家》："至於爲《春秋》，筆則筆，削則削，子夏之徒不能贊一辭。"這裏的"筆"是書寫，"削"是修改，把竹簡上的已有文字削掉加以改寫就是這裏的"削"。

古人把掌文案的官吏稱作"刀筆"或"刀筆吏"：《戰國策·秦策五》"臣少爲秦刀筆"，《史記·蕭相國世家》"蕭相國何於秦時爲刀筆吏"。

沂南北寨畫像石[1]

畫中人物簪筆、佩削刀，正是刀筆吏的真實寫照。

（四）刻刀與契刻

漢字的另外一個源頭就是刻劃符號。廣義的書寫包括契刻，刻刀

---

[1] 山東博物館、中國文化遺産研究院：《書於竹帛：中國簡帛文化》，上海：上海書畫出版社，2017年，第10頁。

也是書寫工具之一。

　　書契是文字，也是文書契約的統稱，從文字上溯源，書是用筆書寫，契是用刀契刻。《說文》中的"㓞"字見於古文字：

商代甲骨文	西周金文	戰國晉系文字	小篆
 (《合》14176)  (《合》31823)	 (《集成》2779)	 (《銘圖》17159)	

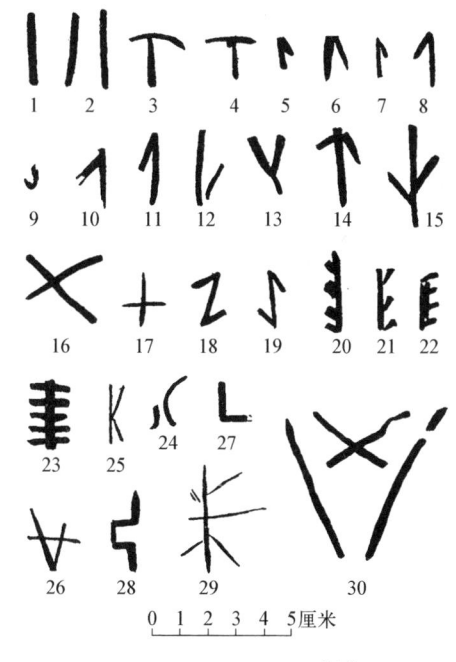

西安半坡陶器刻畫符號[1]

---

[1] 中國科學院考古研究所、陝西省西安半坡博物館：《西安半坡》，北京：文物出版社，1963年，第197頁。

《説文》："㓞，巧㓞也。从刀，丯聲。"字形由刀和刻劃出的符號構成。這種刻劃符號表達固定的意義，可以作爲約定的憑證，這就是"契"。《説文》：契，大約也。从大，从㓞。《易》曰：'後代聖人易之以書契。'"《説文》另有"栔"："栔，刻也。从㓞，从木。"

古書中多用"契"：《詩經・大雅・緜》："爰始爰謀，爰契我龜。"《周禮・春官・菙氏》"菙氏掌共燋契"，鄭玄注："契謂契龜之鑿也。"

甲骨文又稱"契文"，就是從這裏來的。

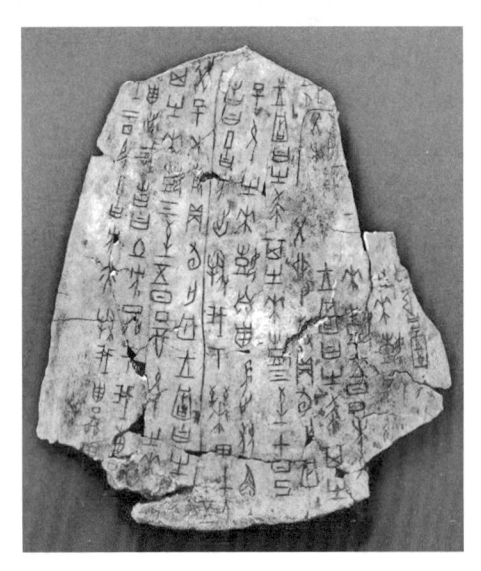

軍事刻辭牛骨（國家博物館藏）[1]

"㓞""契""栔"是從不同角度表達對契刻的認識，用刀刻劃出符號是動詞"契"，刻出來的是"書契"——文字，構成的文書也稱作"契"，其功用是契約。

各種載體都可以契刻，刻木最常見，所以《説文》中還有專字"栔"。商代留給我們的除了龜甲上的契文，還有金屬上的刻文。

---

[1] 中國國家博物館編：《中華文明：古代中國陳列文物精萃》，北京：中國社會科學出版社，2010年，第134頁。

第十一講 漢字文化的分類闡釋　269

殷墟出土的三枚青銅印章[1]

這三方殷墟出土的青銅印章,在金屬璽印上契刻。在金屬、龜甲上契刻需要有相應的工具,考古有所發現:

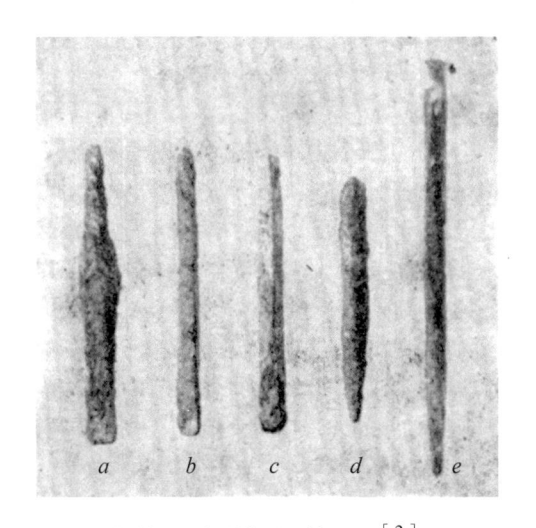

銅刻刀(安陽大司空村出土)[2]　　　立鳥形銅刻刀
　　　　　　　　　　　　　　　　　(安陽苗圃北地墓葬出土)[3]

---

[1] 何毓靈、岳占偉:《論殷墟出土的三枚青銅印章及相關問題》,《考古》2012 年第 12 期。
[2] 趙銓等:《甲骨文字契刻初探》,《考古》1982 年第 1 期。
[3] 趙銓等:《甲骨文字契刻初探》,《考古》1982 年第 1 期。

《墨子·天志中》:"書於竹帛,鏤之金石,琢之槃盂,傳遺後世子孫。"書用筆,鏤、琢與前面所講的契都是用刀。

總之,最早的書寫工具有兩類:刻刀和毛筆。刻刀可以直接作用於載體,起源可能更早,一些契刻符號也進入文字系統。毛筆需要有墨、硯及削刀配合使用,這套書寫工具商代應該已經非常成熟。

二、書寫過程

(一)書、箸、著,書籍、著作

書寫工具在各種載體上留下各種痕迹,文字就是"書",圖畫就是"畫",這兩個字中都有"聿"。下面是古文字中的"書":

西周金文	戰國楚系	戰國晉系	戰國燕系	戰國秦系	小篆
(《集成》2815)	(曾侯乙墓簡1)	(溫縣盟書WT1K2:159)	(《集成》11916)	(《陶錄》6·56·1)	
(《集成》2827)	(《上博簡一·性情論》8)	(《璽彙》2541)	(《璽考》244)	(里耶秦簡8-375)	
(《集成》4334)	(《上博簡五·鮑叔牙》3)	(《璽彙》5178)		(北大秦簡牘·算甲)	

字形有"書""箸"兩個,從辭例用法上看,戰國楚文字中的"箸"都用作書寫和圖書的"書"。《説文》也揭示了二者間的關係:

《説文》:"書,箸也。从聿,者聲。"

這裏的"箸"肯定與筷子沒有關係,是"書"的異體字,从聿、者聲與从竹、者聲編碼理據都很充分。許慎在《敍》中又説："著於竹帛謂之書，書者如也。"這裏的"著"是"箸"的簡化。也就是説"書""箸""著"最初都是爲了書寫的﹛書﹜這個詞造的字。

（包山簡8）："司馬徒箸之。"

（詛楚文）："箸者（諸）石章。"

（尹宙碑）："二子著詩，列于風雅。"

在古書中，"著"的常用義也是書寫：《左傳·襄公二十三年》："初，斐豹，隸也，著於丹書。"《商君書·境内》："四境之内，丈夫女子皆有名於上，生者著，死者削。"

書寫是個拿着筆在竹簡之類的載體上留下文字的動作，這個動作叫作"書"，書寫出來的字形叫作"書"，以文字爲内容的文獻也叫作"書"。這些意義在書寫、隸書、古書等詞語中都還存在。

"書"的異體是"箸"，簡化爲"著"，分擔了"書"的一部分功能，"著録""大著""著作"等詞語中的"著"，最初的音義與"書"没有什麽不同。

古人在竹簡或木牘上怎麽書寫，是一個很值得探討的問題。下面這個陶俑塑造了文吏對書的場景，一手拿載體，一手書寫。但這肯定不是唯一方式，例如在

西晉·青瓷對書俑（湖南省博物館藏）[1]

---

[1] 湖南省博物館編：《湖南省博物館文物精粹》，上海：上海書店出版社，2003年，第31頁。

帛上書寫，在竹簡上畫圖等等，一手是拿不起來的。

從上到下，從右到左的書寫順序在商周時期就基本上定型。錢存訓的《書於竹帛》對此有解釋：

> 毛筆書寫的筆順，大多是從上到下。竹木材料的紋理以及狹窄的簡策，只能容單行書寫等等，都是促成這種書寫順序的主因。至於從右到左的排列，大概是因爲用左手執簡、右手書寫的習慣，便於將寫好的簡策順序置於右側，由遠而近，因此形成從右到左的習慣。[1]

這種與竹簡有關的形式固定下來，甚至影響到一些特殊載體的書寫。比如甲骨文中就有模仿竹簡形制而專門刻下的界劃綫，這也反證商代的主要書寫載體應該是竹簡。

安陽大司空村刻辭胛骨[2]

（二）圖畫與規劃

書畫同源，文字的源頭是圖畫，圖畫也需要用筆，還需要其他工

---

[1] 錢存訓：《書於竹帛》，上海：上海書店出版社，2003 年，第 162 頁。

[2] 何毓靈：《河南安陽市殷墟大司空村出土刻辭牛骨》，《考古》2018 年第 3 期，第 116—120 頁。

具。"畫"字在《説文》中已經訛變:"畫,界也。象田四界。聿,所以畫之。凡畫之屬皆从畫。,古文畫省。,亦古文畫。"

簡化字又把上部的"聿"截除省略,就成了"画"。西周金文中"畫"字很常見,變化的脉絡比較清晰:

西周金文	戰國楚系	戰國晉系	戰國秦系	《説文》
(《集成》4201)	(曾侯乙簡1)	(《集成》4688)	(《睡虎地·爲吏之道》1)	(小篆)
(《集成》2841)	(《上博簡二·子羔》10)	(《璽彙》0725)	(關沮秦簡134)	(古文)
(《集成》4216)	(《上博簡五·三德》19)			(古文)

西周金文的"畫"字大部分由上下兩部分構成:"𦘡"與"周"。"𦘡"的上部是聿,下部似花紋,也可能是畫圖用的規。

規/畫:

商代甲骨文	商代金文	西周金文
(《合》822正)	(《集成》3073)	(《集成》3912)
(《合》23530)	(《集成》3074)	(《集成》3913)

续表

商代甲骨文	商代金文	西周金文
（《合》32772）		（《铭图》2505）

《铭图》2505"卅三年逨鼎丙"对于国之小大猷等，"毋敢不妻不型"，"妻"在铭文中是谋划的意义。"规"与"画"同源，不仅字形上有联系，古代的读音也很近，有些意义也相通，都有谋划的意义，至今"规划"还在使用。

下部的"周"有多种写法：

商代甲骨文	西周金文	战国文字	小篆
（《合》6825）	（《集成》2626）	（秦駰玉版）	周
（《合》8457）	（《集成》3824）	（《清华简一·程寤》6）	
	（《集成》4133）		

"周"与"田"没有关系，下部的"口"可有可无，有学者认为是雕刻的"雕"的本字，《说文》写作"彫"。很可能是用某种器物上雕刻出花纹表示"彫"。

从"画"字我们就可以看到古人对画的理解和应用。用笔画，画出来的画与雕刻相似。画不仅是艺术，更是实用。军用地图就是供谋划用的，下面的图大概就是谋划升天用的。

第十一講　漢字文化的分類闡釋　　275

長沙馬王堆一號漢墓出土 T 形帛畫[1]

---

[1] 湖南省博物館、中國科學院考古研究所：《長沙馬王堆一號漢墓（下集）》，北京：文物出版社，1973 年，圖版七一。

三、古書的形制

現代漢語中的等、編、篇、冊、典，成語典故中的汗青、策對、連篇累牘、罄竹難書都與古書的形制有關，漢字的字形表現出與古書形制及形成過程之間的聯繫。

書寫工具在載體上書寫形成文字，一定的文字和載體構成結構和意義相對完整的文本，每一個文本都發揮着一定的功能，當實用功能完成後，保存起來就成了文獻。

從文字載體來看，只要有一定的平面都可以書寫其上，就材質來說，有竹、木、帛、紙、骨、金、石等等。甲骨文、銅器銘文都是特殊場合應用的載體，與當時的書籍會有很大的差別，現在都是專門的學問。典型的古書就是在簡帛上成篇的那些文獻。

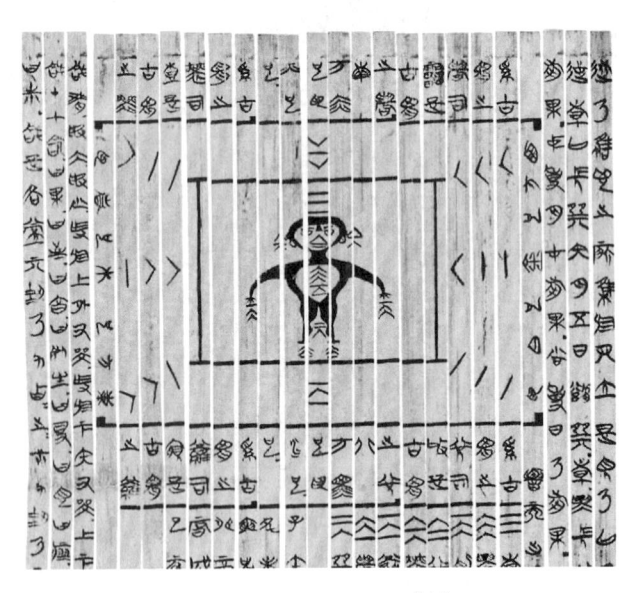

《清華簡四·筮法》局部[1]

---

[1] 李學勤主編：《清華大學藏戰國竹簡（肆）》，上海：中西書局，2013年。

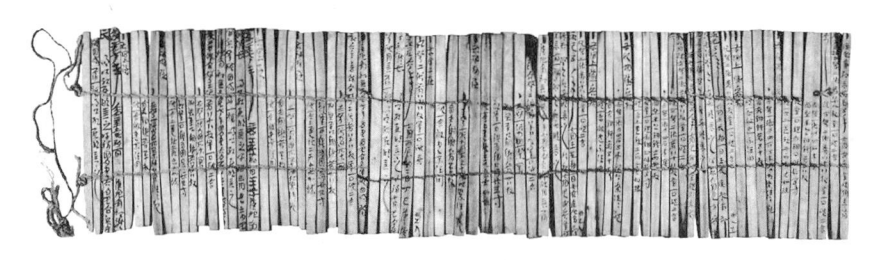

居延漢簡·永元器物簿[1]

1. 簡書的製作與形制

簡有木簡與竹簡，西北邊塞所出的簡或牘是木質文書。竹子在上古時分布很廣，取材容易，加工方便，所以簡以竹爲主，"簡"字也從"竹"表意。目前發現的以傳播思想文化爲目的的古書都是竹簡，學者稱之爲"竹書"。竹書的製作過程有其流程。

2. 殺青、汗青

《太平御覽》卷六〇六引《風俗通》曰："劉向《別錄》：殺青者，直治竹作簡書之耳，新竹有汁，善朽蠹，凡作簡者皆於火上炙乾之，陳楚之間謂之汗，汗者去其汁也。吴越曰殺，亦治也。"

3. 截竹破牒（簡）

《論衡·量知》："夫竹生於山，木長於林，未知所入。截竹爲筒，破以爲牒，加筆墨之迹，乃成文字，大者爲經，小者爲傳記。斷木爲槧，析之爲板，力加刮削，乃成奏牘。"

"牒"與古文字中的"析"都從"片"，是從把竹筒整體離析爲片狀的角度着眼。離析出來的竹簡構成的文書也稱作"牒"。《左傳·昭公二十五年》："右師不敢對，受牒而退。"

《説文》"牒"與"簡"互訓："簡，牒也。从竹，間聲。"西周金文中就有"簡"字。

---

[1] 山東博物館、中國文化遺産研究院：《書於竹帛：中國簡帛文化》，上海：上海書畫出版社，2017年，第4頁。

破筒爲牒[1]

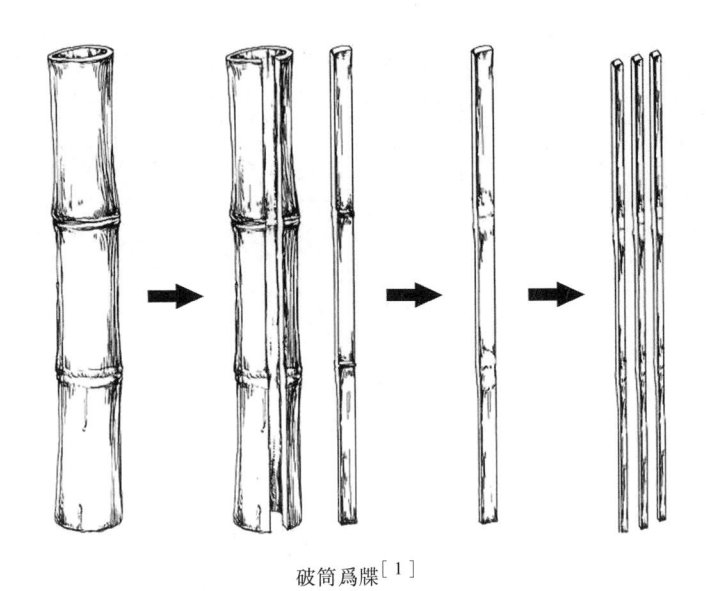

金　文	戰國秦系文字	小篆
（《文物》2004（3）有司簡篹）	（《睡虎地秦簡·爲吏之道》9）	
（《集成》9735）	（北大秦簡牘·醫方）	

古書中有許多關於竹簡的記載。

《左傳·襄公二十五年》："大史書曰：'崔杼弑其君'，崔子殺之，其弟嗣書，而死者二人，其弟又書，乃舍之，南史氏聞大史盡

---

[1] 賈連翔：《戰國竹書形制及相關問題研究——以清華大學藏戰國竹簡爲中心》，上海：中西書局，2015年，第72頁。

死，執簡以往，聞既書矣，乃還。"

《資治通鑒·周紀一》："趙簡子之子，長曰伯魯，幼曰無恤。將置後，不知所立，乃書訓戒之辭於二簡，以授二子曰：'謹識之！'三年而問之，伯魯不能舉其辭，求其簡，已失之矣。問無恤，誦其辭甚習，求其簡，出諸袖中而奏之。於是簡子以無恤爲賢，立以爲後。"

竹簡製好後，可以先寫字再編聯，也可以先編聯再寫字。在編聯之前想要把簡對齊，這就是"等"。《説文》："等，齊簡也。"現在所説的"相等""等於"中的"等"，意義就是從這裏來的。

戰國楚系文字[1]	戰國秦系文字	小篆
(《上博簡四·曹沫之陣》41)	(《睡虎地秦簡·效律》60)	
(《上博簡五·季庚子問於孔子》14)	(里耶秦簡 8－757)	

古書簡製作精緻，爲了對齊，在每隻簡編聯的位置都刻上記號，稱之爲"契口"。等齊了的竹簡就可以編了。

《説文》："編，次簡也。从糸，扁聲。""編"字从糸，糸在這裏就是編繩。編大都由絲或麻製成。編繩容易朽爛，大都不能保存下來，只是在竹簡上留下一道編痕與契口相應。像永元器物簿這樣編繩完整的簡册實屬罕見。

---

[1] 楚文字的"等"記錄{志}，與秦文字中的"等"音義不同。

居延漢簡·永元器物簿局部

　　《史記·孔子世家》："孔子晚而喜《易》……讀《易》韋編三絕。"《說文》"韋"下曰："獸皮之韋，可以束物。"舊時多以爲"韋編"是指熟牛皮編繩，但從考古發現的大量竹簡來看，編繩多是絲麻，從未見有用"熟牛皮"編聯的竹簡。"韋編"讀成"圍編""緯編"都比如字讀好。

　　編好的竹簡就是"册"：

商代甲骨文	商周金文	戰國楚系文字	《說文》
（《合》6160）	（《集成》5006）	（新蔡簡甲三 137）	（小篆）
（《合》24133）	（《考古》1989（1）晨簋）	（《清華簡一·金縢》2）	（古文）

續表

商代甲骨文	商周金文	戰國楚系文字	《說文》
⊞ (《合》30672)	⊞ (《集成》9723)		

甲骨文中的"册"字很形象，竹簡中間兩道編繩。《說文》："册，符命也，諸侯進受於王也。象其札一長一短，中有二編之形。笧，古文册從竹。"《尚書·多士》："惟殷先人，有册有典。"

今天我們還以册爲書的量詞。

古書中"簡册"又可以寫作"簡策"或"簡筴"。

戰國文字		
(《集成》9735)	(包山簡260)	(《北大秦簡牘·禹九策》)
(仰天湖25號墓18)	(《清華簡一·耆夜》2) "作～（册）逸"	(《北大秦簡牘·祓除》)
(望山2號墓48)		

"策"與"册"讀音相近，但意義有別，是兩個來源不同的字：

《說文》："策，馬箠也。从竹，朿聲。"

"策"的本義是馬箠，就是一種趕馬的杖。《禮記·曲禮上》："君車將駕，則僕執策立於馬前。"

古代常常借"策"爲"册"：

《儀禮·既夕禮》："書賵於方……書遣於策。"

《儀禮·聘禮》："百名以上書於策，不及百名書於方。"鄭玄注："名，書文也，今謂之字。策，簡也。方，板也。"

《孟子·盡心下》："盡信《書》，則不如無《書》。吾於《武成》，取二三策而已矣。"

出土文獻中情況相類。

"筴"是"策"的訛變，秦漢時期，文字中的"朿"訛變爲"夾"帶有普遍性，習非成是，也就獲得了異體字的地位。

古文字中還發現了不曾見過的"册"——"𥳑"，从竹，析聲，析可能兼表意。

經典是特別重要的書。《說文》："典，五帝之書也。从册在丌上，尊閣之也。莊都説：'典，大册也。'𠔁，古文典从竹。"

古文字告訴我們"典"最初是把册放置在一個平面，這個字的構形可以與"奠"一起思考，兩個字讀音相近，演變的過程相同。

典：

西周金文	戰國楚系文字	《說文》
(《集成》4241)	(包山簡 3)	(小篆)
(《集成》4262.1)	(《清華簡一·尹至》3)	(古文)
(《集成》4293)	(《清華簡五·厚父》6)	

燮作周公簋（《集成》4241）"用典王命"用的可能就是本義。王命寫在竹簡上就是册命，這些册命從擬寫、宣讀、保管都需要有人專門典理。典理是典，典理的簡册也是典。

簡册的單位有"篇"和"卷"。

《説文》："篇，書也。一曰關西謂榜曰篇。从竹，扁聲。"

一個單位的竹簡編在一起就是篇。《墨子·貴義》："昔者周公旦，朝讀書百篇，夕見十士。"先秦對文獻就開始分篇了。《漢書·藝文志》更是詳列古書的篇數。古人分篇的標準是什麽？今天出土文獻的分篇標準又是什麽？這是需要認真對待的問題。

書册使用完之後要收藏。第一步是先卷起來。

卷：

戰國秦系文字	小　篆
（《睡虎地秦簡·日書甲》87）	

"卷"字字形表達的是膝蓋卷曲，古書中指把物彎轉成圓筒形，《詩·邶風·柏舟》："我心匪席，不可卷也。"這個意義後來曾寫作"捲"。簡册也這樣卷起來成一卷，所以古書的另外一個常用單位就是"卷"。《漢書·藝文志》詩類三家十四部書，皆分卷，共416卷；禮類十三家十四部書，皆分篇，共555篇。一部簡册，展開來就是篇，篇，扁也；卷起來就是卷，卷，卷也。因爲後代有寫本卷子就以爲"卷"是紙質書的單位是誤解，在班固的時代紙還没有廣泛使用，詩類文獻也不可能全部是帛書。要保存的簡册一定要卷起來成卷的。

爲了更好地保存，卷起來的簡册還要裝進特製的套囊裏，這個套囊就是"帙"，又寫作"袠"。

《説文》："帙，書衣也。从巾，失聲。袠，帙或从衣。"字从

"巾",是製作的材料,从"衣",是其功用。

裝入套囊,爲了檢索方便,還要繫上籤,上面寫上所裝書的名稱。然後再庋藏到專門的地方。讀古書時,我們還能遇到這個"帙"字。

竹書從修治竹簡開始就非常注重長久的保存,從汗青到帙囊,我們可以看到古人對書的重視與珍愛。在那個時代,讀書確實是一件奢侈的行爲。

與古書相關的漢字有很多,造字理據大都是源自簡册形制。雖然我們今天的書早已不是竹書了,我們依舊使用着上册、下册,上編、下編,上篇、下篇,上卷、下卷這些詞,知道了竹書的形制,就能更準確理解這些詞語的内涵。中國文化幾千年的文化傳承,就是這樣浸潤其中,延綿不絕。

【延伸閱讀】

［1］王國維:《簡牘檢署考》,上海:上海古籍出版社,2004年。

［2］錢存訓:《書於竹帛——中國古代文字的記錄》,上海:上海書店出版社,2003年。

［3］王立軍等:《漢字的文化解讀》,北京:商務印書館,2012年。

第十二講　漢字：中華文化的基因密碼

導讀：漢字是我們一日不可或離的交際工具，其重要性不言而喻。不過，漢字的重要性遠不止於此，它對於華夏民族的融合與中華民族的統一同樣不可或缺的文化要素，是中華文化的"基因"。在系統學習了漢字闡釋的相關內容之後，我們還應該把漢字放在更大的歷史文化背景下觀察，從宏觀上了解漢字、理解漢字。

一、人類文化史之謎

對漢字的認識，大致經歷了三個階段。第一個階段是神話漢字。倉頡造字，"天雨粟，鬼夜哭"，文字誕生，人智大開，社會發展，鬼神懼怕，這是從蒙昧進入文明的標志。字紙落地，切不可踩踏；"讀遍天下書不讀《說文》，猶如不讀書"等等。一直到清代中葉，漢字被敬之如神，國人對漢字沒有誰提出質疑。這個階段漢字遠播域外，影響廣泛。

第二個階段是到了近代，國事日蹙，西學東漸，人們尋求救國救民的道路和方法，一些新文化運動的主將要推翻傳統文化，而傳統文化的根本是漢字，所以主張漢字革命，徹底廢除漢字，走拼音化的道路。[1]

---

[1] 參看錢玄同：《中國今後之文字問題》，《錢玄同文集》（第一卷），北京：中國人民大學出版社，1999年，第166—167頁。

新民主主義革命時期，毛澤東論述了新民主主義文化的大衆性，爲了人民大衆學文化的便利，"文字必須在一定條件下加以改革"。[1] "一定條件"的提出，讓漢字改革不再那麼激進，步伐趨穩。新中國建立不久，成立了中國文字改革委員會，改革漢字成爲國家的意志，開始創造"條件"。1958年，周恩來在政協全國委員會舉行的報告會上提出："當前文字改革的任務是：簡化漢字，推廣普通話，制定和推行中文拼音方案。"[2] 三大任務穩步推進，取得了重大的成績，直到今天我們都在享受着這些紅利。推廣普通話的任務一直在進行中，漢字改革成了遙遠的目標。從十九世紀末到上世紀八十年代，漢字革命、漢字改革等主張雖然是主流，但聲音漸弱，行動趨向謹慎。

　　第三個階段是進入上世紀八十年代後，開始對中國文化反思，對漢字反思，改革開放是融入世界，而不是喪失自我。1985年底，中國文字改革委員會更名爲國家語言文字工作委員會。這是一個重大變化，也就是説漢字不"改革"了，起碼短期内是不"改革"了。中華民族是一個文化共同體，漢字是中華文化的核心，這些認識逐漸强化。風向轉變，改革的聲音漸息，機構撤銷，漢字重新得到定位。2017年習近平總書記指出："中國字是中國文化傳承的標志。殷墟甲骨文距離現在3 000多年，3 000多年來，漢字結構没有變，這種傳承是真正的中華基因。"[3]

　　這是國家領導人對漢字的新定位，這是國家層面對漢字認識上的歷史性巨變，其背後一定有着非常深厚的背景：學理邏輯和現實需求。從文字學的角度看，有兩點尤其需要理解：一是爲什麼說漢字結構没

---

[1] 毛澤東：《新民主主義論》，《毛澤東選集》（第2卷），北京：人民出版社，2009年，第708頁。

[2] 周恩來：《當前文字改革的任務》，中央教育科學研究所編：《周恩來教育文選》，北京：教育科學出版社，1984年，第163頁。

[3] 新華網：《習近平"六一"前夕看望少年兒童》，中國共産黨新聞網-習近平系列重要講話數據庫，2014年5月30日，http://jhsjk.people.cn/article/25088386。

有變；二是漢字的這種傳承爲什麼是真正的中華文化基因。

經過否定之否定，漢字有了明確定位。漢字不僅僅是記錄語言的工具、學習文化的工具，而且還是中華文化的核心，中華民族的基因密碼，關係到國家的統一、民族的存亡。

對漢字的新定位，無論是漢字的研究者、文化的傳播者，還是政策的執行者，都應當有更加深入的理解。

（一）如何理解"漢字的結構沒有變"

結構是"由組成整體的各部分的搭配和安排"，任何結構都有構成部件、構成方式、構成原理，文字也不例外。漢字的結構與西方表音文字不同，從總體上看，幾千年來沒有本質的變化。漢字具有獨特的結構與超語言的功能，這是漢字的獨特之處。

早期漢字表意性很強，在結構方式上，有平面結構與層級結構的不同。

平面結構是所有部件分布在同一個平面上，一次性形成，猶如一幅圖畫，依靠形體、方位的不同表達意義。例如甲骨文的"戍"與"伐"，兩個字的構字部件完全相同，但位置和組合方式不同，表達的意義也就完全不同。

下面是"伐"的簡單字譜：

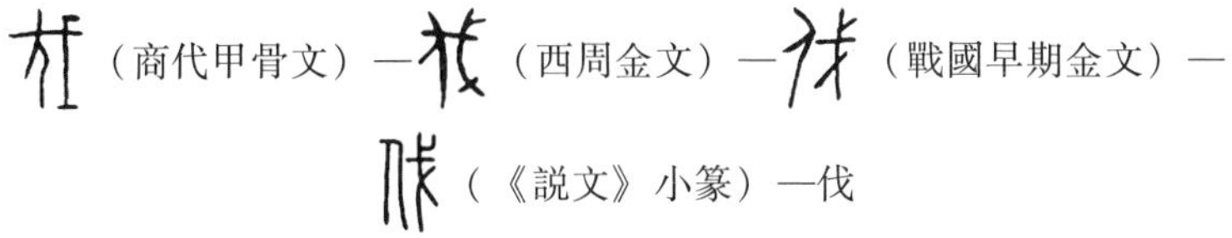

𢦏（商代甲骨文）—𢦔（西周金文）—𢦏（戰國早期金文）—
𢦔（《說文》小篆）—伐

圖一

"戍"的簡單字譜：

𢦏（商代甲骨文）—𢦔（西周金文）—𢦏（《說文》小篆）—戍

圖二

先看"伐"字。一個部件是"人",另外一個部件是"戈",戈是兵器;"伐"與"戍"這兩個字的部件完全一樣,但位置和組合方式不一樣。砍伐的"伐","戈"的鋒刃部分從人的頸部穿過。我們現在知道伐木是把樹砍倒,古代的伐,主要是征伐,伐是殺人,戈是長兵器,可以砍擊,穿透人的胸或頸,還可以用其像鐮刀一樣的鋒刃把頭割下來。"人"與"戈"的組合方式是在特定的部位相交,這就是征伐的"伐"。到了戰國文字,相交的部件就分離了,東漢的許慎已經弄不清這個"伐"字中的人是被戈殺了還是拿着戈去殺人。

再看戍衛的"戍",兩個部件同樣是"人"和"戈",但是人的右上是一個戈,這個戈不是殺這個人,是人拿着兵器或扛着兵器,幹什麼呢?保衛、防守。戍衛就是守護保衛。戍就是軍事防備。

"伐"與"戍"的部件相同,但結構不同。部件分布在同一個平面上,依靠這個像圖畫一樣的形體表達意義。這就是漢字的平面結構。早期漢字中有很多看着像一幅圖畫的平面結構的象形字、會意字等等。現代漢字裏還殘存着少量的平面結構表意字,如"焚"和"解"。

焚燒的"焚",下面是火,上面是林子,放火燒林木的意思很明顯。"解"在"庖丁解牛"這個成語中用的是本義,就是把牛用刀解剖開以後,牛角與牛分離開了。但是現代漢字中這種字數量上非常有限。平面結構在演變中表意的功能越來越弱,大部分轉換成記號字,例如上面所說的"伐",現代漢字裏寫成這樣,人被砍伐的意思就難以表達了。記號字也是平面結構,例如"画"字,我們看到的就是同一個平面上的三個部件,只有表層的間架結構,也無法做其他分析。少量表意的平面結構和不能表意的記號平面結構構成現代漢字的一大類型。從這個角度說,平面結構在古今漢字中沒有根本變化。

層級結構是指層累形成的構形複雜的漢字,例如繁體字的"寶",其形成過程逐漸由簡到繁:

第十二講　漢字：中華文化的基因密碼　289

圖三

　　"寶"字最早的甲骨文是屋子裏邊放了一個"貝"。貝就是寶，在那個時代，內陸的這種貝得從海洋地方運過來，很不容易。物以稀爲貴，很難得，適合做貨幣，它就是寶貝，所以說"寶"字就是屋子裏邊放着貝。屋子裏放着貝還不夠，玉也是寶，於是這個字裏邊又加了一塊"玉"。甲骨文中的"玉"很像玉琮，房子裏寶貝夠多了，表意足夠了，從文字學上說，還缺一個表音的成分，於是加了一個"缶"表示讀音。"缶"是瓦器，在那個時代無論如何算不得寶，只表示讀音。"寶"與"缶"，在現代讀音中聲母差別很大，但上古時代沒有輕唇音，讀音在古代基本上是一致的，是有效的表音部件。後來小篆把它規整化了，隸書、楷書繼承了它的構形，只是在字體上發生了一些變化。"寶"字就是這樣一層層地累增，最後變成這樣一個非常繁複的結構。

　　上面我們梳理了"寶"的形成過程，可以看到它是逐層增加，這是由小到大的動態觀察。對"寶"進行靜態的分析，又可以逐層分析分解，由大到小：

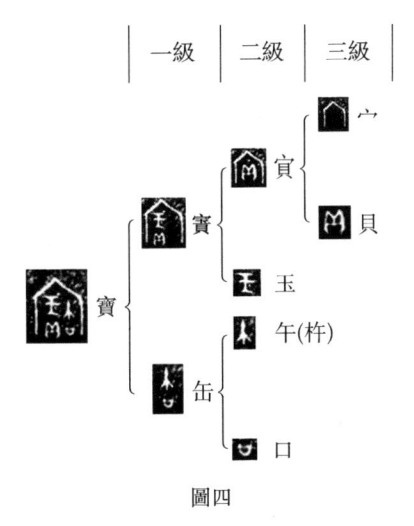

圖四

"寶"字是個形聲字，可以分解出三個構形層級。第一層是从"實"，"缶"聲，分出兩個部件。第二層把意符"實"分解爲"賏"和"玉"，音符"缶"分解爲"午"和"口"。第三層把"賏"進一步分解爲"宀"和"貝"。"玉""午""口""宀""貝"都來源於象形字，不能再分解，是基礎構字部件。"寶"字由這五個部件構成，但這些部件分布在不同的層面，是典型的層級結構。

複雜的形聲字幾乎全部是層級結構，甲骨文中就有很多形聲字，戰國秦漢以降，形聲字更成爲主流。

我們講了"寶"字爲了理據充分不斷繁化的過程，又是表意又是表音，表意的成分還不止一個，文化內涵非常豐富，但是書寫起來就很麻煩了。記錄語言不需要這麼複雜，書寫的人開始對這個字進行簡化。"寶"簡化得非常成功，不僅字形簡單，而且理據充分。甲骨文最早的"寶"字是屋子裏放着貝，簡化字是屋子裏放着玉。思接千古，心心相印，背後是同樣的思維方式。只是時代變了，今天貝已經不再是寶，玉才是寶，這又反映了不同時代對"寶"認識上的變化。簡化字中也有沒這麼好的，例如"賓""進"，用後鼻音的音近字給前鼻音的字作音符，給前後鼻音不分的方言區人學習普通話帶來很大的麻煩。這是另外的話題，這裏就不展開了。

現代漢字大部分是形聲字，大部分形聲字都是層級結構。總之，把漢字區分爲平面與層級兩種結構，古今沒有變。

漢字的平面結構與層級結構和表音文字的綫性結構完全不同，例如：

　　甲骨文的"寶"：🅰 （《合》17511）、🅱 （《合》40683）、🅲 （《合》35249）

　　英文"寶"：Treasure

　　日文"寶"：たから（Takara）

不論是平面結構還是層級結構，表意的、表音的、區別的、裝飾的等不同功能的部件在表層都是呈平面分布，這與大部分表音文字以表音字母綫性排列明顯不同。

漢字不僅有表層的部件方位結構，還有深層的理據結構。從另一個角度去分析，它可以分爲表層結構和深層結構。

表層結構就是構字部件組成的方位結構框架，也就是我們表面上能看到它是由什麽構成的、怎麽組合的。表層結構的框架自甲骨文以來沒有變化。

表層結構可以概括爲獨體、左右、左中右、上下、上中下、內外、半包圍和嵌入八種，下表是甲骨文和現代漢字中的例證：

表一　甲骨文和現代漢字表層結構的基本類型

	甲　骨　文		現代漢字
獨　體	人：（《合》27018）	山：（《合》5431）	人、山
左　右	新：（《合》24951）	析：（《合》40550）	新、析
左中右	卿：（《合》5247）	夾：（《合》24241）	卿
上　下	買：（《合》11436）	采：（《合》21011）	買、采
上中下	曼：（《合》37779）	叟：（《合》18175）	曼
內　外	函：（《合》10244）	葬：（《合》17171）	回、園
半包圍	旅：（《合》5823）	陷：（《合》14609）	凶、問
嵌　入	乳：（《合》22246）	星：（《合》11488）	巫、噩

不僅漢字表層結構類型自古及今沒有變，有些文字的表層結構自古及今也沒有變，例如表中的"人""山""析""卿""采""曼"等。即使把半包圍結構分得再細一些，古今依舊一致。

這八種表層結構的基本類型甲骨文中就存在，一直延續到現在，古今一致，沒有實質性變化。

深層結構是漢字構成的結構原理，就像建築設計的原理一樣，文字理據就是漢字構形的原理，表現爲構件的功能及組合關係，最終表現爲漢字的基本結構類型。深層結構的類型自古及今沒有變。從許慎的"六書"到裘錫圭先生的"三書"，再到現在部分學者提出的"四書"，講的都是漢字的深層結構。

表二　甲骨文和現代漢字深層結構的基本類型

	甲骨文		現代漢字
表意字	女：（《合》22453）	男：（《合》3457）	尖、塵
記號字	上：（《合》102）	下：（《合》4268）	学、习
表音字	戊：（《合》34165）	戌：（《合》18324）	馬克思
形聲字	新：（《合》24951）	星：（《合》11488）	結、構

解釋表二中漢字的四種基本類型需要較多篇幅，這裏從略。漢字個體發生着劇烈的變化，漢字系統深層結構的類型在不同時代所占比例也不相同。甲骨文等早期漢字以表意字和表音字爲主，春秋以降至戰國秦漢後以形聲字爲主，現代漢字以記號字爲主。但作爲表意字系統典型代表的漢字，其深層結構的基本類型則自古及今都沒有變化。

總之，不論從哪個角度觀察漢字結構，漢字系統的平面結構與層級結構沒有變，表層結構與深層結構自古及今都沒有變，這種不變的結構，正是中華文化傳承的基因。

下面我們以一篇商代銅器銘文爲例，了解一下漢字是如何傳承中華文化的。

圖五是 1959 年出土於河南安陽的戍嗣鼎銘文，鼎內壁所鑄銘文一共三行 29 個字，2 個合文，去其重複，有單字 27 個。這些商代的文字距離現在已經三千多年，即使沒有學習過古文字，其中有一些字我們也能認識。例如：王、貝、用、大、室、九、月、魚等。

經過一千多年，到了秦代，小篆成爲規範體文字。小篆是從商周文字傳承發展來的，漢代的許慎把它們匯集在《說文解字》，我們很容易認識。認識了小篆，商周金文中的大部分常用字就能認出來了。下面是這篇銘文與小篆的對照表：

圖五

表三　戍嗣鼎銘文與小篆對照表

丙	午	王	商	戍	嗣	貝	廿

朋	才	䘵	宗/宝？	用	乍	父	癸

寶	毀	隹	王	饗	爾	大	室
寶		隹	王			大	室
寶	毀	隹	王	饗	爾	大	室
才	九	月	犬	魚			
才	九	月	犬	魚			
才	九	月	犬	魚			

小篆中没有，我們也不能確切認識的只有："▢" "▢" "▢" "▢" "▢" 這五個字。

雖然不認識這些字，但銘文篇章的文意大致可知，如：

　丙午，王商戌□貝廿朋
　才□□。用作父癸寶□。
　隹王饗□大室，才九月。犬魚

把這些文字換成方框，比照其他銘文，文義大體可知。銘文一共有三個句子，三層意思：丙午這一天，殷王在某地的某個場所賞賜給某人貝二十朋。該人因此爲其先父製作了某器。事情發生在商王在某地太室舉行某種祭祀的這年的九月。大部分的商周金文都是這種結構。末尾犬和魚是橫寫的，字形也更加象形，和語篇中的文字很不一樣。它們獨立於銘文之外，有學者稱之爲族徽標識。就文本而言，即使不認識這些疑難字，其文義也大致可通。

單就文字而言，即使不認識，也可以看清它的表層結構，結合同時代和後代的其他材料，也可以確定什麼字。例如銘文中的"▢"

"🮲"字出現兩次,由"宀""朿""月""閒"四個部件構成,"宀"在構形中一般表意,與建築物相關。"朿""月""閒"在古代的讀音都很近,可能都是表音的。通過排比字譜,此字很有可能就是"闌"字。"闌"是建築物的一部分,所以从"宀"。把三個表音成分精簡後只留下一個朿,完全符合文字發展的規律。"闌"的簡化的過程如圖六:

圖六

有些漢字即使不認識,也可以知道其大意。如"用作父癸寶䵻":

圖七

"䵻"字很複雜,但表層結構非常清楚,雖然在字書和古書中都沒有見過,但它在銘文中就是圖片中這種鼎的自名。也就是說,古文字中有些字不認識,語音也不明確,但它所記錄的語義是確定的。

我們共同讀過一篇三千多年前的銘文,大致一說,一些基本問題馬上就懂了,這就是漢字結構不變的魅力。

自有大家公認的漢字以來,漢字不論怎麼變化,其表意字體系與結構一直沒有變化,綿延至今,這是世界文化之謎。三千多年前的出土文獻,很多從來沒有見過的字可以考釋,文本可以解讀,這是漢字結構不變的功勞。

就銘文的內容而言,所表現出的文化內涵很有傳統特徵。一是尊王,得到王的賞賜,非常榮光,要答謝美意,彰顯王恩。二是敬祖,答謝王恩的方式就是給死了的親人造器。尊王敬祖在商周之間傳承,成為中華傳統文化的重要組成部分。

漢字讀音在變，字體在變，字形在變，字際關係在變，唯有其非綫性結構不變，超語言的功能不變，中華民族文化認同的核心地位不變。

二、獨特的漢字

（一）獨特的漢字爲什麼成爲被譴責、被革命的對象？

漢字是古老的自源的表意字體系，是唯一持續使用至今的古老文字系統，是世界文明史上獨一無二的現象。除了漢字，自源的古老表意字全部消失了。

大家常說的三大古典文字——兩河流域蘇美爾文字、尼羅河流域聖書文字和黃河流域的漢字，以及稍後的瑪雅文字分布世界各地。這些古典文字中只有漢字綿延數千年，至今仍在使用。而其他的古典文字很早就全部消亡了，都代之以表音文字。

被尊爲"現代語言學之父"的索緒爾把世界文字分爲兩大系統：表意字系統與表音字系統。什麼是表意體系與表音體系？舉兩個例子一比較即知：

表四　古漢字與日文、英文對照表

	古漢字	日　文	英　文
黑	𠓁	くろ	Black
赤	大	あか	Red

表四中的｛黑｝與｛赤｝兩個顏色詞，漢字中是兩種表意方式：一個面部有黑點的人形，是被施以墨刑的人。墨刑就是在人的面部施墨刺青，因爲刺青與黑密切相關，就用來表示｛黑｝這個詞。古文字

"赤"字上面是"大",下面是"火",大火的顏色是赤,所以就用赤表達火紅的顏色。漢字的字形與意義是有聯繫的。表中的日文和英文,分別是音節字母和音素字母,字母只記錄語音,與詞的意義之間没有任何聯繫。

表音字由表意字發展而來,這是文字學界的共識。索緒爾等西方學者,根據表音字的特點得出結論:"語言和文字是兩種不同的符號系統,後者唯一存在的理由是在於表現前者。文字是記錄語言的符號。"[1] 文字是記錄語言的工具是事實,當文字成爲純粹的記錄語言的工具時,必然受工具性的制約向簡便的方向發展,這種觀點逐漸演化成文字系統進化論。

語言單位	記錄方式	文字類型	文字數量
篇章句子	提示	圖畫文字	無數
詞	記錄	詞文字	數萬
詞素	記錄	詞素文字	數千
音位(音素)	記錄	音素文字	數十

圖八

從圖八中可以看到,從上到下是文字記錄的語言單位由大到小的變化。圖畫提示語義不是嚴格意義上的文字,數量不定,意義模糊,使用範圍狹小。早期表意字大都與詞對應,詞的數量很大,所以表意字的數量也很多。當文字發展爲音節文字或音素文字,數量就急劇減少。記錄的語言單位越小使用的記錄符號就越少,記錄的語音也越準確。他們認爲全世界的文字都會向音素文字的方向發展。

現代漢字記錄的語言單位主要是語素,3500個常用字可以覆蓋99.48%的現代漢語,比起以記錄詞爲主的古代漢字已經精簡了很多,

---

[1] [瑞士]索緒爾:《普通語言學教程》,北京:商務印書館,1980年,第47頁。

但比起日文的五十音圖、英文的 26 字母，還是多了很多。放眼世界文化史，漢字成了特例。如果文字沿着圖畫文字、表意文字、音素文字發展演變是"規律"，漢字就成了沒有進化好的文字，漢字走拼音化的道路是遵循"規律"的必然。西學東漸，這些觀點傳到中國並且被接受，成爲"漢字革命"的理論依據。

漢字被徹底否定還有其社會根源。近代以來，中國落後了，被掠奪、被欺凌。仁人志士紛紛探索落後的原因，尋求救國的道路，部分學者找到了漢字。改革漢字的呼聲與改革漢字的方案，在清末就開始出現了。

經濟、軍事弱小是因爲文化教育差，文化教育差是因爲漢字難寫、難認、難學。國家要富強就得"漢字革命"。更有甚者，認爲中國需要融入世界，把漢字變成拼音文字可以與世界接軌。

尋求救國道路，反傳統文化，這些是當初否定漢字的社會條件。

新民主主義文化是人民大衆的，爲了讓人民大衆快速學漢字，學文化，需要改革漢字。

從清末到上世紀八十年代，漢字改革是主流聲音，因而成立國家機構，制定相應政策。八十年代之後我們開始反思：漢字爲什麼數千年不變？難道真是因爲我們守舊落後？變了會有什麼後果？漢字的歷史命運如何？

對漢字的全面否定，是在國家衰弱、西方學術影響、文化不自信的背景下產生的思潮。

這些論斷都是在文字是純粹的記錄語言的工具這個理論基礎上產生的。

三、漢字的獨特結構與超語言功能

古典文字中，漢字爲什麼能够作爲表意文字體系獨存於世？一些學者並沒有被西方的理論所左右，輕易否定漢字，而是從漢字的獨特性與其社會功能入手進行了深入的思考。漢字不僅具有很多自身的特點，還發揮着記錄語言之外的重要功能，可以概括爲如下幾點：

（一）字與詞的同一性

漢字造字時大都是詞文字。詞文字從形式上看，無論從事實上還是理論上都可以得出識字和應用繁難的結論。漢字的難是事實，但不能誇大。

```
漢字與漢語          字母與英語
人——｛人｝         people——｛人｝
衆——｛衆｝         many people——｛衆｝（很多人）
```
圖九

圖九是漢字和英文記錄｛人｝與｛衆｝這兩個詞的比較。漢字認識了"人"這個字，就掌握了｛人｝這個詞，也理解了人們、人民、人群等等詞中詞素"人"的意義；也了解了"從""衆"等字的字形構成與其所表達的意義。掌握了一個漢字，不僅掌握了與其對應的詞，還等於掌握了詞素和文字構成的部件。掌握 3 500 常用漢字，就掌握了近 3 000 個漢語基本詞彙和足量詞素，詞素彼此組合又可以構成全部的詞。

反觀表音文字，26 個字母就是字母，只有極個別的字母與詞對應，即使全部對應也只有 26 個。單就"人"與"衆"這兩個詞來說，表音的英文並不比漢字簡單。

（二）非表音文字的語音換讀

語言是語音與意義結合的符號；文字是形體與語言結合的符號。記錄語言可以有不同的方式。

表音文字通過記錄語音，而後語音記錄語義，例如：

出租車：英文——t/e/x/i——｛Texi｝；

日文——タクシー；

漢字：的士

字母記錄語音，語音記錄語義，語音一旦變化了，意義就沒了着落。而漢字是通過意義關聯記錄整個詞，包括音和義：

🖾 "寇"（曶鼎）——意象——寇 { 音：kòu
義：侵犯、劫掠

圖十

古文字"寇"像一幅圖畫：在房子裏，一隻手拿着棍棒之類的凶器衝着人的頭部下手。這個意像與語言中 {寇} 這個詞聯繫，記錄了 {寇} 的音和義。漢字和詞的讀音不發生直接聯繫，即使讀音改變了，意義也不變。"寇"的讀音歷史上屢經改變，但其意義一直延續到現代漢語詞素裏。再如"川"字的讀音在不同的時代和不同的地域讀音各不相同。

表五　不同時代、地域中"川"字讀音

時　代	地　域
上古——tʰīwən	北方——chuān
中古——tɕʰiʸwɐn	晉——tsʰuæ〈11-平〉
現代——chuān	粵——tʃʰyn〈53-陰平〉
	日語——かわ

同一個漢字，不同的時代可以讀不同的音，不同的地域可以讀不同的音，甚至傳播到域外，不同的國家可以用其本國的語音換讀。語音系統改變了，文字與意義之間的關係不變。文字不受語音的制約，具有了超語言的功能。

(三) 形義結構的穩定性

常用字構成的基本詞彙"山水艸木""男女少長"等幾千年不變，具有很強的穩定性。常用字字形結構穩定，文化內核穩定。即使字形的表層結構改變了，凝結在字形中的意義就像"基因"一樣存在。

甲骨文在大家的印象中很難。由於材料封閉，内容程式化突出，進一步深入研究確實很難，但掌握已有的研究成果，了解甲骨文並不難，因爲決定甲骨文文義的大部分是常用字，這些常用字大部分傳承至今。

（四）書面共同語

没有文字就没有書面語，没有書面語，也不會有共同語。先秦雅言、漢代通語、明清官話、現代普通話都是在書面語基礎上形成的。我們只看到語言統一的重要作用，却常常忽略了通語背後文字的力量；只看到文字對口語的遮蔽，而忽略了這種遮蔽的價值。

文言與口語分離，爲什麼文言長久不衰？在語言不統一的中華大地，文言脱離口語，脱離現實，也就脱離了古今時間與地域方言的限制，在很長時期内，文言起到了"共同語"的作用。在没有留聲設備，没有播音條件的時代，書面語的作用尤其突出。

新文化運動提倡白話文、提倡言文一致是歷史的進步。事實上，普通話是對與口語接近的書面語言加以改造，再推廣爲大衆規範口語。從這個意義上説，没有文字，没有書面語，就很難有規範的"普通話"。

（五）結構的複雜性與書寫的藝術性

每一種文字都在追求書寫的美麗，但除了漢字，再没有其他文字成爲一種獨立的藝術門類。書法是藝術，是漢字書寫與欣賞的藝術，真草隸篆，凝聚着審美感受！

漢字從古到今的演變，都在一定程度上受到審美的制約。

爲什麼只有漢字能夠成爲藝術？原因很多。其中結構複雜、字形豐富是很重要的兩個方面。結構複雜而多變，給藝術家無限發揮的空間。

（六）漢字承載着古代文化

文字記録語言，形成文獻，承載歷史文化，這是所有文字的共性。漢字除了這些共性之外，其自身就藴含着文化，透露文獻不曾記載的信息。

古代有一種刑罰叫作"刖"，詞典上說是"砍掉腳或腳趾"。刖刑是什麼時候產生的？用什麼工具砍？怎麼砍？古書上沒有明確記載，記載了也未必完全可信。

甲骨文中有一個字：

🯄（《合》581）　🯄（《合》15334）

🯄（《合》861）　🯄（《合》6001）

這個字在甲骨文中出現頻率挺高，有許多繁簡不同的異體。中間是一個正立的人形，一隻腳立在地上，另一隻腳被鋸子鋸斷殘缺，這就是刖刑。這個字形真實地告訴我們商代常用這種刖刑，刑具是鋸子，鋸掉的不是腳或腳趾，而是大腿以下的全部。這些字形透露出的信息某種程度上起到了"考古"的作用。

漢字記錄語言有其自身的特點。漢字不僅僅是記錄語言的工具，它對語言還有一定的反作用。

中國人很早就對自己的語音系統進行了詳細的描寫，從技術上看，創造表音文字的條件早已具備，爲什麼我們沒有走拼音化的道路？必有其深層原因。

四、漢字是中華民族的基因密碼

就在否定漢字成爲潮流的時代，一些對中國文化有深入研究的學者提出了不同的意見和見解。章太炎在 1908 年就著有《駁中國用萬國新語說》，對廢除漢字、改用表音文字的意見予以駁斥。就連日本學者、西方學者也明白漢字對於中國國家統一不可或缺。[1]

---

[1] 參看何九盈：《漢字文化學》，瀋陽：遼寧人民出版社，2000 年，第 113—117、125—145 頁。

八十年代之後，漢字是中華文化的核心逐漸成爲人們的共識。著名學者饒宗頤認爲："漢字已是中國文化的肌理骨幹，可以説是整個漢文化構成的因子。"[1]"造成中華文化核心的是漢字，而且成爲中國精神文明的旗幟。"[2]

我們講"傳統文化"，第一，什麼是傳統？第二，什麼是文化？第三，什麼是傳統文化？

所謂"傳統"，應該具有這些特點：古老而流傳廣泛、具有統領作用、形成系統，並且與現代有分界。

廣義的文化就是人們生活的全部。狹義的是指人類通過學習、傳授而累積的精神產品的總和；文字記載的文獻是其中最重要的部分，是文化的主體。

漢字是中華文明的曙光。漢字讓中國的歷史不間斷記錄成爲可能。從公元前841年起，中國就有了不間斷的歷史記載，這在世界上是絕無僅有的。爲什麼前一朝代滅亡了，相繼的朝代能爲其修史？二十四史能綿延不絶？漢字是最重要的"技術"保障。我們今天的學者閱讀出土的漢代早期的古書文獻，文字上幾乎沒有太大障礙，讀清朝文獻就更不成問題。因爲漢字，我們的歷史記載是貫通的。

在中國的傳統文化中，一般認爲儒學是思想文化的代表，京劇是表演藝術的代表，但它們都傳而不統。漢字是傳到今天、統到現在、跨越了傳統與現代的分界。在中國文化中大概只有漢字與筷子能夠如此。

漢字與時俱進，作爲記録語言的交際工具也越來越便利。現代漢字有拼音字母注音；有規範之四定：定量、定形、定音、定序，漢字通過自身的進化也進入了"現代化"，成爲全民學"文化"的基礎，成爲國際交流的重要工具。

---

[1] 饒宗頤：《符號‧初文與字母——漢字樹》，上海：上海書店出版社，2000年，引言第1頁。

[2] 饒宗頤：《符號‧初文與字母——漢字樹》，上海：上海書店出版社，2000年，第174頁。

漢字更重要的是其文化功能。

表音文字記錄語言確實簡單便利。3 000多年前，地中海東岸就出現了表音文字，東西傳播，演化出眾多字母文字。傳入歐洲，希臘字母演變出羅馬字母和西里爾字母；傳入西亞，最著名的是阿拉伯文字。這些表音文字大都因商業需求而興起，有很大的實用性，特別適用於民族單一、語言統一的社會群體。歷史上出現過很多使用表音文字的多民族大國，例如羅馬帝國、奧斯曼帝國、蘇聯，即使使用的字母相同，但所記錄的語言不同，這些表音文字強化了各民族之間的獨特性，表面上看使用的拉丁字母都差不多，但所記錄的語言則完全不同。使用表音文字的大國，合久必分，分則不能再合。即使在該地域再次興起一個大國，也是一種文化取代另外一種文化，很少是同一種文化的延續傳承。

漢族是一個文化共同體。學者很早就指出，歷史上的胡漢之分，在文化而不在種族。[1] 歷史上"漢族"的形成過程就是民族融合的過程。

新石器時期，從南到北，從東到西，分布着星羅棋布的各種不同的文化，共同創造中華大地的輝煌。它們是怎麼凝聚在一起形成共同的文化？原因很多，但一定與文字產生密切相關。文字很有可能首先在黃河流域出現。隨着文明的誕生與傳播，使用相同文字的不同文化共同體不斷融合，形成更大的文化共同體，商、周文化的融合就是典型，不僅有文獻學的證據，也得到考古學的支持。

具有凝聚力的"中國"，早在西周早期的何尊就已經出現了。在其後的歷史中，民族不斷融合，分裂之後是更大的統一，分久必合是歷史的趨勢。不論如何改朝換代，主體文化一直傳承不絕。

歷史上農耕的漢族在軍事上往往不能抵禦游牧的外族，但由於文

---

[1] 陳寅恪：《柳如是別傳》（下冊），北京：生活・讀書・新知三聯書店，2001年，第1002頁。

化的先進性，一旦被外族認同接受，就會形成更大的文化共同體，民族的融合使得漢族日益壯大，成爲世界上人數最多的民族。

中國文化是一種内傾的文化，求融合而不事武力擴張。[1] 我們主張的是做好自己，天下歸心，國家與民族都向心凝聚。形成這種凝結的文化有種種原因，其中漢字是其核心要素之一。當國家危亡之時，文化共同體的認同感就更加強烈。在抗日戰争初期亡國論甚囂塵上的時候，有識之士的自信就是"中國文化不滅，中國就不亡"。

中華民族是近代産生的概念，中華民族内部，既有各民族之間的差異，又有其統一共融。中華民族共同體是國族，56個民族同屬於中華民族。中華民族使用漢字達到95%以上。雙語雙文教育令中華民族大家庭一方面文化多樣，豐富多彩；另一方面有效溝通，文化認同，現代交通、現代信息技術加速了中華民族的文化認同。

在中華民族的内部，民族與民族之間差異很大，地域、經濟、血緣、語言、宗教、生活習慣都不相同，是什麼能夠讓他們凝聚在一起？如何和睦地長久地相處？如何凝聚而不分離？短期内政治、經濟等都能夠發揮作用，但長久地看是文化。

中華民族的復興不僅僅是經濟之振興、軍事之強大，更重要的是文化之自信，民族意識之自覺。

漢族是中華民族之一員，漢字是衆多文字之一種。在這個民族共同體裹，漢字能發揮什麽作用？該發揮什麽作用？這是我們應當認真思考的問題。

漢字是中國文化的核心，漢字是民族融合的黏合劑，漢字是中華文化的向心凝聚力。有學者已經指出："文字忠實於語言，如實拼寫反映語言，付出的代價是什麽？就是漢民族的解體。"[2]

我們是一個文化共同體，對傳統文化的認同是我們融合爲一體的

---

[1] 錢穆：《文化學大義》，北京：九州出版社，2017年，第25—32頁。
[2] 何九盈：《漢字文化學》，瀋陽：遼寧人民出版社，2000年，第62頁。

歷史基礎，漢字是傳統文化的基因。爲了文字記錄語言的方便而忽視漢字對民族融合與國家統一的重要作用，得失一目了然。

漢字是表意文字系統的典型代表，是自源、古老的表意字中唯一延續至今的古典文字。漢字歷經三千多年發展，產生了很多變化，但其平面與層級結構不變，表層結構與深層結構不變，超方言、超語言的功能不變。

漢字不僅是記錄語言的工具，在中國統一國家的形成過程中也發揮着不可或缺的重要作用。漢字是中華民族認同的文化核心，不斷推動着中華民族的交流、融合，與中華民族一道發展。

由"漢字不滅，中國必亡"，到"滅了漢字，中國即亡"，這種認識反轉的背後，是中華民族給自己的世界定位發生了轉變。"漢字改革"已經成爲一個歷史話題，伴隨着中華民族的偉大復興，人們需要重新審視這神奇的"東方魔塊"及其承載的厚重文化。世界文化有着豐富的多樣性，中華文化則以其悠久、深厚、包容、自新而獨具特色，與時共進，在世界文化大觀園中熠熠生輝！

【延伸閱讀】

[1] 饒宗頤:《符號・初文與字母——漢字樹》，上海：上海書店出版社，2000年。

引書簡稱表

甲骨文類：

《合》——郭沫若主編：《甲骨文合集》，北京：中華書局，1978—1982年。

《合補》——中國社會科學院考古研究所編：《甲骨文合集補編》，北京：語文出版社，1999年。

《屯南》——中國社會科學院考古研究所編：《小屯南地甲骨》，北京：中華書局，1980—1983年。

《花東》——中國社會科學院考古研究所編：《殷墟花園莊東地甲骨》，昆明：雲南人民出版社，2003年。

《英》——李學勤、齊文心、艾蘭：《英國所藏甲骨集》，北京：中華書局，1985年。

《懷》——許進雄編：《懷特氏等收藏甲骨文集》，加拿大安大略博物館，1979年。

金文類：

《集成》——中國社會科學院考古研究所編：《殷周金文集成（修訂增補本）》，中華書局，2007年。

《近二》——劉雨、嚴志斌編著：《近出殷周金文集錄二編》，北京：中華書局，2010年。

《銘圖》——吳鎮烽編著：《商周青銅器銘文暨圖像集成》，上海：上海古籍出版社，2012年。

璽印、陶文類：

《璽彙》——故宮博物院編：《古璽彙編》，北京：文物出版社，1981年。

《璽考》——施謝捷：《古璽彙考》，合肥：安徽大學博士學位論文，2006年。

《集粹》——菅原石廬編：《中國璽印集粹》，東京：二玄社，1997年。

《秦印編》——許雄志編：《秦印文字彙編》，鄭州：河南美術出版社，2001年。

《陶錄》——王恩田編著：《陶文圖錄》，濟南：齊魯書社，2006年。

簡帛類：

信陽簡——河南省文物研究所：《信陽楚墓》，北京：文物出版社，1986年。

仰天湖簡——史樹青：《長沙仰天湖出土楚簡研究》，上海：羣聯出版社，1955年。

包山簡——湖北省荊沙鐵路考古隊：《包山楚簡》，北京：文物出版社，1991年。

望山簡——湖北省文物考古研究所、北京大學中文系編：《望山楚簡》，北京：中華書局，1995年。

郭店簡——荊門市博物館編：《郭店楚墓竹簡》，北京：文物出版社，1998年。

新蔡簡——河南省文物考古研究所編著：《新蔡葛陵楚墓》，鄭州：大象出版社，2003年。

上博簡——馬承源主編：《上海博物館藏戰國楚竹書》（1—9），上海：上海古籍出版社，2001—2012年。

清華簡——李學勤主編：《清華大學藏戰國竹簡》（1—8），上海：中西書局，2010—2018年；黃德寬主編：《清華大學藏戰國竹簡》（9—11），上海：中西書局，2019—2021年。

安大簡——黃德寬主編：《安徽大學藏戰國竹簡》（1），上海：中西書局，2019年。

曾侯乙簡——武漢大學簡帛研究中心、湖北省博物館編著：《楚地出土戰國簡册合集》三《曾侯乙墓竹簡》，北京：文物出版社，2019年。

睡虎地——睡虎地秦墓竹簡整理小組編：《睡虎地秦墓竹簡》，北京：文物出版社，1978年。

里耶秦簡——湖南省文物考古研究所編：《里耶秦簡（壹）》，北京：文物出版社，2012年。

關沮秦簡——湖北省荆州市周梁玉橋遺址博物館編：《關沮秦漢墓簡牘》，北京：中華書局，2001年。

北大秦簡——北京大學出土文獻研究所編：《北京大學藏秦代簡牘書迹選粹》，北京：人民美術出版社，2013年。

張家山——張家山二四七號漢墓竹簡整理小組編：《張家山漢墓竹簡〔二四七號墓〕》，北京：文物出版社，2001年。

銀雀山——銀雀山漢墓竹簡整理小組編：《銀雀山漢墓竹簡〔壹〕》，北京：文物出版社，1985年。

武威——中國科學院考古研究所編：《武威漢簡》，北京：文物出版社，1964年。

居延——中國社會科學院考古研究所編：《居延漢簡甲乙編》，北京：中華書局，1980年。

西陲——張鳳：《漢晉西陲木簡彙編》，上海：有正書局，1931年。

楚帛書——饒宗頤、曾憲通：《楚帛書》，香港：中華書局，1985年。

馬王堆——裘錫圭主編：《長沙馬王堆漢墓簡帛集成》，北京：中華書局，2014年。

其他類：

石鼓文——郭沫若：《郭沫若全集·考古編》第九卷《石鼓文研究》，

北京：科學出版社，2002 年。

温縣盟書——河南省文物研究所：《河南温縣東周盟誓遺址一號坎發掘簡報》，《文物》1983 年第 3 期。

侯馬盟書——張頷、陶正剛、張守中：《侯馬盟書（增訂本）》，太原：山西古籍出版社，2006 年。

圖書在版編目(CIP)數據

漢字闡釋十二講／李守奎著. —上海：上海古籍出版社，2023.8（2024.6 重印）
 ISBN 978-7-5732-0776-0

Ⅰ.①漢… Ⅱ.①李… Ⅲ.①漢字—研究 Ⅳ.①H12

中國國家版本館 CIP 數據核字（2023）第 140230 號

漢字闡釋十二講

李守奎 著

上海古籍出版社出版發行

（上海市閔行區號景路 159 弄 1－5 號 A 座 5F 郵政編碼 201101）
　（1）網址：www.guji.com.cn
　（2）E-mail：guji1@guji.com.cn
　（3）易文網網址：www.ewen.co
上海顓輝印刷廠有限公司印刷
開本 700×1000 1/16 印張 20 插頁 2 字數 266,000
2023 年 8 月第 1 版 2024 年 6 月第 2 次印刷
印數：3,101 — 4,600
ISBN 978-7-5732-0776-0
H·263 定價：88.00 元
如有質量問題，請與承印公司聯繫